edition suhrkamp 2325

Ilma Rakusas *Von Ketzern und Klassikern* ist das Buch einer Passion – der Passion für die russische Literatur. Seit über einem Jahrzehnt schreibt die Autorin, Übersetzerin und Publizistin Ilma Rakusa über Bücher und Autoren aus Rußland (und anderen Ländern aus dem Osten Europas), rezensiert, stellt in Essays und großen Artikeln wichtige Texte vor, ist zugleich eine der intimen Kennerinnen der Avantgarde wie eine fabelhafte Interpretin der Klassiker. *Von Ketzern und Klassikern* handelt von Dostojewskij, Tolstoj und Tschechow, von Michail Prischwin, Leonid Dobytschin und Daniil Charms, von Marina Zwetajewa, Anna Achmatowa, Valeria Narbikova und vielen anderen Schriftstellerinnen und Schriftstellern – und ist damit eine kleine Geschichte der russischen Literatur.

Ilma Rakusa, geboren 1946, lebt als freie Schriftstellerin, Übersetzerin, Kritikerin und Herausgeberin in Zürich. Zuletzt veröffentlichte sie den Gedichtband *Love after Love* (2001).

Ilma Rakusa

# Von Ketzern und Klassikern
## Streifzüge durch die russische Literatur

Suhrkamp

edition suhrkamp 2325
Erste Auflage 2003

Originalausgabe

Satz: Jung Crossmedia, Lahnau
Druck: Nomos Verlagsgesellschaft, Baden-Baden
Printed in Germany
ISBN 3-518-12325-4

1 2 3 4 5 6 – 08 07 06 05 04 03

# *Inhalt*

*III*



*IV*

# Vorwort

Russische Literatur entstand kaum je in einer ruhigen Umwelt. Von Puschkin bis Brodsky war es das Los der Schriftsteller, gegen autokratische oder totalitäre Regime anzuschreiben und die Zensur zu überlisten. Diese habe den Stil sogar verfeinert, verkündete Brodsky im amerikanischen Exil, als sei er der Sowjetunion ein wenig Dank schuldig. Tatsache ist, daß er seiner Heimat für immer den Rücken kehrte.

Puschkin wurde von Zar Alexander I. in die Verbannung geschickt, umsonst träumte er von Reisen nach Paris oder Italien. Als er 1837 an den Folgen eines Duells starb, sah sein Dichterfreund Jewgenij Baratynskij eine merkantilistische, poesiefeindliche Epoche heraufkommen und zog sich ins innere Exil zurück. Nicht selten entschied das Temperament darüber, wer sich wie zur politisch-gesellschaftlichen Realität verhielt: kämpferisch oder indem er sich verweigerte. Dostojewskij schritt ein ganzes Spektrum ab: als Linksrevolutionär und Anhänger Petraschewskijs 1849 verhaftet, zum Tode verurteilt, auf der Hinrichtungsstätte zu vier Jahren Zwangsarbeit in Sibirien begnadigt, wandelte er sich später zum russophilen Konservativen, wobei sein polyphones Werk nicht von ideologischer Begradigung, sondern von Widersprüchen geprägt ist. Tolstojs moralischer Radikalismus ging selbst den Konflikt mit der Kirche ein: 1901 wird der pazifistische Anarchist vom Heiligen Synod exkommuniziert, doch seine Kritik gilt auch der russischen Regierung, die er anläßlich der zahlreichen Exekutionen nach der mißlungenen Revolution von 1905 heftig angreift.

Künstlerische Autorität, so lautet das Fazit der tragischen russischen Literaturgeschichte, ist beglaubigt durch Widerstand gegen die Herrschenden. In der Sowjetzeit wäre zu ergänzen: durch Verfolgung von seiten des Regimes. Kein namhafter Schriftsteller, der ungeschoren blieb, kein Werk, das nicht gehärtet wurde durch den rauhen Wind der Zeit. Soviel Gemeinsamkeit darf allerdings nicht über die große Stimmenvielfalt hinwegtäuschen: Je bedrohlicher der Epochenhorizont, desto stärker das Bedürfnis nach Selbstbehauptung, nach Rettung der künstlerischen Individualität. Zwischen »Ketzertum« und der Hoffnung auf das »Überleben des königlichen Wortes« (Achmatowa) gibt es unterschiedlichste Schaffenswege. Doch scheint die überragende Qualität russischer Literaturproduktion, vor allem in der ersten Hälfte des 20. Jahrhunderts, gekoppelt an den politischen Druck, der das Schreiben existentialisiert, die Sprache radikalisiert hat.

Meine Streifzüge folgen keinem festen Prinzip, keinen literarischen Stilrichtungen, Schulen oder Gruppierungen. Sie verweilen bei bekannten und weniger bekannten Autoren, geben Einblick in biographische und werkgeschichtliche Zusammenhänge oder beschränken sich auf die Charakteristika eines Buchs, eines künstlerischen Verfahrens, einer thematischen Konstellation. Es sind punktuelle Recherchen: über Tschechows »Möwe« und über Jewgenij Samjatins visionären anti-utopischen Roman »Wir«, über das absurde Universum des Daniil Charms und über Andrej Platonows abgründige Satiren, über die fragilen lyrischen Welten des 1937 von Stalin umgebrachten Bauerndichters Nikolaj Kljujew und der frühverstorbenen Malerin-Poetessa Jelena Guro, über Anna Achmatowa und Marina Zwetajewa, die dem Schrekkensjahrhundert auf ihre Weise begegneten: Zwetajewa – im Leben und Schreiben maßlos, rebellisch, kompromißlos – kehrte nach fast zwei Dezennien Exil in die Sowjetunion zurück und nahm sich 1941 das Leben, Anna Achmatowa – schikaniert und in die innere Emigration getrieben – harrte in der Heimat aus, wo sie mit ihrem »Requiem« und dem »Poem ohne Held« zur Stimme der Verfolgten wurde. Joseph Brodsky, noch 1964 wegen »Schmarotzertums« verurteilt, verstand sich als ihr Schüler, während er über Zwetajewa profunde Essays verfaßte. Mit dem Nobelpreis wußte er nicht nur sich, sondern jene Poesie geehrt, deren Tradition er fortschrieb.

Traditionslinien scheinen immer wieder auf: Bei Gennadij Ajgi verweisen sie, anders als bei Brodsky, auf die sprachinnovativen, reimlosen Verse des Futuristen Velimir Chlebnikov, und der Prosaiker Andrej Sinjawskij schlüpft immer wieder in den »Mantel« Nikolaj Gogols. Meine Streifzüge entlarven Skurriles und Melancholisches, sie zeigen den Aufbruch russischer Schriftstellerinnen in die Post-Perestroika und so manchen wagemutigen Versuch, aus politisch-realsozialistischer Gängelung ins Reich ästhetischer Freiheit zu entkommen. Der Zusammenbruch der Sowjetunion war diesbezüglich einschneidend. Die russische Gegenwartsliteratur ist von der Zensur kaum noch tangiert, erprobt neue Genres und Formen, verschreibt sich ehemals tabuisierten Themen (wie Sex, Esoterik, Alltagsmisere) und spielt sich längst auch außerhalb der Landesgrenzen ab: Die Autoren reisen, nehmen Auslandsstipendien wahr, leben vorübergehend oder ganz im Westen oder pendeln hin und her. Die Anregungen, die sie ihrer neuen Existenzform verdanken, spiegeln sich in ihren Werken, darin Trivialmythen, Krimi-Elemente und Filmzitate stilpluralistisch aufbereitet werden. So im Roman »Das Leben Arsenijs« von Alexej Schipenko, der zur russischen Schriftstellerkolonie Berlins zählt.

Heißt das, die russische Literatur habe sich zur Normalität emanzipiert? Verschiedentlich macht sich Beliebigkeit breit, das Kommerzdenken hält fröhlich Einzug. Vladimir Sorokin verbindet seine persönlichen Obsessionen mit provokativen Sprachspielen, was ihm in Moskau einen Prozeß eingebracht hat – und viel Publikumsinteresse. Selbstredend aber gibt es neben Trends und Trash weiterhin Ernstzunehmendes. Dazu gehört die kunstvoll versponnene Prosa von Oleg Jurjew – einem Petersburger Autor, den es nach Frankfurt am Main verschlagen hat. Jurjew webt im besten Sinne des Wortes Netze aus west-östlichen Fäden. Russische Reminiszenzen und Redewendungen gehen ungewöhnliche Liaisons mit altneuen Plots ein. Das Resultat ist verblüffend.

Die russische Literatur war immer für Überraschungen gut, und über ihren Reichtum gerät der Kenner ins Schwärmen. Schade allerdings, daß westliche Leser diese Fülle nur selektiv wahrnehmen. Das liegt nicht bloß an fehlenden oder unbefriedigenden Übersetzungen; oft mangelt es an einer Vermittlung, die Hintergründe und Kontexte erläutert, um den Weg zum Rezipienten zu ebnen. Andrej Platonow, der traurigste und ergreifendste Dekonstrukteur sozialistischer Ideale, ist dem deutschen Leser trotz zahlreicher Übersetzungen fremd geblieben, während er in Rußland als moderner Klassiker Kultstatus genießt. Vielleicht sind solche Diskrepanzen unvermeidlich, aber Neugier muß sein. Und zwar möglichst unabhängig von modischer Opportunität und politischer Aktualität, die den Zugang zur Literatur als solcher verfälschen.

Die folgenden Streifzüge verstehen sich in erster Linie als Anregungen und Anleitungen zur Lektüre. Sie fordern zur Entdeckung von Autoren auf, die ebenso unbotmäßig wie kompromißlos ihrer eigenen Stimme vertraut haben. Nach den Worten von Jewgenij Samjatin, 1921: »Wirkliche Literatur kann es nur da geben, wo sie von Verrückten, Einsiedlern, Ketzern, Träumern, Rebellen und Skeptikern und nicht von gewissenhaften und wohlmeinenden Beamten geschaffen wird.« Samjatin, selber Ketzer und luzider Skeptiker, zog für sein Teil die Konsequenz. In einem persönlichen Brief an Stalin bat er – angesichts der »ausweglosen Lage, in der ich mich hier befinde, die für mich als Schriftsteller gleichbedeutend mit der Todesstrafe ist« – um die Erlaubnis zur Ausreise. Sie wurde ihm 1932 gewährt. Davon mehr im Band.

*Ilma Rakusa*

# I

# Ein russischer Hamlet
## Der Dichter Jewgenij Baratynskij

Joseph Brodsky sprach in seiner Nobelpreisrede vom »großen Baratynskij«, der seiner Muse »ein unverwechselbares Gesicht andichtete«. Wenige der Anwesenden dürften den Namen dieses neben Fjodor Tjutschew bedeutendsten, von Puschkin ebenso wie von Mandelstam und Achmatowa bewunderten russischen Gedankenlyrikers des 19. Jahrhunderts gekannt haben.

Neben Puschkins strahlender Vielseitigkeit nimmt sich Baratynskijs grüblerisches Temperament streng aus. Sein Werk aber läßt es an Modernität nicht fehlen: nüchtern, um nicht zu sagen ernüchtert, thematisiert es die Spannung zwischen Illusion und Wirklichkeit, zwischen Natur und Kultur, zwischen Kunst und merkantilem Geist, zwischen Vereinzelung und Vergesellschaftung, um in düsteren Endzeitvisionen dem Fortschrittsglauben eine Relativierung aller Werte entgegenzusetzen. Wer darin »gereimten Schopenhauer« sieht, verweist Baratynskij in die Tradition des kritischen Idealismus, während seine Lehrer die französischen Enzyklopädisten waren. Wichtiger aber ist, daß Baratynskij als Dichter sprach: Zivilisationskritik und Resignation fanden bei ihm eine poetisch-prophetische Gestalt, die einen Elegiker wie Brodsky – als späten Nachfahren – zu eigenen Reimen inspirierte. Jewgenij Abramowitsch Baratynskij (oder Boratynskij) – geboren am 2. März (19. Februar alten Stils) 1800 im Gouvernement Tambow, gestorben am 11. Juli (29. Juni) 1844 in Neapel, beerdigt auf dem Alexander-Newskij-Friedhof in St. Petersburg. Sproß einer Adelsfamilie; schreibt bereits mit elf Jahren auf französisch an Maman: »Ne vaudrait-il pas mieux être un ignorant heureux qu'un savant malheureux?« Der frühreife Skeptiker, der sich warnend vorsagt, daß ein Zuviel an Bewußtsein einen Mangel an Sein bewirkt, verübt im Petersburger Kadettenkorps – unter dem Einfluß von Schillers »Räuber« – einen Jungenstreich, der zu seiner Entlassung führt und gravierende Konsequenzen hat: er muß später als Gemeiner in der Armee dienen und wird 1820 als Unteroffizier einem Regiment in Finnland zugeteilt. Der Norden bedeutet vollständige Isolation und Verzicht auf gesellschaftliche Aktivität. Hinzu kommt das lastende Gefühl der Diskriminierung: Baratynskij, von Natur aus pessimistisch veranlagt, entwickelt sich zum melancholischen Outcast. Im finnischen Exil entstehen ossianisch gefärbte Gedichte und Poeme, daneben subtile lyrische Episteln an die Dichterfreunde der »Puschkinschen Plejade«.

Kurz nachdem der Dekabristenaufstand von 1825 brutale Breschen in ihre Reihen geschlagen hat, quittiert Baratynskij den Dienst, heiratet Anastassija Engelgardt und verlegt seinen Wohnsitz nach Moskau, wo ihn ein neues Exil erwartet. Die alten Freunde fehlen, die neuen – wie Iwan Kirejewskij, ein Propagator von Schellings Kunstphilosophie – sind spärlich. Und bald schon signalisiert der merkantile Zeitgeist, daß die kulturelle Rolle der Adelsgesellschaft ausgespielt ist. Im Kreis der Familie führt Baratynskij ein zurückgezogenes, zunehmend einsames Leben, dessen resignative Grundstimmung durch den Schock von Puschkins Duelltod (1837) drastisch verschärft wird. Baratynskij sieht eine Ära definitiv untergehen; als Dichter zur Unzeit tritt er die Flucht nach innen an. »Abenddämmerung« heißt die schmale Gedichtsammlung, die 1842 sein düsteres Spätwerk vereinigt. Sie wird von Kritik und Leserschaft kaum beachtet – und erweist sich doch, um die Jahrhundertwende von den Symbolisten »entdeckt«, als ein Stück Weltpoesie.

Was die Welt betrifft: 1843 begibt sich Baratynskij mit seiner Frau und drei Kindern auf die erste Auslandsreise, die ihn über Berlin, Leipzig, Dresden nach Paris führt. Hier lernt er

Alfred de Vigny, Prosper Mérimée und Sainte-Beuve kennen, um beim Studium der französischen politischen Verhältnisse sein Westlertum einer kritischen Prüfung zu unterziehen. Das Traumziel Neapel erreicht er von Marseille aus per Schiff, in hochgemuter Stimmung. Da wird er durch eine Fieberkrankheit aus dem Leben gerissen, vierundvierzig Jahre alt. Die Rückkehr nach St. Petersburg schafft er nur mehr als Toter.

Als Gedankenlyriker ist Baratynskij einem La Rochefoucauld und den französischen Enzyklopädisten verpflichtet, während ihn die Entlarvung der »zerstörerischen Gedanklichkeit« mit Romantikern wie Leopardi oder Lamartine verbindet.

»Im Sinnlichen ein Rausch der Freude gärt! / Jedoch vor dir, wie vor entblößtem Schwert, / Gedanke, scharfer Strahl, erbleicht das Leben.«

Es ist der Zwiespalt zwischen den beiden Positionen, aus denen die Spannung von Baratynskijs künstlerischer Anstrengung resultiert. Hier die Zucht der *raison*, dort der Wunsch nach dem »Vergessen des Gedankens«. Das Paradox regiert, und sei es, indem die Absage an Glück, Glaube und Wahrheit sich in makellos gefügten Versen artikuliert. Strenger Formwille und eine gleichsam quietistische Resignation gehen bei Baratynskij eine aparte Synthese ein. Widerspruch als Motor.

Das subjektive Dilemma – »entweder Hoffnung und Ruhelosigkeit oder Hoffnungslosigkeit und Ruhe« – gibt sich bewußt unterkühlt und strebt zur Verallgemeinerung. Baratynskij scheut nicht den großen pessimistischen Entwurf, der jedes Zurück zu Natur und Unschuld ausschließt. »Der letzte Tod« (1827) beschwört eine Endzeit, wo Überfluß, Gleichmut und des »Denkens reine Macht« herrschen, bis alles Leben schwindet. In dem acht Jahre später entstandenen Gedicht »Der letzte Dichter« liegt die pathetische Pointe in der Umkehrung: Das utilitaristische eiserne Jahrhundert, das

Phantasie und Poesie obsolet macht, gewährt dem Dichter nicht einmal eine Rückzugsmöglichkeit:

»Denn auf der Welt / Ist keine leere Höhle mehr zu finden, / Und auf der Erde gibt es keine Einsamkeit!«

Aus der Sicht des heutigen medialen Overkills wirken Baratynskijs Verse prophetisch, mögen schöpferische Einsamkeit und romantisch nobilitiertes Dichtertum auch längst passé sein. Baratynskij jedenfalls ist sich seit Anfang der dreißiger Jahre bewußt, daß sein poetisches Tun, daß Dichten überhaupt unter äußerem Legitimationsdruck stehen. Dies hindert ihn nicht, 1832 ein emphatisches Gedicht »Auf Goethes Tod« zu schreiben, stürzt ihn aber gleichwohl in eine Krise. Was er danach schafft – bekannt als sein Spätwerk –, zielt so kompromißlos an den Epochenbedürfnissen vorbei, daß es erst Generationen später begriffen und gewürdigt wurde. Baratynskij wird zum metaphysischen Dichter, der eine direkte Brücke vom 18. zum 20. Jahrhundert schlägt. Im erhabenen Oden-Stil besingt er die schlechte End- und Unendlichkeit (»Ewigkeit, so ohne Sinn, / Schwer ist's, deine Pracht zu tragen!«), beschwört er den Solipsismus der Neuzeit, entwirft er ein nihilistisches Panorama von Verfall und Untergang.

Höhepunkt seiner pessimistischen Weltschau ist die grandiose Ode »Der Herbst« (1837), die das Absterben der Natur in ein abgründiges *Vanitas vanitatum* transponiert. »Lebend ist im Kind der Mensch gefällt«, und »Jenem Wort teilt sich kein Zuruf mit, / Das trübes Erdenwüten überschritt«. Der irdischen Hoffnungslosigkeit steht freilich ein kosmisches Walten gegenüber, das jede menschliche Sorge relativiert:

... Mag doch der Stern auf falsch bemessener Bahn,
Verirrt wie nachts ein fremder Wandrer,
Sich bodenlosem Weltenabgrund nahn –
An seinem Platz erglüht ein andrer!
Es spürt die Erde keine Not dabei;
Das Ohr der Welt wird nichts erreichen
Von seines Sturzes namenlosem Schrei ...

(*Übersetzung: Heinrich Stammler*)

Im Denken wie im Dichten arbeitet sich Baratynskij durch schmerzliche Antinomien hindurch – von der Analyse zur Vision. Die Härten, die Brüche dieser Recherche machen seine Originalität aus. Zu reden wäre über seinen zwischen Sprödigkeit und Kühnheit, zwischen klassizistischer Rhetorik und moderner Hermetik oszillierenden Stil, dem bisher keine Übersetzung gerecht zu werden vermochte. Zu reden wäre über kunstvolle Strophen-Enjambements, die einen das metaphysische Entsetzen lehren. Baratynskij – ein Name, welcher der an Talenten so reichen russischen Poesie alle Ehre macht.

# Sanfte, Stolze, Verstörte
# Fjodor M. Dostojewskijs Frauengestalten

Der Icherzähler Marcel aus Prousts »A la recherche du temps perdu« irrt sich, wenn er im Konversationston behauptet, die Frau bei Dostojewskij sei »immer dieselbe«. Zu solcher Feststellung verleitet allenfalls die Tatsache, daß Dostojewskijs Frauengestalten insgesamt vom weiblichen »Normaltypus« abweichen. Das sind keine Mütter, keine überzeugten Ehefrauen wie Natascha Rostowa oder Kitty Schtscherbazkaja bei Tolstoj, sondern Kindfrauen, heiligmäßige Prostituierte, unglücklich Liebende, Idiotinnen; und diese Frauen, fast alle unbehaust und umgetrieben, werden nicht im Alltag oder bei der Ausübung ihres Berufs gezeigt – Dostojewskijs Prostituierte sind »Straßendirnen, die mit niemandem schlafen«, schrieb André Malraux –, sondern in schicksalhaften Situationen, in denen sich ihr Los entscheidet. Keineswegs aber handelt es sich bei diesen Frauen um die Auffächerung eines einzigen Typus. Auszugehen ist vielmehr von zwei einander entgegengesetzten Grundtypen, die Kontrastfunktionen ausüben: der Sanften und der Stolzen; weitere Typen kommen hinzu (z. B. die Verstörte). Ferner ist bei der Behandlung dieser Typen eine Entwicklung vom Frühwerk zum Spätwerk im Sinne einer zunehmenden Individualisierung festzustellen.

Der frühe, unvollendete Roman »Netótschka Neswanowa« (1849) – als Erinnerungsbericht der Titelheldin verfaßt – führt die beiden erwähnten Grundtypen, namentlich den Typus der Sanften, vor. Netotschka schildert sich als sensible Kindfrau, die mit zwölf Jahren bereits ein »mitleidvolles *mütterliches* Gefühl« für den unglücklichen Stiefvater (einen »Märtyrer«) und die von diesem tyrannisierte Mutter (ein »Opfer«) hegt, nach dem Tode der Mutter verwaist in die Obhut einer vornehmen Familie gerät, dort eine tiefe Zuneigung zur gleichaltrigen Tochter des Hauses, Katja, faßt, sich von diesem stolzen, herrischen Mädchen quälen läßt, um schließlich von deren Halbschwester aufgenommen zu werden.

Die zweiundzwanzigjährige Alexandra Michajlowna ist der klassische Typus der Sanften; eine »schöne Seele«, schüchtern und schwach, leidenschaftlich und gefühlvoll, ein »reines Herz«, das sich doch insgeheim schuldig fühlt und seine Schuld – seelische Untreue gegenüber dem Gatten – durch selbstquälerische Unterwürfigkeit zu sühnen sucht. Zur Psychologie der Sanften gehört die Wehrlosigkeit (jedes Aufbegehren ist a priori zum Scheitern verurteilt), aber gerade sie motiviert den Stärkeren, hier den Ehemann, dazu, seine Überlegenheit auszuspielen – nicht durch Grausamkeit, sondern durch Toleranz. Die Spirale dieses stillen Terrors erreicht Kierkegaardsche Dimensionen, da rafft die Schwindsucht Alexandra Michajlowna dahin.

Eine romantische Idealisierung der Figur der Sanften nach dem Vorbild gewisser Frauengestalten von George Sand ist dabei unübersehbar und wird durch die schwärmerische Haltung der Erzählerin verdeutlicht; Alexandra Michajlowna ist musisch begabt, sittlich schön und gleicht auch äußerlich einem Kunstwerk. Die Attribute ihrer »strengen Schönheit« sind: »regelmäßige Züge«, »Magerkeit und Blässe«, »schwarzes Haar . . ., das tiefe Schatten auf das Oval der Wangen warf«, »kindlich klare blaue Augen, aus denen einen Zärtlichkeit, Liebe und Güte ansah«. Sie finden sich ähnlich auch bei anderen Vertreterinnen ihres Typus, etwa bei Madame M. (»Ein kleiner Held«, 1849) und gelegentlich selbst bei den Stolzen (Nastassja Filippowna aus dem »Idioten«); konstant ist der Hinweis auf die Eigenart dieser Schönheit, in der sich kindliche Reinheit und Schmerz mischen. Madame M., deren »stille Züge an das lichte Antlitz italienischer Madonnen gemahnen«, wird, ausgehend von ihrem Äußeren, als Sanfte charakterisiert:

»Es gibt Frauen, die im Leben geradezu wie barmherzige Schwestern sind... Ganze Schätze an Mitempfinden, Trost und Hoffnung ruhen in diesen reinen Herzen..., die viel trauern, mehr als andere lieben, aber die eigenen Wunden behutsam vor jedem neugierigen Blick verbergen.«

Wie eine »barmherzige Schwester« verhält sich Sonja Marmeladowa gegenüber Raskolnikow (»Verbrechen und Strafe«, 1866), Dascha gegenüber Stawrogin (»Die Dämonen«, 1871/72), Sofia Andrejewna gegenüber Wersilow (»Der Jüngling«, 1875). Und die Prostituierte Lisa aus den »Aufzeichnungen aus dem Untergrund« (1864) erscheint geradezu als Verkörperung des liebenden Altruismus, wobei ihr Wesen und Verhalten aus dem schillernden Bericht des männlichen Icherzählers rekonstruiert werden muß. (Ähnlich ist die Erzählung »Die Sanfte« als Monolog eines Mannes am Grabe seiner Frau konzipiert; die Hauptheldin kann, soll nicht zu Wort kommen.) »Für das Weib«, so meditiert der Icherzähler, »liegt in der Liebe die ganze Auferstehung, die ganze Rettung von gleichviel welch einem Verderben und die ganze Wiedergeburt, die sich ja anders überhaupt nicht offenbaren kann als gerade in ihrer Liebe.« Paradoxerweise aber ist es gerade die selbstlose Liebe der Frau (Lisa), die den Untergrundmenschen zu zynischen Ausfällen und beleidigenden Moralpredigten provoziert. Und je mehr sich die »Sklavin«, die »ihren Willen und ihre Seele verkauft« hat, von ihm erniedrigen und beleidigen läßt, desto mehr steigert er sich in Zorn:

»Das ist die verfluchte Romantik all dieser reinen Herzen! O Gemeinheit, o Dummheit, o Borniertheit dieser verwünschten sentimentalen Seelen... Und wie weniger Worte hat es bedurft..., um ein ganzes Menschenleben nach eigenem Geschmack umzudrehen. Jaja, die Jungfräulichkeit! Die Frische des Bodens!«

Dadurch, daß dieser Hamlet Lisas Liebe verschmäht und verdammt, liefert er sie dem Unglück aus. In perverser Ambivalenz grübelt er über seinen Seelenmord nach: »Was ist besser – billiges Glück oder höheres Leid?« und tröstet sich mit der »*Phrase* vom Nutzen der Beleidigung und des Hasses«.

Immer sind die Sanften den Männern gefühlsmäßig überlegen, während letztere ihr emotionales Defizit durch Herrschsucht kompensieren. Der Untergrundmensch macht Lisa gegenüber seinen Intellekt zur Waffe, der Pfandleiher aus der späten Erzählung »Die Sanfte« (1876) demonstriert seine Macht durch Geld. Was das Verhältnis der beiden Figuren und die daraus sich ergebenden psychologischen Peripetien anbelangt, ist »Die Sanfte« exemplarisch. Ein Pfandleiher – Ex-Offizier und vorübergehend Bewohner eines Nachtasyls – heiratet »aus Mitleid« eine junge, arme Vollwaise. Durch ebenso subtile wie perfide Bemerkungen läßt er sie ihre (finanzielle) Abhängigkeit spüren und kränkt sie in ihrem Stolz. Sie schweigt und leidet. Ein heimlicher Befreiungsversuch scheitert, da der Mann sie bei ihrem Stelldichein mit einem Bekannten belauscht. Nun fühlt sie sich schuldig und erwägt, um einer noch größeren Erniedrigung zu entgehen, den Gatten zu erschießen. Sie tut es nicht, der Mann aber weiß von ihrer ursprünglichen Absicht und gibt zu spüren, daß er es weiß (Forderung nach getrennten Schlafzimmern). Dadurch wird ihre Lage vollends unhaltbar: Sie erkrankt schwer, zieht sich in sich zurück, schweigt. Nach monatelangem schweigendem Zusammensein erkennt der Mann, daß er sie auf gemeinste Art erniedrigt hat. Er bittet sie um Verzeihung und verspricht ihr ein neues Leben. Sie aber ist von dieser unerwarteten generösen Geste nur eingeschüchtert. In der Meinung, daß sie seiner nicht würdig sei und ihm das Leben nicht verderben wolle, stürzt sie sich aus dem Fenster.

Wie der Untergrundmensch macht der Icherzähler dieses Textes der Frau nachträglich gerade jene Qualitäten zum Vorwurf, derentwegen er sie geschätzt hat:

»Ich wußte, daß eine Frau und noch dazu eine sechzehnjährige, nicht umhin kann, sich dem Manne ganz und gar unterzuordnen. Es ist keine Originalität an den Frauen, das ... ist ein Axiom, sogar jetzt noch, sogar jetzt noch ein Axiom für mich! ... Aber die liebende Frau ... vergöttert selbst die Laster, selbst das Verbrechen des Geliebten. Er wird für seine Verbrechen niemals solche Rechtfertigungen ausfindig machen, wie sie für ihn ausdenken wird. Das ist großmütig, aber nicht originell. Einzig die Unoriginalität pflegt die Frauen zu verderben ...«

Solche Aussage ist zynisch deshalb, weil die Frau als »schwaches Herz« einzig durch die Machtmanipulationen des Mannes wirklich zur »Sklavin« wird. Katharina aus der frühen Erzählung »Die Wirtin« (1849) findet es zwar in der Tat »süß, die Sklavin desjenigen zu sein, dessen Herz man gefunden hat«, und ist durch ihre Liebe mitschuldig an den Verbrechen ihres Geliebten (Murin), doch als sie eines Tages ihre Abhängigkeit erkennt, ist es Murin, der sie durch Schuldgefühle an sich kettet und an ihrer Freiheit hindert. Katharina verkörpert die versklavte Frau par excellence, gleichzeitig aber ist sie für den sie versklavenden und vergötternden Mann »Gebieterin« und »Weib-Königin«.

Hier wird jene »Urmacht« der Frau angesprochen, die der Untergrundmensch und der Icherzähler der »Sanften« – aus intellektueller Blasiertheit, mehr noch aus Angst – zur Unoriginalität stempeln. Eine Verharmlosung, denn die Liebe des Weibs als »Explosionskraft des Herzens« kann für den Mann Bedrohung, Tyrannei bedeuten. Der Untergrundmensch berichtet Lisa von einem Mädchen, das ihn aus Liebe gequält habe, und das mörderische Verhältnis zwischen Alexej Iwanowitsch und Polina (»Der Spieler«, 1866), das Dostojewskijs Verhältnis zu Apollinaria Suslowa widerspiegelt, zeigt den Mann als Opfer weiblicher Tyrannei.

Dostojewskij hat die zwiespältige und zerstörerische Macht der Frau am Typus der Stolzen, die gelegentlich als *femme fatale* erscheint, demonstriert, obwohl auch eine

Sanfte wie Katharina aus der »Wirtin« die ganze Spannweite zwischen »kindlicher, vertrauensseliger Hingebung« und bacchantischem Wahnsinn in sich vereinigt.

Das Musterbeispiel einer Stolzen ist Nastassja Filippowna aus dem Roman »Der Idiot« (1868/69); Opfer ihres Ziehvaters, des Ästheten und Lebemannes Tozkij, der sie als junges Mädchen verführt hat, rächt sie sich für ihre verlorene Unschuld, ihren gekränkten Stolz durch Tyrannei und Selbsterniedrigung. Ein »verlorenes Weib«, ein »verrücktes Weib«, ein »Weib mit Kolorit«, dessen Waffe die Schönheit ist. Allerdings entspricht Nastassja Filippowna – anders als die in folkloristischer Manier geschilderte üppige Schöne Katharina oder die »Königin der Unverschämtheit«, die verführerische Gruschenka aus den »Brüdern Karamasow« – wegen ihrer Blässe und Magerkeit keineswegs dem herrschenden Schönheitsideal; auch setzt sie ihre Schönheit nicht in Sinnlichkeit um, sondern benutzt sie gleichsam abstrakt, als Machtinstrument. Wer sich einer Hetäre gegenüber glaubt, erkennt, daß dieses »rasende«, »unglückliche Weib« eine Phantastin ist, die von kindlicher Reinheit träumt. Myschkin, der solches als einziger spürt, ist trotz seiner Liebe unfähig, den fatalen Stolz der Frau zu brechen: Die Obsession der Selbsterniedrigung, ein irrationaler Todestrieb liefern sie dem Messer Rogoschins aus.

Nastassja Filippowna ist eine tragische Gestalt, weil sie durch eingebildete Schuld ihre Bestimmung verfehlt. Solches gilt nicht für ihre ebenfalls stolze Gegenspielerin Aglaja (noch für das ehemalige »Institutsmädel« Katerina Iwanowna aus den »Brüdern Karamasow«, die ihren Stolz als Heroismus betrachtet). Es ist zu viel Kindlichkeit und Trotz in diesem verwöhnten Mädchen, das mit dem Feminismus kokettiert. Aglajas überstürzte Heirat mit einem polnischen Emigranten, ihre Konversion zu dem von Myschkin (alias Dostojewskij) geschmähten Katholizismus wird vom Erzähler in kühlem, mitunter ironischem Ton rapportiert. Aglaja tut, was niemand erwartet hätte, aber ob es das Falsche ist, wird vom Autor offengelassen.

Indes hat Dostojewskij Züge von Aglaja (neckische Bosheit, Spottlust, Eigensinn) auf eine spätere Frauenfigur, das Mädchen Lisa Chochlakowa in den »Brüdern Karamasow«, übertragen und in einer Weise verdichtet, die diese stolze und maliziöse Kindfrau zu einer seiner interessantesten weiblichen Gestalten macht. Die ursprünglich gelähmte, dann geheilte Lisa – reizbar, unartig, nervös, kapriziös, hysterisch – entpuppt sich in ihrem Gespräch mit Aljoscha als ein »Teufelchen« (so die Kapitelüberschrift), das die diabolische Lust verspürt, nur Böses zu tun, Gott zu verspotten und sich selbst zu verderben. Lisas sadomasochistische Phantasien – von Gerichtsprotokollen angeregt, wie sie, zu ganz anderen Zwecken, auch Iwan Karamasow studiert – wirken unheimlich komisch:

»Ich stelle mir zuweilen vor, daß ich den kleinen Knaben gekreuzigt hätte. Er hängt an der Wand und stöhnt, ich aber setze mich vor ihn hin und esse Ananaskompott.«

Nur scheinbar paradox ist die Tatsache, daß Lisa wenig später gesteht, sie würde sich am liebsten das Leben nehmen (»mich widert alles an, es ist alles ekelhaft«). Als Aljoscha geht, legt sie zum Beweis die Finger in den Türrahmen und schlägt die Tür zu. Zur Psychologie der »Quälgeister«, wie Manès Sperber die stolzen Frauen bei Dostojewskij genannt hat, gehört nicht nur, daß sie andere quälen, sondern daß sie – Nastassja Filippowna hat es gezeigt – die eigene Existenz gefährden. Als weibliche Variante des Untergrundmenschen ist Lisa in ihrer Ambivalenz freilich ein Extremfall unter Dostojewskijs »Doppelfrauen« (V. Perewersew).

Wohl kein Roman Dostojewskijs weist so ausgeprägte und individualisierte Frauenfiguren auf wie das unvollendet gebliebene Spätwerk »Die Brüder Karamasow« (1880/81). Der Autor verzichtet darin auf den romantisch stilisierten Typus der Sanften, wie er das Frühwerk beherrscht und in Sonja

Marmeladowa (»Verbrechen und Strafe«) – einer »Nachfahrin« der Maria aus Eugène Sues »Les mystères de Paris« und der Fantine aus Victor Hugos »Les misérables« – vielleicht die reinste Verkörperung gefunden hat, zugunsten stolzer und exzentrischer Frauengestalten von vergleichsweise großer Plastizität. Es wäre eine Studie wert, die Entwicklung aufzuzeigen, die zwischen der idealisierenden, romantischen Vorbildern verpflichtenden Beschreibung früher Frauenfiguren und dem Naturalismus in der Zeichnung des »infernalischen Weibes« Gruschenka oder der Idiotin Lisaweta Smerdjaschtschaja liegt. Dieses »geistesschwache Gotteskind«, das, vom alten Karamasow in betrunkenem Zustand geschwängert, Smerdjakow, den späteren Vatermörder, zur Welt bringt und gleich darauf stirbt, wird von Dostojewskij so geschildert:

»Lisaweta war sehr klein von Wuchs, ›nur zwei Arschin und vielleicht noch eine Kleinigkeit war das Mädchen hoch‹, wie einige unserer gottesfürchtigen Greisinnen nach ihrem Tode sagten... Ihr zwanzigjähriges, gesundes, breites, rotwangiges Gesicht war vollkommen idiotisch, der Blick ihrer Augen unbeweglich und unangenehm, wenn auch ruhig. Sie ging im Sommer wie im Winter barfuß und nur in einem hanfleinenen Hemde. Ihr fast schwarzes, ungewöhnlich dichtes Haar war so kraus wie die Wolle eines Schafes und stand wie eine große Mütze auf ihrem Kopf, außerdem war es voller Schmutz, Erdstückchen und Blätter, Holzspänchen und Stroh- und Grashälmchen, denn sie schlief immer auf der Erde.«

Dostojewskij reaktiviert in Lisaweta, der »Stinkenden«, die russische Tradition des Gottesnarrentums – die obdachlose, verwilderte Schwachsinnige ist gutmütig und kinderliebend –, verleiht der »Gottesnärrin« jedoch eine Reihe von charakteristischen Zügen (Zwergwuchs, Haartracht), die sie zu einer höchst einprägsamen, dem Ästhetizismus des Frühwerks diametral entgegengesetzten Figur machen.

Demgegenüber erscheint die Verrückte und Gottesnärrin Maria Lebjadkina aus den »Dämonen« als ein vergeistigtes Wesen. Dieses »von Gott gezeichnete Geschöpf« – formell die Frau Nikolaj Stawrogins – ist mit hellseherischen Fähigkeiten begabt und führt ein nonnenhaftes Leben als Träumerin, Büßerin und Gerechte. Dostojewskij schildert ihre »krankhaft magere« Gestalt mit dem »langen, unbedeckten Hals« und dem dünnen Haar, das im Nacken zu einem »kleinen Knoten von der Größe des Fäustchens eines zweijährigen Kindes« zusammengedreht ist, ihr weiß und rot geschminktes Gesicht mit den geschwärzten Augenbrauen, sowie das karge Interieur ihres Zimmers: auf dem Tisch ein kleiner billiger Spiegel, ein altes Spiel Karten, ein zerblättertes Liederbuch und eine angebissene Semmel. Es ist eine der rührendsten Schilderungen, die Dostojewskij Frauen gewidmet hat.

In weit stärkerem Maße als ihre männlichen Gegenspieler gehorchen Dostojewskijs Frauengestalten dem Diktat des Gefühls und figurieren deshalb als Hauptanstifter jener irrationalen »Ausbrüche« (nadryv), die die fiebrig-phantastische Atmosphäre von Dostojewskijs Werken bestimmen. Was wäre »Der Idiot« ohne Nastassja Filippowna, was wären »Die Brüder Karamasow« ohne Gruschenka, auch wenn – oder gerade weil – es darin keineswegs um die geschlechtlich-erotische Erfüllung in der Beziehung zwischen Mann und Frau geht. Mit Recht hat Manès Sperber einmal bemerkt, daß es Dostojewskij nie gelingt, »ein intensives sinnliches Erlebnis zu beschreiben, erotische Anziehung und Begehren glaubhaft zu schildern«. Hinzuzufügen wäre, daß Dostojewskij dies wohl auch nie gewollt hat. Seine sanften Frauen sind wie barmherzige Schwestern, seine Stolzen – zerrissen und unglücklich. Intensiv, weil von starken, oft extremen Empfindungen beherrscht, aber sind sie allemal.

Daß Dostojewskij die Frau als Gefühlswesen begreift, mag konservativ und klischeehaft erscheinen. In gewisser

Weise ist es das auch. In seinen großen Romanen »Der Idiot«, »Die Dämonen«, »Die Brüder Karamasow« verteilt Dostojewskij durch seine Helden mehr als einmal abschätzig-ironische Seitenhiebe gegen die in Rußland seit den mittleren sechziger Jahren um sich greifende Frauenbewegung. Seine eigene, unglückliche Liebesaffäre mit der emanzipierten Apollinaria Suslowa, deren Schwester Nadeschda als eine der ersten Frauen 1867 in Zürich ihr Medizinstudium abschloß, mag dazu beigetragen haben. Doch resultieren Dostojewskijs Vorbehalte gegenüber den »modernen Flattervögeln« (wie der Major in den »Dämonen« sich ausdrückt) nicht aus einer Geringschätzung der Frau, sondern umgekehrt aus der Überzeugung, daß die Anhängerinnen der Frauenbewegung ihre weibliche Berufung – die »grenzenlose verzeihende Liebe« (»Winteraufzeichnungen über Sommereindrücke«, 1863) – einseitigem Fortschrittsdenken opferten.

Dostojewskijs Argumente geben sich christlich und nicht selten nationalistisch, so wenn er in seiner Puschkinrede (1880) am Beispiel der Tatjana aus Puschkins Versroman »Eugen Onegin« das hohe Ethos der »russischen Frau« lobt, die es verneine, »auf Kosten eines andern« glücklich zu sein. Der Kerngedanke seiner christlichen Argumentation lautet, gemäß einer Notizhefteintragung aus dem Jahre 1880:

»Der ganze Fehler der ›Frauenfrage‹ besteht darin, daß man Unteilbares teilt, Mann und Weib einzeln nimmt, während sie doch ein geschlossener Organismus sind. (Und er schuf sie, Mann und Weib ...)«

Hier könnte – über und ausgehend von Dostojewskij – ein neuer Aufsatz beginnen. Pro und contra.

# Widerspruch als Prinzip
# Das Phänomen Tolstoj

Tolstoj ist mit vielen Attributen belegt worden. Gorkij, der ihn kritisch verehrte, nannte ihn eine »außergewöhnliche, fast monströse Erscheinung«, einen »Grandseigneur im Bauernkittel«, Mereschkowskij den »großen Seher des Leibes«, Lenin – schlicht – einen »Koloß«, Rilke einen »großen Todfürchtigen«, der »das gesegnete Erdreich seiner Natur zerstört« habe, Thomas Mann – jeder Etikettierung abhold – verglich ihn ausführlich mit Goethe. Kurz, aber treffend charakterisierte ihn Hofmannsthal 1908 mit den Worten:

»Es ist unendlich schwer, das geistige Gesicht dieses Mannes zu fixieren. Es war seine Signatur, einen doppelten Schein zu werfen. Sein europäisches und sein russisches Gesicht treten wechselnd vor das innere Auge. Keines kann erblickt werden, ohne daß das andere durchschaut wird. Der stumme und wundervolle naturhafte Künstler und der bis zur Geschwätzigkeit beredsame christliche Reformator sind gleich schwer zu vereinigen und auseinanderzureißen.«

Widersprüchlichkeit als Konstante. Was gemeinhin als Bruch im Leben und Schaffen von Tolstoj bezeichnet wird, die Krise der späten 1870er Jahre, die den »christlichen Reformator« erzeugte, ist nur der manifeste Ausdruck/Ausbruch von Antagonismen, die Tolstojs Persönlichkeitsstruktur bereits inhärent waren und weiterhin inhärent bleiben sollten. Vitalität – Todesbesessenheit, Sinnlichkeit – Askese, Eigenliebe – Altruismus, Glaube – Agnostizismus, das sind die Antagonismen, die Tolstoj nicht nur gedanklich beschäftigten, sondern realiter bedrängten. Als schöpferisch reflektiertes *existentielles* Problem sind sie auch – in der für Tolstoj typischen »autobiographischen« Direktheit – in sein literarisches Werk eingegangen.

Mit 18 Jahren (1846), zur Zeit seiner ersten »troglodytischen Exzesse« (Turgenjew), beginnt Tolstoj Tagebuch zu führen – eine selbstzensorische, regulative Tätigkeit, die er mit Unterbrechungen bis an sein Lebensende fortsetzt. Der Hang zur skrupelhaft-eitlen Selbstbeobachtung (»der Gedanke, daß meine Tränen ein Beweis für mein tiefes Empfinden waren, freute und tröstete mich«) und zur Aufstellung von Lebensregeln, wie ihn Tolstoj in seiner Trilogie »Kindheit, Knabenalter, Jünglingsjahre« (1852-1857) dem autobiographischen Helden Irtenjew zuschreibt, ist Motiv auch für seine eigene Tagebuchführung. Dabei fällt auf, daß Tolstoj bereits in den 1850er Jahren, die zu seinen turbulentesten und exzessivsten (Militärkarriere, Kaukasus, Krimkrieg) gehörten und auch den Beginn seiner Schriftstellerkarriere markierten, von Selbstvervollkommnung und Liebe zu Gott, vom Bewußtsein als »größtem moralischem Übel«, von der Liebe (in Vorwegnahme des tragischen Fazits der »Kreutzersonate«) als dem »physischen Bedürfnis des Verkehrs« spricht, daß er – in der Eintragung vom 5. März 1855 – die »Gründung einer neuen Religion« erwägt, »einer praktischen Religion, die keine künftige Seligkeit verheißt, aber Seligkeit auf Erden gibt«.

1857 unternimmt Tolstoj seine erste Auslandsreise, die, seiner »doppelten Natur« gemäß, sehr widersprüchlich ausfällt. Zwischen den Amusements in der französischen Kapitale und den massiven Rouletteverlusten in Baden-Baden spielen sich zwei wichtige Ereignisse ab: Tolstoj wohnt, aus freien Stücken, einer Guillotinehinrichtung bei, unter deren Schockwirkung er erstmals vehement gegen Staat und Gesetzgebung aufbegehrt. Den Schock der sozialen Ungerechtigkeit erfährt Tolstoj in Luzern, wo er als Bewohner des »Schweizerhof« mitansehen muß, wie ein einfacher Straßensänger von den reichen Hotelgästen »ausgebeutet« und – als Tolstoj ihn zur Wiedergutmachung in den »Schweizerhof« einlädt (ein Lapsus, wie Kropotkin richtig bemerkt hat!) –

von den Hotelportiers ausgelacht wird. In der von diesem Ereignis inspirierten Erzählung »Luzern« konfrontiert Tolstoj die soziale Problematik mit einer Weltharmonieauffassung, wonach eine höhere, ausgleichende Gerechtigkeit die schreienden sozialen Gegensätze »aufhebt«.

Die Auseinandersetzung mit dem einfachen, in der sozialen Hierarchie unten rangierenden Menschen wird für Tolstoj – nach dem ersten mißglückten Versuch von 1848 (Besserstellung der Leibeigenen von Jasnaja Poljana) – 1859 wieder aktuell: Tolstoj eröffnet auf seinem Gut eine Schule für Bauernkinder, erprobt, von Rousseaus »Emile« angeregt, neue »antiautoritäre« Lehrmethoden, unternimmt sogar, 1860, eine zweite Europareise, um westliche pädagogische Theorien kennenzulernen; die Reise bringt ihn unter anderem mit Friedrich Fröbel, Berthold Auerbach, Proudhon und Alexander Herzen zusammen. Nach der zaristisch verordneten Bauernbefreiung von 1861 widmet sich Tolstoj vermehrt seiner Bauernschule, gibt vorübergehend eine eigene Zeitschrift, »Jasnaja Poljana«, heraus und propagiert – von westlichen Methoden enttäuscht – eine russophile, volksnahe Erziehung.

Die Konfrontation mit dem »einfachen Volk« sollte für Tolstoj zu jenem Faszinosum werden, das er allgemein mit dem »Naturhaften« verband. Gewolltermaßen färbte sie auf sein Leben ab: Das erotische Verhältnis zu einem Kosakenmädchen sowie, 1860, zur Leibeigenen Aksinja (literarisch verarbeitet in der rousseauistischen Erzählung »Die Kosaken« und in »Der Teufel«) gehört ebenso in den Kontext der Zivilisationsfeindlichkeit wie die spätere Muschiktracht – Bauernbluse und selbstgefertigte Stiefel – und der Lebensstil *à la paysanne.*

Daß Tolstoj die »Avantagen des Barbarismus« (Thomas Mann) mit dem Aristokratismus des Grafen verband, diese Inkonsequenz (oder einmal mehr: dieser Antagonismus) machte ihm selbst wohl mehr zu schaffen als seinen Zeitgenossen und Biographen. In der literarischen Gestaltung des Bauern (Polikuschka, Akim, Platon Karatajew) neigte Tolstoj, wie Gorkij untrüglich festgestellt hat, zu tendenziöser Idealisierung. (Man vergleiche demgegenüber die Darstellung der Bauern bei Tschechow, bei Iwan Bunin und bei Gorkij selbst.) Gorkij war es auch, der Tolstojs Zivilisations- und Fortschrittsfeindlichkeit, das Zurück zur Scholle, zum patriarchalischen Gemeinwesen, als nationalen Atavismus entlarvte – und verurteilte. Lewin, Tolstojs literarisches Pendant im Roman »Anna Karenina«, ein »reumütiger Adliger«, vermag in der Tat mit seinen slawophil inspirierten, unrealistischen Landwirtschaftsreformen nicht zu überzeugen. Verständlicherweise empörte er auch den »Westler« Turgenjew.

Natürlichkeitsstreben im Rahmen der Familie – auch dieser von Tolstoj in patriarchalisch-slawophilem Sinne adaptierte schopenhauersche Entwurf (Pierre Besuchow – Natascha Rostowa, Lewin – Kitty) sollte für Tolstoj, realiter, zum Fiasko werden. Aus der Verbindung mit der Arzttochter Sofija Andrejewna Behrs, die Tolstoj im Herbst 1862 ehelicht, gehen 13 Kinder hervor. Die Großfamilie wird ihm schließlich so sehr zur Last, daß er 1891 das gesamte Eigentum auf seine Frau überschreiben läßt und sich von jeglicher Verantwortung dispensiert. Der Fluchtgedanke beschäftigt ihn seit den mittleren achtziger Jahren, wird als Plan aber erst 1910 ausgeführt.

In dem Jahrzehnt zwischen 1864 und 1874 entstehen Tolstojs bedeutendste Romane, »Krieg und Frieden« (statt des ursprünglich geplanten Dekabristen-Romans) und »Anna Karenina«. Ersterer ist ein monumentaler historischer (aber auch russisch-nationaler) Roman über die Zeit der Napoleonischen Kriege (1805-1813) mit 559 nach realen Vorbildern geschaffenen Figuren, die – so Tolstojs geschichtsphilosophische These – kraft höherer Gesetze agieren, kraft solcher Gesetze nämlich, die dem volksnahen russischen Bauern und

Kollektivmenschen Platon Karatajew mehr »Wahrheit« zubilligen als dem Ego-Monomanen Napoleon.

»Anna Karenina« ist ein Sittenroman über das Jahrzehnt nach der Bauernbefreiung, der sich ebenso als skrupulöse Abrechnung mit der russischen »high society« (Gegenentwurf Lewin) wie als psychologische Tiefenanalyse exzessiven Liebens (Anna Karenina) versteht. Tolstojs künstlerisches Verfahren besteht in beiden Fällen in der Verbindung von realistischer Deskription (das signifikante Detail!), innerem Monolog und reflexiven Passagen – eine Technik, die schon in seinen ersten Werken zur Anwendung kommt und die sich im Spätwerk zugunsten der moralisierenden Reflexion modifiziert. (Was der Formalist Viktor Schklowskij als das Tolstojsche Verfahren der »Verfremdung« aufdeckte, bezieht sich etwa auf die Erzählung »Der Leinwandmesser«, wo aus der Sicht eines Pferds Sozialkritik geübt wird.)

Tolstoj ist erfolgreich, wenn auch nicht unumstritten, als er sich in den späten siebziger Jahren mit Vehemenz den eigenen Zweifeln ausliefert und an die Beantwortung folgender Fragen macht:

»a) Warum lebe ich? b) Was ist der Grund meines und eines jeden Daseins? c) Was ist der Zweck meines und eines jeden Daseins? d) Was bedeutet und was soll der Zwiespalt von Gut und Böse, den ich in mir fühle? e) Wie soll ich leben? f) Was ist der Tod? Die allgemeinste Formel für diese Fragen und die umfassendste ist aber: Wie werde ich erlöst? Ich fühle, daß ich zugrunde gehe. Ich lebe und sterbe, ich liebe das Leben und fürchte den Tod – wie werde ich erlöst?« (Tagebuch, 2. Juni 1878)

*Subjektiv* sind die Beweggründe für Tolstojs Fragen, subjektiv auch seine Antworten, die ihn – im Bereich des Religiösen – von einer eigenwilligen Auslegung der Evangelien über theistisch-pantheistische Anschauungen zur Absage an kirchliche Dogmen und schließlich zum völligen Bruch mit der orthodoxen Kirche (Exkommunikation 1901), im Bereich des staatsbürgerlichen Lebens zur Negierung staatlicher Obrigkeit (Steuer- und Militärdienstverweigerung, Nichtanerkennung staatlicher Gesetze) führen.

Das »Tolstojanertum« – von Tolstoj als Lehre mehrfach dementiert und für ihn selbst keineswegs das Remedium gegen die »Dialektik der Seele« – entbehrt in der Tat einer systematischen Grundlegung und kann nur mit Vorbehalten als »christlicher Anarchismus« etikettiert werden. Tolstoj hat seine »Lehre« in Schriften verankert, die subjektiver (schon die Titelgebung weist darauf hin) nicht sein könnten: »Meine Beichte« (1882) stellt eine schonungslose Selbstbezichtigung à la Rousseau dar, in der sich Tolstoj unter anderem auch des Mordes beschuldigt, während das Traktat »Woran ich glaube« (1883/84) Tolstojs von der Bergpredigt inspiriertes Credo in einem Fünfpunkteprogramm zusammenfaßt:

»1. Du sollst nicht zürnen, 2. Du sollst nicht ehebrechen, 3. Du sollst nicht schwören, 4. Du sollst dich dem Bösen nicht mit Gewalt widersetzen, 5. Du sollst niemandes Feind sein.«

Punkt 4 liegt jener vieldiskutierten Nichtresistenzlehre zugrunde, die Tolstoj von so namhaften Zeitgenossen wie Tschechow (»Krankensaal Nr. 6«, »Das Duell«), Gorkij (»Notizen über das Kleinbürgertum«), Wladimir Solowjow (»Drei Gesprache«) sowie später von den Klassenkämpfern Plechanow und Lenin den Vorwurf der Indifferenz, des Passivismus und des »bösen Nihilismus« (Gorkij) eingebracht hat. (Tolstojaner waren wegen ihrer auf der Nichtresistenzlehre basierenden generellen Staatsfeindlichkeit nach Tolstojs Tod bis in die zwanziger Jahre zum Teil schweren Repressionen ausgesetzt.) Tolstojs evangelisches Christentum, das ihn mit verschiedenen russischen Sekten, vor allem mit den verfemten Duchoborzen, verband, schlug sich in diversen theologischen Schriften nieder (»Eine Kritik der dogmatischen Theologie«, 1880; »Übereinstimmung und Auslegung der vier Evangelien«, 1881/82; »Das Reich Gottes in dir«, 1893), bestimmte aber auch – gemäß dem Grundsatz der Verbindung von Ethik und Ästhetik – sein künstlerisches Werk (Volkserzählungen).

Einmal mehr ist auf die Kontinuität von Tolstojs Ideen, Problemen und Widersprüchen hinzuweisen: Die zum Spätwerk zählende »Kreutzersonate« (1889) mit ihrer brutalen Verurteilung der Frau und der ehelichen Geschlechtsliebe zugunsten der christlichen Askese ist nur eine – persönliche Ressentiments (»die Tragödie des Schlafzimmers«) exteriorisierende – extreme Weiterführung des früheren Ansatzes: »Liebe gibt es nicht, nur das physische Bedürfnis des Verkehrs.« Die moralische Ex-cathedra-Verurteilung der Frau nimmt im Spätwerk aber penetrante, ja, groteske Formen an, die in früheren Werken und selbst in »Anna Karenina« noch fehlen (»Der Teufel«, »Vater Sergius«). Daß Tolstoj in seinem dritten und letzten Roman, »Auferstehung« (1899), der zur Kriminellen gewordenen Prostituierten Katja Maslowa Gerechtigkeit widerfahren läßt, hat zutiefst didaktische Gründe: Es geht ihm darum, die sozialen und moralischen Implikationen einer Verführung, den »Fall« einer jungen Frau in Prostitution und Kriminalität, drastisch aufzuzeigen und die Institution des Bordells wie auch, besonders, die des Gerichts, zu denunzieren.

Tolstoj, dessen Autorität und Ruhm in den neunziger Jahren bereits weit über die Landesgrenzen reichen (es erscheinen die ersten Monographien), wird zunehmend zum engagierten Sozialkritiker. Er attackiert die Gerichtsbarkeit, die kapitalistische Ausbeutung der Armen (»Was tun?«), macht den Staat für die wirtschaftlichen Mißstände, namentlich für die Hungersnot von 1891 und 1892, verantwortlich, schreibt zur Zeit des russisch-japanischen Kriegs und der Revolution von 1905 (zu der er nolens volens beigetragen hat) Friedensaufrufe und antigouvernementale Pamphlete (»Kommt zur Besinnung!«, »Eines aber ist not«, »Die Bedeutung der russischen Revolution«, »Ich kann nicht schweigen«). Die zaristische Regierung ließ ihn, aus Furcht, gewähren.

Der »Mythos« Tolstoj, der für Sympathisanten wie Gegner gleichermaßen eine Realität darstellte, wurde vollends wahr, als der 82jährige bei Nacht und Nebel, nur unter Mitwissen seines Arztes Dušan Makovicky und seiner Tochter Alexandra, Jasnaja Poljana verließ und auf einsame Wanderschaft ging. Die Konsequenz dieses Schrittes hat Iwan Bunin zu Recht als »Tolstojs Befreiung« (so sein gleichnamiges Buch, 1937), präziser: als Befreiung von den inhärenten und aufoktroyierten Widersprüchen, gedeutet. Tolstoj starb wenige Tage nach seiner »Flucht«, am 20. November 1910, im Bahnwärterhaus von Astapowo. Er war unterwegs in den Kaukasus.

Die Rezeption Tolstojs gestaltete sich stetiger, aber auch weniger spektakulär als diejenige von Dostojewskij, dessen »Aktualisierbarkeit« immer wieder zu kontroversen Reaktionen Anlaß gab und gibt. Nachdem der Mythos des »christlichen Reformators« abgebaut und das moralisch-didaktische Œuvre relativiert worden war, hat Tolstoj das Image des »kolossalen« Klassikers angenommen. Daran ist nicht mehr zu rütteln.

# Keine heile Welt
## Kinder in der russischen Literatur

1918 schrieb Rosa Luxemburg im Vorwort zu ihrer Übersetzung von Korolenkos »Geschichte meines Zeitgenossen«: »Als Opfer der gesellschaftlichen Verhältnisse steht die Kinderwelt mit ihren Leiden und Freuden dem Herzen des russischen Künstlers besonders nahe und wird von ihm nicht in dem falschen spielerischen Ton behandelt, mit dem die Erwachsenen zumeist zur Welt der Kinder herabsteigen zu müssen glauben, sondern im aufrichtigen und ernsten Ton der Kameradschaft, ohne jede unbegründete Selbstüberhebung des Alters.« Rosa Luxemburgs sehr zutreffendes Urteil wäre nur in einem Punkt zu modifizieren: nicht immer erscheint das Kind als Opfer gesellschaftlicher Verhältnisse, als Opfer aber fast immer. Das hat seine Gründe.

Gibt es auch auffallend wenig Untersuchungen über das Kind im zaristischen Rußland, so weiß man es nicht zuletzt von den engagierten Schriftstellern: die Kindermortalität übertraf bei weitem den europäischen Durchschnitt (sie veranlaßte schon 1761 den Literaten und Universalgelehrten Michail Lomonossow zu seiner Schrift über die »Fortpflanzung und Erhaltung des russischen Volkes« und sollte – im Zusammenhang mit Hungersnöten, Epidemien, mangelhafter Sozialhygiene und schlechter ärztlicher Betreuung – bis ins frühe 20. Jahrhundert ein virulentes Problem bleiben). Die lieblose Behandlung bzw. die Mißhandlung von Kindern durch Eltern und Vorgesetzte war so verbreitet, daß Dostojewskij 1877 schreiben konnte: »Wer züchtigt nicht seine Kinder mit Ruten? Neun Zehntel von ganz Rußland tun es. Daraus kann man unmöglich einen Kriminalfall machen.« Der Kindesmord war nicht selten (um 1870 jährlich 400 juristisch registrierte Fälle) und wurde häufig, handelte es sich um das eigene Kind, mit verhältnismäßig milder Strafe belegt (im Unterschied zum Abort, wenn von Drittpersonen ausgeführt). Die Tendenz, sich unehelicher oder ungelegener Kinder zu entledigen, war so groß, daß das unter Katharina II. gegründete Petersburger Findelhaus schon 1840 einen numerisch größeren jährlichen Zuwachs als die Findelhäuser von Paris und London aufwies. Für das Wohlergehen dieser »sozusagen aus Humanität lebenden Kinder« (Dostojewskij) war aber nur sehr ungenügend gesorgt.

Diese und ähnliche Indizien der Kinderfeindlichkeit veranlaßten Michail Saltykow-Schtschedrin zum bitteren Ausspruch, daß es kein »unglückseligeres Los« als dasjenige der Kinder gebe (»Provinz Poschechonien«, 1887-89), und noch 1929 meinte Leo Trotzkij in seiner Autobiographie: »Das Leben schlägt die Schwachen, wer aber ist schwächer als die Kinder?« Wenn Trotzkij indessen kritisch bemerkt, die »Grandseigneure der Literatur oder die Plebejer, die die Grandseigneure besangen«, hätten eine durch und durch »aristokratische Bewertung der Kindheit kanonisiert«, so tut er gerade den russischen Schriftstellern unrecht. Selbst Leo Tolstoj und Iwan Turgenjew beschränkten sich keineswegs auf die Darstellung von Kindern aus aristokratischem Milieu (und auch wo sie es taten, wurden Kind und Milieu mit ihren Problemen gezeigt, etwa in Tolstojs »Kindheit«), die anderen russischen Schriftsteller aber, die sich literarisch mit dem Kind befaßten (Gogol und Gontscharow gehören nicht zu ihnen), bewiesen ein soziales Engagement, das seinesgleichen sucht.

In erster Linie wäre hier Dostojewskij zu nennen, der auch im persönlichen Leben großen Einsatz für ungerecht behandelte oder verwahrloste Kinder leistete. Anatolij Koni, berühmter Jurist und Kriminologe, hielt am 2. Februar 1881 – eine Woche vor Dostojewskijs Tod – einen Vortrag, in dem er Dostojewskij als Kriminalisten würdigte und sein Engagement für Kinder hervorhob: »Dostojewskij war der beständige Beschützer, der stete Verteidiger der Schwachen und Unmündigen... Auf jeder Seite seiner Schriften ertönt der Ruf, der Kinderseele ein aufmerksameres, liebevolleres Studium zu widmen, dieser Seele, welche so frühzeitig schon mit dem herben Realismus des Lebens in Berührung kommt. Dieser Zug, den er mit Dickens gemeinsam hat, wirft ein eigenes Licht auf alle seine Schriften. Man muß ihn«, fährt Koni fort, »in der Kolonie für jugendliche Verbrecher und in den Räumen des Litauischen Gefängnisses gesehen, seine kunstlosen, einfachen Worte gehört haben, es war kein einziger Mißton darin.«

Wie seriös Dostojewskijs Interesse für das leidende Kind war, bezeugt etwa sein Tatsachenbericht über die von Koni erwähnte Kolonie für jugendliche Verbrecher in Petersburg (»Tagebuch eines Schriftstellers«, Januar 1876). Dostojewskij beschreibt darin das Leben von fünfzig »gefallenen Engeln«, ihre Versorgung, Erziehung, ihren Tagesablauf. An Verbesserungsvorschlägen bringt er ein: die Abschaffung des »Sie« (bei der Anrede der Kinder) zugunsten des väterlichen »Du«, eine sorgfältigere Auswahl des Lesestoffes, Einführung von Zeichen- und Religionsunterricht. Sein Bericht endet mit der Feststellung, »die Mittel zur Umwandlung lasterhafter Seelen in lasterlose« seien »vorläufig unzureichend«. (Nach der Oktoberrevolution wurden gewisse Schulen für verwahrloste Kinder nach Dostojewskij benannt, abgekürzt »Schkid«. Dazu gibt es den Roman von Leonid Pantelejew und Grigorij Belych »Schkid – die Republik der Strolche«, 1927.)

Ebenfalls im Januarheft 1876 des »Tagebuchs« berichtet Dostojewskij über Kinder, die er vor und an Weihnachten bei »fürchterlichem Frost« in sommerlicher Kleidung hatte betteln sehen (»Der Knabe mit dem Händchen«). Das Erbettelte müßten sie ihren verkommenen Eltern bringen, die damit ihre Saufgelage finanzierten. Fazit: »Die Kinder werden noch vor Eintritt in die Fabrik zu vollkommenen Verbrechern.« In der fiktionalen Variante dieser Begebenheit (»Der Knabe am

Weihnachtsabend beim Herrn Jesu«) schildert Dostojewskij auf wenigen Seiten die Geschichte eines etwa sechsjährigen Knaben, der am Weihnachtsmorgen in einem kalten Keller neben seiner toten Mutter hungrig erwacht, dann durch die weihnachtliche Stadt zieht, mit Neugier in die festlich geschmückten Häuser schaut und dem Treiben um den Christbaum zusieht, bis er von einem großen Jungen umgestoßen wird und in einen fremden Hof gerät, wo er – selig von einer »Weihnacht der Armen« träumend – erfriert.

Es sei schon längst sein Ideal, schreibt Dostojewskij im selben Heft des »Tagebuchs«, »einen Roman von den jetzigen russischen Kindern zu schreiben, natürlich auch von den jetzigen russischen Vätern und ihren gegenseitigen Beziehungen«. Einzelne Ideen dieses Projekts sind – zusammen mit Aufzeichnungen aus dem »Tagebuch« – in die »Brüder Karamasow« eingegangen. In diesem seinem letzten (unvollendeten) Roman widmet Dostojewskij nicht nur mehrere Kapitel der »allerjüngsten Generation« – den Kindern (Kapitel »Kolja Krassotkin« u. a.), er bringt das Leiden unschuldiger Kinder als Hauptargument für Iwans Atheismus ins Spiel. Iwan: »Wenn die Leiden der Kinder dazu verwendet wurden, jene Summe von Leiden vollzumachen, die für den Kauf der Wahrheit notwendig war, so behaupte ich im voraus, daß die ganze Wahrheit einen solchen Preis nicht wert ist... Die ganze Welt mit ihrer Erkenntnis ist doch nicht die Tränen eines kleinen Kindes wert.« Und die Beispiele, die Iwan zur Illustration anführt, entstammen jener kriminalistischen Sammlung über russische Kinder, die Dostojewskij während vieler Jahre zusammengestellt und auszugsweise im »Tagebuch« veröffentlicht hatte: »Und so peitschten nun ein intelligenter, gebildeter Herr und seine Frau ihr eigenes Töchterchen, ein siebenjähriges Kind, mit Ruten..., je länger, desto stärker, desto schneller, desto schmerzhafter«, oder jene Episode »aus der düstersten Zeit der Leibeigenschaft«, da ein Gutsbesitzer einen sechsjährigen Jungen von seinen

Windhunden zerreißen läßt (Teil II, Buch 5, Kap. 4). – Die unmenschliche Behandlung von Kindern und Halbwüchsigen war schon Gegenstand früherer Romane von Dostojewskij (»Netotschka Neswanowa«, »Erniedrigte und Beleidigte«). In »Verbrechen und Strafe« (Kap. 4) nimmt sich ein vierzehnjähriges taubstummes Mädchen das Leben, nachdem es von Swidrigajlow mißbraucht worden ist. Das Mädchen Matrjoscha erhängt sich nach der Vergewaltigung durch Stawrogin (»Stawrogins Beichte«, posthum veröffentlichtes Kapitel der »Dämonen«).

Dostojewkij zeigt die Kinder nicht nur als unschuldige Opfer sozialer Mißstände und perverser Vergehen, er zeigt sie als quasi erwachsene Individuen, denen das Recht auf ihr Kindsein genommen wurde und die als lebender Vorwurf an die Adresse der Peiniger ein unglückseliges Leben fristen. Paradigmatisch erscheint die Gestalt des grausam-mitleidigen Kaufmanns Maxim Iwanowitsch Skotobojnikow (aus dem »Jüngling«), der – nachdem sich sein achtjähriger Zögling aus Angst vor seiner Züchtigung im Fluß ertränkt hat – dem Archimandriten reumütig die Bibelstelle Matthäus 18, 6 vorliest (»Wer aber einen dieser Kleinen ärgert, für den wäre es das beste, es würde ihm ein Mühlstein um den Hals gehängt...«) und anschließend der armen Mutter des verstorbenen Jungen (deren vier weitere Kinder an Krankheiten gestorben waren) die Heirat anträgt, um den Tod des Knaben zu sühnen.

Behandelt Dostojewskij das Kind gewissermaßen als Absolutum, so schildert der den »Narodniki« nahestehende Gleb Uspenskij (1843-1892) in der Erzählung »Petkas Karriere« (1886) den »sozialen« Werdegang eines Bauernkindes. Sproß einer verarmten Bauernfamilie (der versoffene Vater schlägt sich als Zimmermann durchs Leben), wächst Petka zu einem mürrischen Kind heran, das vielerlei ungerechten Anschuldigungen ausgesetzt ist und in immer größere Isolation gerät. Um die Familie zu ernähren, verdingt sich Petka in einer Zündholzfabrik, wo er brutal ausgenützt wird. Wie er als Maschinenarbeiter in die Hauptstadt zieht, erfährt er die ganze Misere des frühen Industrieproletariats, beginnt als »Entwurzelter« zu trinken und stirbt in jungen Jahren an Schwindsucht.

Im selben Jahr wie Uspenskijs Skizze erschien die Erzählung »Wanka« von Anton Tschechow. Der neunjährige Waisenknabe Wanka Schuchow gehört ebenfalls zu den arbeitenden Kindern. Lehrling beim Schuster Aljachin, hat er überdies die Funktion einer Kinderfrau und eines Küchengehilfen zu erfüllen. Schläge und Nachtwachen gehören zur Tagesordnung. In einem in der Weihnachtsnacht abgefaßten Brief schildert der Junge dem Großvater sein ganzes Leid: »Liebes Großväterchen, ich kann ganz und gar nicht mehr, es ist rein zum Sterben.« Der Brief mit der Adresse »Ins Dorf zum Großväterchen« sollte aber nie ankommen... Die Stärke und emotionale Wirkung der Erzählung beruht darauf, daß Tschechow aus der Perspektive des Kindes, nicht des erwachsenen Autors berichtet.

Dieses Verfahren, das eine große Einfühlung in die kindliche Psyche voraussetzt, kennzeichnet fast alle Kinderdarstellungen Tschechows, namentlich die des neunjährigen Jegoruschka in der Erzählung »Die Steppe« (1888). Jegoruschka ist nicht das Opfer sozialer Diskriminierung oder brutaler Mißhandlung, sondern recht eigentlich das Opfer seiner Mutter, die das Kind »aus Faible für gebildete Menschen und wohlgeborene Gesellschaft« ins Gymnasium der fernen Kreisstadt entläßt. Die mehrtägige Reise durch die Steppe wird für das Kind zur Erfahrung existentieller Einsamkeit, die es wortlos, im stummen Dialog mit der Natur, erlebt. Der Gedanke, der Willkür des Schicksals preisgegeben zu sein, weicht am Schluß der Überzeugung, daß das bisherige Leben für immer entschwunden sei und ein neues, unbekanntes Leben bevorstehe. Tschechow schildert auch hier aus der Perspektive des Kindes und vermittelt dem Leser –

ohne didaktisch zu werden – die spezifische Wahrnehmungs- und Erlebensweise des Kindes, deren Kenntnis die Voraussetzung für einen adäquateren Umgang mit Kindern ist.

Maxim Gorkij, in dessen Frühwerk Kinder eine zentrale Rolle spielen, verband mit der Kinderdarstellung massive, häufig plakative Sozialkritik. Das etwa elfjährige Mädchen in der Erzählung »Nachtasyl« von 1905, das schon Prostitution betreibt (man fühlt sich an Dostojewkijs Sonja Marmeladowa erinnert), ist für Gorkij wehrloses Opfer und zugleich Symbol einer verabscheuungswürdigen Gesellschaft. Der heranwachsende Ilja Lunin indessen (aus dem Roman »Drei Menschen«, 1900/01), der in Slums haust und schon als Zehnjähriger durch Abfallsammeln für seine Existenz aufkommt, versucht sich in der Folge für seine Frustrationen an der Gesellschaft zu rächen. Er ermordet einen Wucherer, kauft sich mit dem entwendeten Geld einen Laden, bis er eines Tages seine Abhängigkeit von der verhaßten Gesellschaft erkennt. Indem er sich freiwillig der Polizei ausliefert und anschließend ostentativ Selbstmord verübt, gewinnt er – im Rahmen der Verhältnisse – subjektiv die Freiheit.

Eine konsequente Weiterentwicklung des Ilja Lunin ist Pawel Wlassow (»Die Mutter«, 1906): Armes Arbeiterkind, Sohn eines brutalen Säufers, emanzipiert sich Pawel von seinem angestammten Milieu und wird durch sein revolutionäres Engagement zum Vorkämpfer für eine »bessere« Gesellschaft. Eine ähnliche Entwicklung dokumentiert weit weniger tendenziös, aber um so überzeugender Gorkijs autobiographischer Roman »Meine Kindheit« (1914) – eine Enzyklopädie der »Scheußlichkeiten des rohen russischen Lebens«, aus dem Blickwinkel des Autors als Kind gesehen. Das Robotbild der »Niederungen« zeigt: entsetzlich enge Wohnungen, einen bestialischen Großvater, der den Jungen schlägt, bis ihm »die Sinne schwinden«, Schlägereien in der Stadt, einen Mord in der Nachbarschaft, später den Umzug mit Mutter und Stiefvater, Entwurzelung, Verwilderung,

Einsamkeit, ungerechte Strafen, Gelderwerb durch Lumpenhandel und Diebstahl und nach dem Tod der Mutter das Wanderdasein »unter fremden Menschen«. Als gesellschaftlicher Außenseiter wird sich der Junge für die Sache der Revolution gewinnen lassen.

Zuletzt noch ein Blick in ein anderes Milieu. Fjodor Sologub (1863-1927) – als Lehrer und Schriftsteller am Kind sehr interessiert, das er als Brennspiegel der zerrütteten Epoche zeigt – läßt 1911 (»Der Kuß der Ungeborenen«) einen Gymnasiasten den Freitod wählen, der, von seiner privaten und von der politischen Situation bedrückt, in Tolstojs Flucht und Tod die Bestätigung für das »allgemeine Grauen« findet.

Ungerechtigkeit, Brutalität wird von den Kindern entweder mit Widerstand oder mit Resignation beantwortet, selten führt sie in der Sicht russischer Schriftsteller zu Verrohung oder moralischer Verwahrlosung. Nikolaj Pomjalowskijs (1835-1863) Internatszöglinge (»Skizzen aus dem geistlichen Internat«, 1862/63) allerdings liefern ein Beispiel dafür, was grausame Erziehungsmethoden anrichten können. Die alten englischen Privatschulen bei Dickens wirken im Vergleich zu Pomjalowskijs »bursa« idyllisch.

# Zwischen Melancholie und Ironie: Tschechows weiser Charme

> Tschechow, das heißt: eine wissende, stille, verzichtende Kunst, keine titanische. Klarer Blick, Durchschauen, Wehmut, Schluß.
>
> Robert Musil (1922)

Tschechows »Möwe« beginnt mit der Frage des Lehrers Medwedenko an Mascha: »Warum tragen Sie immer Schwarz?« und Maschas Antwort: »Ich trauere um mein Leben. Ich bin unglücklich.« Das Stück endet mit dem Satz: »Konstantin Gawrilowitsch hat sich erschossen.«

Die düstere Klammer umschließt Tragisches und Farcenhaftes, Deprimierendes und Absurdes: eine fatale Mutter-Sohn-Beziehung, verpaßte Lebenschancen, künstlerische Illusionen, Liebesenttäuschungen, Mißverständnisse zuhauf und den Mief eines Provinzdaseins, das tatenlos verdämmert.

Im idyllischen Setting eines Gutshofs am See ist – leise zwar – die Hölle los. Der Gutsverwalter tyrannisiert den ältlich-kranken Besitzer; dessen Schwester – die Schauspielerin Arkadina – unterdrückt ihren einzigen Sohn; die Gutsverwalterstochter Mascha kujoniert den ungeliebten Lehrer; Nina – von Vater und Stiefmutter verstoßen – flieht in die Arme des Schriftstellers Trigorin, um von diesem verlassen zu werden. Die Figuren handeln aus einer Kombination von Eigenliebe und Frustration: *a bad mix*. Und die Stagnation des Landlebens trägt das ihre bei. Unter der Glasglocke melancholischer Eintönigkeit wuchern die aberwitzigsten Träume wie der reale Alptraum. Das provinzielle Abseits wird zur Falle.

Hier ballen sich die Konflikte, hier werden sie – trotz versuchter Fluchten – ausgetragen. Der Landsitz als Schauplatz einer *comédie humaine*, als Labor menschlicher Irrungen und Wirrungen.

Wohl ist keinem in seiner Haut. Sorin sehnt sich nach der Stadt, Doktor Dorn zehrt von vergangenen Abenteuern und Reisen, der Ex-Student Kostja erprobt im ländlichen Vakuum sein mäßiges schriftstellerisches Talent, als verordnete er sich ein inneres Exil, Mascha vergeht vor Langeweile, die Arkadina ist mit einem Bein immer woanders, der schreibbesessene Trigorin bringt sich – außer beim Angeln – um den Genuß der Gegenwart, und Nina, die als einzige diesen Flekken Land vergöttert, hat hier keine Bleibe: das Schicksal treibt sie fort.

So sind Tschechows Helden sentimentale »Übergangsmenschen«: ihr Wohnsitz liegt zwischen Land und Stadt, zwischen Wunsch und Wirklichkeit. Im Dazwischen wabert die Sehnsucht oder zückt die Melancholie ihren ironischen Stachel.

Auf Paradoxien läuft manches hinaus: der erfolgreiche Schriftsteller erweist sich als menschlicher Schwächling, die selbstbewußte Schauspielerin – in der Krise – als nötigende Jammergestalt, die Jugend propagiert neue künstlerische Formen, ohne ein Ziel vor Augen zu haben, oder sie verfolgt, wie Nina, ein Ziel, indem sie es in eine Leidensmystik kleidet. Ambivalenzen, wohin man blickt, von einigen Figuren selbstironisch kommentiert. Sorin subsumiert sein mißglücktes Leben unter dem Titel »Der Mann, der wollte« – »L'homme qui a voulu«: »Als ich jung war, wollte ich Schriftsteller werden – und bin es nicht geworden. Ich wollte gewählt sprechen – und habe immer abscheulich gesprochen ... Ich wollte heiraten – und habe nicht geheiratet. Ich wollte in der Stadt leben – und verdämmere auf dem Land, jawohl.« Der resignierten Einsicht steht eine Lebensgier gegenüber und das trotzige Beharren auf der Lieblingsvokabel »jawohl«, als gelte es, dem eigenen Ausgeliefertsein eine stramme Haltung zu verpassen. Das wirkt notgedrungen komisch, ja, lächerlich – wie andere tickhafte Stereotypien auch: Maschas Tabakschnupfen, Dorns Trällereien, Medwedenkos ewiges Reden über Geld.

Im Dunst der Widersprüche sucht jeder nach Halt – und klammert sich nicht selten an Lappalien: an Garderobe oder Wodkaflasche, ans Angeln oder Anekdotenerzählen. Nur Trepljow hat damit wenig Glück: idealistisch setzt er auf Kunst und Liebe und entgleitet sich dabei selbst.

Der letzte Akt zeigt ihn in der Falle einer doppelten Einsamkeit: vom Zweifel an seiner künstlerischen Mission angekränkelt, von Nina definitiv abgewiesen. Schwermütig greift er in die Klaviertasten, dann zerreißt er seine Manuskripte und erschießt sich. Ein »überflüssiger Mensch«?

Wenn ja, so wäre er nicht der einzige. Als einziger allerdings leidet er akut unter seiner Wirkungslosigkeit und seinem fehlenden Glauben. Vaterlos aufgewachsen und ohne gesellschaftliche Bindung, hält er dem Druck seines Selbstanspruchs sowie dem der Isolation nicht stand – und »implodiert«.

Das ist tragisch, ohne daß das Stück dadurch zur Tragödie würde. Trepljow ist kein Hamlet (obwohl er aus Shakespeares Drama zitiert): dazu fehlt ihm die Reibung mit der Außenwelt, ein realer Gegner. Die Verlagerung der Konflikte auf die Bühne des Zwischenmenschlichen und Innerpsychischen (von Botho Strauss so schön als »Kleinstlebewelt des Herzens« bezeichnet), nicht zuletzt die Art und Weise, wie die Figuren kunstvoll aus ihrer Rolle fallen, schafft jene Mischung aus Ernst und Komik, die für Tschechows Theater so kennzeichnend ist. *Old movies*, möchte man sagen, und viel Mediokrität. Die meisten Tschechowschen Helden erweisen sich schlicht als unfähig zur Tragödie.

Nicht daß Tschechow mit dem Mittelmaß sympathisiert, aber Extreme wie bei Dostojewskij sind ihm fremd – sowohl was seine Figuren, als auch was seine eigene Weltanschauung und Ästhetik betrifft. Tschechow ist ein Meister temperierter

Stimmungslagen, schwebender Bezüge, lakonischen Understatements. Dem Pathos zieht er allemal ironisch gebrochene Gelassenheit vor. In der »Möwe« darf man ihn am ehesten hinter der Gestalt Doktor Dorns vermuten – eines Stoikers und Flaneurs, der trotz einiger zynischer Ausrutscher im rechten Moment Gefühl zeigt.

Verdächtig sind Tschechow: Hysterie, das Geschwätz über die sogenannten ewigen Fragen, Großmäuligkeit, Ideologie. Die wichtigen Dinge ereignen sich beiläufig und kommen oft nur *en passant* zur Sprache: Trepljows Selbstmordversuch und – am Schluß des Stücks – sein erfolgreicher Selbstmord (als eine Art Antiklimax), oder die Affäre zwischen Nina und Trigorin. So werden im fragmentierten, unscharfen Handlungsablauf laute Dramatik, Höhepunkte und selbst eine Katharsis vermieden; es dominieren die leisen Töne, die verqueren Repliken, die Idiosynkrasien und Imponderabilien. Das ergibt – aufs Ganze gesehen – ein subtiles Sinngefüge voll psychologischer Finesse und sprachlicher Poesie. Jedoch ohne didaktisches Moralisieren.

Denn wenn Tschechow etwas meidet, so ist es Schwarzweißmalerei. Alles Holzschnittartige, mithin Vereinfachende, ist ihm suspekt. Statt Antworten zu liefern, beläßt er es bei den Fragen und bei jenen feinen Zwischentönen, die sich gelegentlich zur unbestimmten Farbe der Melancholie addieren, häufiger aber vieldeutig schimmern. Ein Spiel, ein Balanceakt, bei dem es nicht ohne Distanz abgeht. Nicht ohne das augenzwinkernde Lächeln des diskreten Menschenfreunds.

Tschechows Poetik der Objektivität verbindet wie selbstverständlich Beobachtung, Empathie und Ironie: »In unseren Werken fehlt der Alkohol, der einen betrunken macht und versklavt… Wir beschreiben das Leben so, wie es ist, und weiter weder piep noch pup…« Was scheinbar naturalistisch klingt, meint das Aufzeigen von Situationen – von einfach-komplexen Alltagsszenen und zwischenmenschlichen Verhältnissen –, und zwar ohne Kommentar und Pose. Entsprechend auch rät Tschechow dem Schauspieler: »Das Leiden muß man so darstellen, wie es sich im Leben äußert, d. h. nicht mit Händen und Füßen, sondern im Tonfall, im Blick; nicht mit wildem Gestikulieren, sondern mit Grazie.«

Grazie steht hier für Glaubwürdigkeit. Und es gehört zum weisen Charme des Autors Tschechow, daß er diese Begriffe vereint.

Daß Tschechows Welt keineswegs »mausgrau eintönig« ist, wie Anna Achmatowa tadelte, hat mit einer Darstellungsweise zu tun, die durch Andeutung und Offenlassung, durch Musikalität und Elemente des Absurden eine Art von »graziöser« Schwerelosigkeit erreicht. Nie legt sich diese Welt lastend auf den Zuschauer (oder Leser), nie provoziert sie jene Ohnmacht des Willens, die manche Tschechowschen Figuren kennzeichnet. Selbst wo ihr Abschied und Verlust eingeschrieben sind, strahlt sie wehmütige Serenität aus. Selten nur gipfelt sie in dem, was Novalis den »schmetternden Witz der Verzweiflung« genannt hat. Komik als Kehrseite der Langeweile, Ironie als Gegenpart der Ausweglosigkeit.

Im übrigen sind die Gegensätze relativ: eine Frage der Nuancen. Wenn im zweiten Akt der »Möwe« die unglücklich in Trepljow verliebte Mascha vorschlägt, daß Nina aus dessen Stück rezitiere, und wenn sie trotz Ninas Absage (»Das ist doch uninteressant!«) von Trepljows »schöner, trauriger Stimme« schwärmt – »ein richtiger Dichter« –, und wenn just in diesem Moment Sorin zu schnarchen beginnt, um die beschämende Tatsache alsbald mit einem »Aber nein!« zu leugnen, dann ist diese Szene komisch – und traurig zugleich. Das Aufeinanderprallen von unterschiedlichen, ja, gegensätzlichen Affekten und Vorgängen entlarvt das Prekäre der menschlichen Kommunikation. Und relativiert die Möglichkeit von Beziehungen. Wir nicken lächelnd. So klar wie in Tschechows literarischem Labor haben wir das selten erkannt. Und obwohl die Erkenntnis schmerzt, hat sie etwas Befreiendes: sie transzendiert die Resignation.

Damit ist nichts über Lösungen gesagt, geschweige denn über Erlösung. Statt Erlösung gibt es bei Tschechow den aufflackernden Traum und sprechende Pausen. Jeder füllt sie auf seine Weise.

# II

# Alexej Remisow – Begründer des Affenordens

Ilja Ehrenburg nannte ihn den »urrussischsten aller russischen Schriftsteller«, Marina Zwetajewa fand seine Schrulligkeit ziemlich anstrengend, Viktor Schklowskij bewunderte ihn für sein »eigenschwänziges, sehr unbequemes, unterhaltsames Leben«. Kein Zweifel: Alexej Michajlowitsch Remisow, geboren am 24. Juni (alten Stils) 1877 in Moskau, gestorben am 26. November 1957 in Paris, ist eine der absonderlichsten Gestalten der russischen Literatur. Um mit einer wahren Anekdote aus der Feder Schklowskijs zu beginnen: »Im Winter des Jahres 1919 lebte Remisow in Petersburg; eines Tages platzte im Haus die Wasserleitung. Ein anderer an seiner Stelle hätte den Kopf verloren. Aber Remisow sammelte bei all seinen Bekannten sämtliche Flaschen ein: Arzneiflaschen, Weinflaschen, alles was ihm zwischen die Finger kam. Er stellte sie in Reih und Glied auf dem Teppich auf, nahm jeweils zwei Flaschen und lief die Treppe hinunter, um Wasser zu holen. Bei einer solchen Methode muß man für jeden Tag eine Woche lang Wasser schleppen. Es ist sehr unbequem, aber unterhaltsam.«

Remisow entstammte einer Moskowiter Familie und verbrachte seine Kindheit in der Nähe des Moskauer Andronikow-Klosters, wo einst der Ikonenmaler Andrej Rubljow seine Werkstatt unterhielt. Remisows Vater, ein Emporkömmling, der es zum vermögenden Galanteriewarenhändler und Mitglied der Zweiten Moskauer Kaufmannsgilde gebracht hatte, starb, als Remisow sechs Jahre alt war. Die Erziehung der fünf Kinder war allerdings schon früher, nach der Trennung der Eltern, in die Hände der Mutter übergegangen. Im Unterschied zu ihrem zwanzig Jahre älteren Mann war Maria Alexandrowna Najdjonowa – Tochter eines reichen Fabrikanten, der eine bedeutende Privatbibliothek besaß – kulturbeflissen und gebildet. Sie hatte die deutsche Peter-und-Paul-Schule absolviert und widmete sich in der Folge vor allem der Malerei und der Poesie. Remisow verdankte ihr sein Talent für Zeichnen und Kalligraphie, aber auch seinen ausgeprägten Sinn für Komik. Die Mutter machte ihn als erste mit Goethe, E. T. A. Hoffmann und Nikolaj Lesskow vertraut und führte ihn, zusammen mit der Kinderfrau, in die Welt der Märchen, Legenden und der Bibel ein. Letztere lernte Remisow auch in den Gottesdiensten kennen, die seine Gedankenwelt entscheidend prägten. Einbildung und Realität waren für ihn seitdem nicht mehr zu trennen. Mit sieben Jahren erprobte Remisow seine Fabulierkunst und schrieb die Erzählung »Der Mörder«. Das Manuskript vernichtete er später eigenhändig.

Seinen literarischen und zeichnerischen Interessen zum Trotz immatrikulierte sich Remisow an der Physikalisch-Mathematischen Fakultät der Universität Moskau, doch wurde er 1896 während einer Studentendemonstration festgenommen, relegiert und nach längerer Haft ins Gouvernement Pensa verbannt, wo er 1899 – wegen Versuchs, eine Arbeiterorganisation zu gründen – erneut verhaftet wurde. Er verbrachte insgesamt sechs Jahre in Gefängnissen und in der Verbannung. In Pensa übersetzte er Nietzsches »Also sprach Zarathustra«, doch erst im nordrussischen Wologda entschied er sich zu selbständiger literarischer Arbeit; dort lernte er, außer den ebenfalls wegen revolutionärer Aktivitäten verbannten Nikolaj Berdjajew und Anatolij Lunatscharskij, 1901 die Paläographin Serafima Pawlowna Dowgello kennen, die er bald darauf heiratete und deren Zuspruch ihn definitiv zur Schriftstellerei bekehrte. Im Anschluß an die Verbannung zog das Paar nach Charkow, Kiew und schließlich Odessa, wo 1904 die einzige Tochter Natascha zur Welt kam. Erst 1905 erhielt Remisow die Erlaubnis, sich in der Hauptstadt Petersburg niederzulassen. Die dort verbrachten

Jahre (1905-1921) begründeten und festigten seine literarische Karriere.

Im Kontakt mit dem Petersburger Künstler-, Theater- und vor allem Literatenmilieu (Alexander Blok, Wjatscheslaw Iwanow, Michail Kusmin, Wassilij Rosanow u. a.) entstanden in rascher Folge Erzählungen (»Das Teufelchen«, »Prinzessin Mymra«), Märchennachdichtungen, apokryphe Legenden, Prosaminiaturen (»Der Sonne nach«), Romane (»Die Uhr«, »Der Teich«, »Die Schwestern im Kreuz«, »Das unzähmbare Tamburin«) und Theaterstücke (Trilogie »Rusalienspiele«), so daß Remisow schon 1910-12 eine Werkausgabe in acht Bänden veröffentlichen konnte. Daneben betätigte er sich, vom Regiseur Wsewolod Meyerhold angeregt, auch als Dramenübersetzer (Strindberg, »Fräulein Julie«; André Gide, »Philoctète«; Grabbe, »Don Juan und Faust« u. a.).

In wenigen Jahren hatte sich Remisow als eigenständiger Schriftsteller etabliert; seine Vorliebe für die Phantastik der Märchenwelt, für altrussische historische Stoffe oder biblische und apokryphe Themen war ebenso unverwechselbar wie sein an der Volkssprache orientierter, mitunter kunstvoll-antiquierter »ornamentaler« Stil, der jüngere Prosaautoren wie Jewgenij Samjatin oder Boris Pilnjak nachhaltig beeinflußte. Remisows Eigenständigkeit äußerte sich aber auch im persönlichen Leben: politisch resigniert, nichtsdestoweniger hellhörig für die Zeichen der Zeit, schuf sich der Einzelgänger – den Forderungen des Symbolismus nach dem totalen Kunstwerk durchaus entsprechend – eine Privatwelt, die fast ebenso phantastisch anmutete wie seine literarische. So gründete Remisow, schon damals bekannt für seinen grillenhaften und ausgelassenen Humor, 1908 eine Art Orden oder Bruderschaft namens »Große und freie Kammer der Affen« (Obeswelwolpal), zu deren Kanzler er sich ernannte. Als Mitglieder – »Kavaliere« oder »Fürsten« – des Affenordens waren nach der Intention des Gründers Menschen ausersehen, die sich durch Originalität auszeichneten. Viele Schriftstellerkollegen Remisows, wie Belyj, Samjatin, Blok, Schestow und selbst Gorkij, gehörten dem Orden an und besaßen Mitgliederausweise, die Remisow in einer eleganten Kursivhandschrift des 17. Jahrhunderts eigenhändig angefertigt und mit speziellen Signets und der Unterschrift des Affenkönigs Asyka versehen hatte. Das Affensymbol bedeutete für Remisow Freiheit, den Protest gegen Normen und herkömmliche Werte und – in einer Zeit historischer Umwälzungen – das utopische Gegenbild zur politischen Wirklichkeit. Er blieb ihm bis zuletzt treu. – Wer Remisows Wohnung betrat, erblickte eine »Menagerie aller Arten von Spielzeugtieren, Puppen und Elfen« (D. S. Mirskij). Ob in Petersburg zur Zeit des Ersten Weltkriegs oder in den nachrevolutionären Hungerjahren, ob in Berlin oder Paris – Remisow empfand immer und überall das gleiche Bedürfnis, zwischen sich und der Welt »kleine Eigen-Bestiarien« zu errichten, »sein Leben nach den Methoden der Kunst zu leben« (V. Schklowskij). Doch diese seine poetische Weltfremdheit hatte nichts mit Gleichgültigkeit zu tun.

Die Februarrevolution von 1917 stimmte Remisow skeptisch. Was er in seinen halb dokumentarischen, halb fiktionalen Prosawerken »Die Geräusche der Stadt« und »Rußland im Wirbelsturm« zeitdiagnostisch festhielt, beschränkt sich denn auch auf die Schilderung von Chaos und allgemeiner Zerrüttung, von Armut und Hunger, während er in seinem rhythmisierten Prosa-Lamento »Mär vom Untergang des russischen Landes« den Kataklysmus in Worte der Klage und des Mitleids kleidete. Rußland, so Remisow, geriet 1917 in einen historischen »Wirbelsturm«, der die Tage zu Dezennien machte und eine Umwälzung ungeahnten Ausmaßes bewirkte. »Durch die Revolution wurde das ganze Leben auf den Kopf gestellt und mit jedem Tag mehr aus der Bahn geschleudert. Die Armut kroch aus allen Ritzen und verbreitete sich – die Armut erließ spezielle ›Notdekrete‹, durch die die

›sowjetischen‹ außer Kraft gesetzt wurden; die Armut gebot unter Todesangst – zu stehlen, zu lügen, sich herauszuwinden –, aber das ist noch das wenigste, schlimmer! – zu denunzieren und zu verraten oder: einen in die Enge zu treiben und dann verrecken zu lassen – alles nur für sich und nur sich selber zuliebe oder du gehst unter!« (»Rußland im Wirbelsturm«).

Remisow verbrachte die Zeit des Kriegskommunismus unter widrigsten Umständen. Das Hungerjahr 1919 führte ihn an den Rand des physischen Zusammenbruchs. Am 7. August 1921, dem Todestag Alexander Bloks, verließ er definitiv seine Heimat. Zusammen mit seiner Frau, doch ohne die Tochter Natascha, die bei Verwandten zurückblieb (und 1943 in Kiew starb), begab er sich zuerst nach Reval (wo »Die Geräusche der Stadt« und »Das flammende Rußland« erschienen) und von dort aus weiter nach Berlin.

»In einer kleinbürgerlichen deutschen Wohnung, in einem Zimmer voller fremder Möbel saß ein kleiner gebeugter Mann mit einer großen neugierigen Nase und lebendigen, schelmischen Augen... Auf dem Schreibtisch sah man Manuskripte, die ein Meister der Schönschrift geschrieben, nein: gezeichnet haben mußte. An Bindfäden schwankten diverse Papierteufel: hausbackene und böse, listige und lammfromme. Remisow lachte still vor sich hin.«

So erlebte ihn Ilja Ehrenburg 1922 in Berlin, das zu einem wichtigen Refugium russischer Emigranten geworden war. Während seines zweijährigen Berlin-Aufenthaltes lernte Remisow Thomas Mann, Boris Pilnjak sowie verschiedene Maler des Berliner »Sturm« kennen, und hier in Berlin gab er in einem einzigen Jahr (1922) 17 (teils schmale) Bücher heraus. (Kurz darauf kam es auch zu mehreren Übersetzungen seiner Werke ins Deutsche.)

Dennoch übersiedelte Remisow Ende 1923 nach Paris, wo er den Rest seines Lebens verbringen sollte. Das Pariser Exil erwies sich als schwierig: Trotz seiner bedeutenden literarischen Produktivität, die gelegentlich graphomanische Züge annahm, blieb Remisow eine Figur am Rande des Literaturbetriebs, einsam und unverstanden wie seine Freundin Marina Zwetajewa. Er tat sich schwer mit den Verlegern, gab viele seiner Bücher – mit mühsam verdientem oder mit erbetteltem Geld – im Selbstverlag heraus. Serafima Dowgello unterrichtete an der École des Langues Orientales russische Paläographie, um für das Existenzminimum aufzukommen. Doch nicht selten war die materielle Situation des Ehepaars so prekär, daß Remisow sich gezwungen sah, seine kostbaren handschriftlichen Alben mit Illustrationen zu eigenen Texten oder zu Werken der Weltliteratur zu verkaufen.

Künstlerischer Erfolg wollte sich für Remisow in der Emigration kaum einstellen. Zwar wurden etliche seiner Bücher gedruckt und übersetzt (so übertrug Romain Rolland »Die Schwestern im Kreuz« ins Französische), doch galten sie als anspruchsvoll und ungewöhnlich. Akzeptiert war Remisow auch in anderer Hinsicht nicht; gerade weil er sich von politischen Gruppierungen und Lagern fernhielt, wurde er des Prosowjetismus bezichtigt und von der Pariser Emigration zum Außenseiter gestempelt. (Der Ausschluß war definitiv, als Remisow 1946 die sowjetische Staatsbürgerschaft annahm.) Zu diesen und den erwähnten materiellen Problemen kam ein gesundheitliches hinzu: Remisow verlor allmählich sein Augenlicht. Der Schaffensdrang allein befähigte ihn, bei einer Sehschwäche von 15 Dioptrien weiterzuarbeiten. Die letzten Jahre seines Lebens verbrachte er fast blind, umgeben nur von den neckischen Spielzeugkobolden. (Seine Frau war bereits 1943 gestorben.) Noch kurz vor seinem Tod kritzelte er ins Tagebuch: »Ein Andrang von Einfällen, doch ich kann sie nicht verwirklichen: die Augen! ... Heute schrieb ich den ganzen Tag in Gedanken – und konnte nichts aufschreiben.« Im November 1957 starb Remisow mit achtzig Jahren in seiner kleinen Wohnung an der Rue Boileau; er wurde auf dem Pariser Friedhof Bagneux beigesetzt.

Remisow war von schier unerschöpflicher literarischer Produktivität. Neben zahlreichen Aufsätzen, Essays, Feuilletons und Rezensionen brachte er – zum Teil auf eigene Kosten – insgesamt 83 Bücher und Broschüren heraus. Genremäßig handelt es sich bei diesem vielgestaltigen, ja, heterogenen Œuvre um Romane, Märchen, Prosaskizzen, Erinnerungen, Legenden, Traumaufzeichnungen, Mysterienspiele, apokryphe Erzählungen, Tagebücher, wobei Remisow nicht selten Elemente der einzelnen Gattungen zu einer neuen Gattung verschmolz und so zur Auflösung herkömmlicher Gattungsformen beitrug. Darin liegt zumindest eine seiner modernistischen Neuerungen.

Wie Viktor Schklowskij (in »Zoo oder Briefe nicht über die Liebe«) berichtet, soll Remisow in Berlin einmal gesagt haben, er könne keinen Roman mehr mit den Worten beginnen lassen: »Iwan Iwanowitsch saß an seinem Tisch.« In der Tat war Remisow nie an einer kohärenten Fabel, an realistischem Erzählen interessiert. Einzig in seinem Frühwerk finden sich, unter dem Einfluß Dostojewskijs, gewisse Ansätze dazu: so in den Romanen »Der Teich« und »Die Schwestern im Kreuz«, in denen Remisow mit schonungsloser Offenheit das elende Leben in Mietskasernen schildert, oder in der romanhaften Erzählung »Die fünfte Plage«, deren Held, ein überaus korrekter, aber herzloser Untersuchungsrichter, in seinem Kampf gegen die kleinstädtische Borniertheit zu einem gerichtlichen Fehlurteil gezwungen wird und seine berufliche Karriere verspielt. In derselben Erzählmanier hat Remisow auch einige subtile Geschichten über Kinder (»Prinzessin Mymra«, »Der kleine Hahn«) sowie Erzählungen über Krieg und Revolution (»Der Teekessel«, in »Mara. Chronik von 1917«) geschrieben. Doch schon in der Romanerzählung »Auf azurnem Felde« (1922), der Geschichte des Mädchens Olja, das die Entwicklung von einem Dorfkind zur Revolutionärin durchmacht, und vollends in deren ergänzten Fassungen (»Olja«, »Im Rosaglanz«), in »Die Geräusche der Stadt«, »Rußland im Wirbelwind« und »Gang auf Simsen« sowie in den späten Werken »Der tanzende Dämon« (1949), »Mit gestutzten Augen« (1951), »Mäuschens Pfeife« (1953) und dem posthum erschienenen »Musiklehrer« verzichtete Remisow auf zusammenhängende Sujets, auf die feste Architektonik der herkömmlichen Prosagattungen und entwickelte eine (nach seinen eigenen Worten) bekenntnishafte, nichtsdestoweniger phantastisch wirkende Fabulierkunst, die ganz auf der Sprache und deren Musikalität gründete. Die Sprache war für Remisow primärer Interessegegenstand, die Wörter affizierten ihn wie lebendige Wesen. »Alles auf der Welt wird durch das Wort, durch die Kombination von Wörtern ausgedrückt. Die Welt ist ein Wörterbuch. Und wie sehr ich mich an den Wörtern freue. Die Wörter rühren mich – ich spüre ihren Blick, ihren Händedruck. Mich kann man mit einem Wort zerkratzen und verführen.« Als obsessiver Spracharbeiter versuchte Remisow den gesamten Reichtum des Russischen auszuloten. Er vertiefte sich in die Sprache des vorpetrinischen Rußland und eignete sich den durch die Volksliteratur überlieferten Wortschatz sowie alle Nuancen der lebendigen Umgangssprache an. Mehr noch als Lesskow, von dem er die Technik des mündlichen Erzählstils (»skas«) übernahm, strebte Remisow nach einer »authentischen« und zugleich originellen Sprache. Sein stilistischer Manierismus äußert sich vor allem in der Verwendung ausgefallener, teils archaischer, teils neologistischer Wörter – eine Tendenz, die ihn mit anderen Modernisten verband. Dennoch trifft nur auf Remisow zu, was Gorkij voll Anerkennung vermerkte: daß sein Werk »ein lebendiges Laboratorium der russischen Sprache« sei. Ähnlich lobend äußerte sich Remisow selbst über Gogol.

Gogol, der in seinem Frühwerk ebenfalls stark aus der Volkssprache und der (ukrainischen) Folklore schöpfte, war für Remisow in mehr als einer Hinsicht Vorbild und Geistesverwandter. Ganz besonders schätzte Remisow Gogols Sinn für das Phantastische und für die Komik. Denn gibt es ein Remisowsches Credo, so ist es die Ablehnung des toten Buchstabens, der »Rhetorik moralischer Belehrungen und Binsenwahrheiten« zugunsten all dessen, was aus den Tiefen des Irrealen, aus Traum und Phantasie entspringt. »Ich liebe alles, was nicht ›real‹ ist«, notierte Remisow 1948, »Beschreibungen des ›realen‹ Lebens sind für mich wie Kartoffelschalen oder Schreibübungen.« Und in seinem Dostojewskij-Essay »Wermut-Stern«, dem er das Motto »Ist es nicht einerlei, ob etwas im Traum oder im Wachzustand geschieht« voranstellte, heißt es: »Je unwahrscheinlicher die Wirklichkeit, desto wirklicher, desto wahrer ist sie.«

Vielleicht darf man Remisow, durchaus paradox und ohne Festlegungen zu riskieren, als einen Vorreiter der Postmoderne bezeichnen. Seine Bücher, die zumeist mehrere Gattungen in sich vereinigen, gleichen Palimpsesten oder polyphonen Stimmengebilden (auch das Geschwätz ist erlaubt!) – sie sind komplex, augenzwinkernd, schrullig, flirrend und wunderbar manieriert, ihre originäre Leistung besteht in der Art und Weise der Kompilation, in der Montage von Vorgefundenem und Erfundenem, in der witzig-befremdlichen Zusammenfügung des Diversen. Ausgerechnet heute wäre eine (Wieder-)Entdeckung Remisows überfällig: denn so exzentrisch wie er ist kein russischer Autor und so zeitgemäß in seinem unautoritären Schreibgestus.

# Wer war Michail Prischwin?

Prischwins Name verbindet sich für jeden Kenner der russischen Literatur mit poetischen Reiseskizzen, profunden Naturschilderungen, mit Jagd- und Tiergeschichten, in denen Dokumentarisches und Märchenhaftes, Reales und Symbolisches ebenso nahtlos ineinander übergehen wie im autobiographisch gefärbten Roman »Die Kette des Kaschtschej« und in den an Turgenjew gemahnenden späten Prosagedichten. Als »Sänger der Natur« hat Konstantin Paustowskij Prischwin bezeichnet und damit das vielfältige Werk seines bewunderten älteren Kollegen auf eine knappe Formel gebracht.

Michail Michailowitsch Prischwin wurde am 4. Februar 1873 auf dem Gut Chruschtschowo im Bezirk Jelez des Gouvernements Orjol geboren, einer Gegend, die als Wiege zahlreicher russischer Schriftsteller (unter ihnen Turgenjew und Samjatin) gilt. Seine Eltern stammten aus Kaufmannsfamilien, die Mutter aus dem Altgläubigen-Milieu. Prischwins Vater, eine phantasievolle, träumerische Natur, ein Liebhaber der Pferdezucht, aber auch des Kartenspiels, stirbt früh, nachdem er, durch Spielverluste ruiniert, sein Gut verpfänden mußte. Dank ihrem praktischen Talent gelingt es der Mutter, ihre fünf Kinder großzuziehen und die Schulden abzubezahlen. Prischwin, wie sein Vater träumerisch veranlagt, verbringt seine frühe Kindheit in engem Kontakt zur Natur und zur bäuerlichen Bevölkerung; seine Freundschaft mit dem Bienenzüchter und Vogelfänger Gusek hinterläßt nachhaltige Eindrücke. Nach Abschluß der Dorfschule besucht Prischwin von 1883 bis 1888 das Klassische Gymnasium in Jelez. Sein Geographielehrer ist der Philosoph Wassilij Rosanow, der in Jelez sein erstes Buch, »Über das Verstehen«, veröffentlicht. Rosanow erkennt nicht nur Prischwins schriftstellerische Begabung, sondern zeigt auch Verständnis für sein kindliches Fernweh, das den Erstkläßler zusammen mit drei Kameraden zu einem Fluchtversuch nach »Asien« bzw. »Amerika« treibt. (Die Expedition ist kurz nach Aufbruch gescheitert.) Tragischerweise ist es derselbe Rosanow, der Prischwin wenige Jahre später, im Zusammenhang mit einer Skandalszene, aus der Schule ausschließen läßt: Prischwin fährt, innerlich gebrochen, zu seinem Onkel ins sibirische Tjumen, studiert an der dortigen Realschule und vertieft sich in die Lektüre von Darwin, Spencer, Renan, die er in der Bibliothek seines Onkels auftreibt. 1893 legt Prischwin das Abitur ab und beginnt ein Studium der Agronomie am Polytechnikum von Riga, wo er auch seine Deutschkenntnisse zu vervollkommnen gedenkt. In Riga schließt Prischwin Bekanntschaft mit dem Leiter eines geheimen sozialdemokratischen Zirkels, Wassilij Danilowitsch Ulrich, und übersetzt in dessen Auftrag August Bebels Standardwerk »Die Frau und der Sozialismus« sowie einige Kapitel aus Franz Mehrings »Geschichte des Sozialismus« ins Russische. Obwohl für politische Untergrundarbeit denkbar ungeeignet, beteiligt sich Prischwin auch an der Verbreitung revolutionärer Schriften in Rigaer Fabriken, was 1897, nach den Arbeiterunruhen, zu seiner Verhaftung, Inhaftierung und anschließenden Ausweisung in die Heimat führt. Eine Wiederaufnahme des Studiums am Polytechnikum wird ihm verweigert. Prischwin entschließt sich, seine Studien in Deutschland fortzusetzen. Er reist nach Berlin, wo er mit August Bebel zusammentrifft, und immatrikuliert sich im April 1901 an der Universität Leipzig. Zu seinen Lehrern gehören der Chemiker Wilhelm Ostwald (in dessen Labor Prischwin zeitweilig arbeitet), ferner Wilhelm Wundt, Georg Simmel, Alois Riehl und – in Jena – Ernst Haeckel. Prischwins Interessen gelten neben seinen eigentlichen Studienfächern Kant und Spinoza, Goethe und Nietzsche sowie der Musik Richard Wagners – das ereignisreiche Jahr 1901 liefert den Grundstein für seine umfassenden Kenntnisse auf dem Gebiet der Natur- und der Geisteswissenschaften. 1902 beendet Prischwin das Studium der Agronomie und fährt nach Paris, wo er seiner großen Jugendliebe, Warwara Petrowna Ismalkowa, begegnet. Die Beziehung, die Prischwin zeit seines Lebens idealisieren sollte, scheiterte an gesellschaftlichen Schranken und am Gegensatz der Charaktere. 1903 geht Prischwin eine freie Bindung mit Jefrosinja Pawlowna Smogaljowa, einem Bauernmädchen, ein. Während ihr Prischwin Lesen und Schreiben beibringt, macht Jefrosinja den späteren Dichter mit Volksliedern und Volksmärchen bekannt.

Prischwins erster literarischer Versuch, die kurze Erzählung »Das Häuschen im Nebel«, fällt in das Jahr 1904, kann aber nicht im Druck erscheinen, so daß Prischwin seine landwirtschaftliche Forschungstätigkeit wieder aufnimmt. Allerdings halbherzig, denn er entdeckt für sich, von seiner Arbeit als Agronom enttäuscht, ein neues Forschungsgebiet: die russische Volkssprache. Im Kontakt mit den Bauern sammelt Prischwin ausdrucksstarke Wörter und Redewendungen – sprachliches Rohmaterial für seine späteren Werke. Als er durch einen Zwischenfall seine Stelle verliert, wendet sich Prischwin der Journalistik zu, indem er Berichte über das russische Dorfleben verfaßt. Die Revolution von 1905 hinterläßt darin keine Spuren – Prischwin hatte für sich die Sinnlosigkeit politischer Gewaltanwendung längst erkannt. Das Revolutionsjahr bringt Prischwin vor allem eine persönliche Wende: er übersiedelt mit Jefrosinja nach Petersburg, um eine Karriere als Schriftsteller zu beginnen. Mehrere literarische Versuche schlagen fehl, bis Prischwin sich entschließt, auf »irgendwelchen interessanten Tatsachen« aufzubauen. Auf Anraten und dank der Empfehlung des namhaften Folkloreforschers Nikolaj Ontschukow unternimmt Prischwin eine ethnographische Studienreise nach Karelien; auf Flußfahrten und Fußwanderungen, auf Bärenjagden und bei Begegnungen mit Schamanen sammelt Prischwin Natureindrücke und folkloristisches Material, das er nach seiner Rückkehr zu einem faszinierenden Reisebericht unter dem Titel »Im Land der unaufgescheuchten Vögel« verarbeitet. Kurz nach Erscheinen des Buches beim Petersburger Verlag Devrient, im Frühjahr 1907, unternimmt Prischwin eine zweite Reise in den Norden, die ihn zunächst von Archangelsk in die Chibinen führt, dann von Archangelsk über die Murman-Küste nach Norwegen (Nordkap, Hammerfest, Trondheim) und über Stockholm zurück. Skizzen und Tagebuchaufzeichnungen dieser zweiten Reise faßt Prischwin im Buch »Auf den Spuren des Zauberbrotes« zusammen; die Art und Weise, wie er darin die Realität zum Märchen verfremdet, trägt ihm das Lob Alexej Remisows ein. Remisow habe ihn besser verstanden als er sich selbst, bekennt Prischwin in einer Tagebuchnotiz des Jahres 1926 in bezug auf den symbolistischen Erzähler, der zwischen 1908 und 1912 sein Schaffen entscheidend mitgeprägt hat. Prischwin verkehrt in Remisows Künstlerstudio, nimmt an Sitzungen der Religiös-Philosophischen Gesellschaft teil und lernt in kurzer Zeit die führenden Literaten Petersburgs kennen: Dmitrij Mereschkowskij und Sinaida Gippius, Alexander Blok und Walerij Brjussow, Jewgenij Samjatin und Alexej Tolstoj. Durch ein im Rahmen der Religiös-Philosophischen Gesellschaft stattfindendes Gespräch über die »Göttlichkeit des Volkes« angeregt, unternimmt Prischwin im Juni 1908 eine Reise zu den Altgläubigen nördlich der Wolga sowie zu den Sektierern um den Hellen See (Svetloe ozero); sie findet wenig später ihren Niederschlag in der halb dokumentarischen, halb legendenhaften Skizzenfolge »An den Mauern der unsichtbaren Stadt« (1909), in der sich Prischwin erstmals als ein Vertreter der Moderne ausweist. Namentlich die Beschwörung der Nachtseiten der Natur – des Unheimlichen, Gespenstischen, Grotesken – verrät den Einfluß Remisows. Solche Remisowschen Elemente finden sich vermehrt in den 1910 entstandenen Erzählungen »Das Tier von Krutojar« und »Der Friedhof der Vögel«, während »Der Schwarze Araber« – ein poetischer

Bericht Prischwins über seine Forschungsreise in die zentralasiatische Kasachensteppe (1909) – homerische Heiterkeit und Lebensfreude ausstrahlt. Alle drei Werke – sie gehören zum Besten in Prischwins Schaffen – erscheinen bereits 1917 in deutscher Übersetzung (A. Eliasberg).

Um 1911 distanziert sich Prischwin vom »dekadenten« Mereschkowskij-Kreis und sucht Kontakt zu Gorkij, der sich in der Folge tatkräftig für ihn einsetzt. Gorkij besorgt Prischwin die ersten Gesammelten Werke (im Verlag Znanie, 1912-1914) und verfaßt ein Vorwort zur zweiten Gesamtausgabe (1927-1930). In der bewegten Zeit zwischen 1914 und 1920, die sich mit einer Schaffenskrise deckt, betätigt sich Prischwin als Kriegsberichterstatter, nach der Oktoberrevolution, der er kritisch gegenübersteht, als Journalist in antibolschewistischen Zeitungen, als Russischlehrer, Bibliothekar und Museumskustos. Zu den schweren Schlägen dieser Jahre gehört für Prischwin die Ausweisung aus seinem Heimatort, die Zerstörung seines Hauses, das einem Brand zum Opfer fiel, der Verlust seiner Geschwister durch eine Typhusepidemie. Das Wanderdasein wird für den Entwurzelten fortan zur genuinen Lebensform: ohne festen Beruf, widmet sich Prischwin der Jagd und erforscht auf langen Fußreisen Landschaft, Handwerk und Wirtschaft bestimmter Gegenden. Literarisch vertieft sich Prischwin – an tagespolitischen Themen nur am Rande interessiert – in die eigene Kindheit: Es entsteht, unter dem Titel »Kurymuschka«, der erste Teil des autobiographischen Romans »Die Kette des Kaschtschej«, der in bezug auf die subtile Bewußtseinsanalyse des Helden Alpatow an Andrej Belyj (»Kotik Letajew«) gemahnt. Daneben schreibt Prischwin zahlreiche Jagd- und Tiergeschichten sowie heimatkundliche Skizzen. Der Erwerb eines eigenen Hauses in Sagorsk, 1926, bedeutet keinen Bruch in Prischwins Wanderleben. Streifzüge führen ihn in die umliegenden Sümpfe; im Frühjahr 1928 entdeckt er an einem See, der trockengelegt werden soll, eine eiszeitliche Reliktpflanze (Claudophora Sauteri) und setzt sich in einem Artikel in der »Iswestija« dafür ein, daß ein Teil des Gebietes unter Naturschutz gestellt wird.

Sein politisches Desinteresse wird für Prischwin vorübergehend zum Verhängnis, als die führende kommunistische Schriftstellerorganisation RAPP ihn 1930 wegen mangelndem Patriotismus und wegen seiner »kosmischen« Thematik brandmarkt. Prischwin sieht sich zu einer gewissen Anpassung gezwungen und verfaßt, da er Industrialisierung und Fünfjahrespläne zu verherrlichen nicht imstande ist, einen Text über die staatliche Pelztierzucht (»Tierfarm«), engagiert sich im übrigen aber als Kinder- und Jugendbuchautor. 1931 reist Prischwin im Auftrag der »Iswestija« in den Fernen Osten, besucht Hirschzucht- und Polarfuchsfarmen und erforscht Tier- und Pflanzenwelt des Ussuri-Gebietes, das ihn seit der Lektüre Wladimir Arsenjews (»Durch die Urwälder des Fernen Ostens«, »Dersu Usala, der Taigajäger«) lockt. Literarischen Niederschlag findet die Reise in der Erzählung »Shen-Schen« (1932), in der Prischwin die chinesische Lebenswurzel zum Symbol des schöpferisch-tätigen Menschen macht. Nach Auflösung der RAPP und der anschließenden Gründung des Sowjetischen Schriftstellerverbandes etabliert sich Prischwin, von Gorkij unterstützt, als Verfasser von Natur- und Jagdgeschichten (1935 erscheint seine berühmt gewordene Sammlung »Kalender der Natur«); staatliche Aufträge, etwa von seiten des Volkskommissariats für Forstwissenschaft, tragen seinem Interesse Rechnung. So reist Prischwin 1935 in die Waldgebiete an der nördlichen Dwina, um die Probleme der Holzflößerei zu studieren (»Das Dickicht von Berendej«), und 1936 in den Kaukasus, wo er sich der lokalen Folklore widmet. Mit dem Roman »Der versunkene Weg«, der den Bau des Ostsee-Weißmeer-Kanals zum Gegenstand hat, verfällt Prischwin allerdings in ein pädagogisches Pathos, das wie ein Tribut an den Sozialistischen Realismus wirkt.

Prischwins Alterswerk, das an der Seite seiner zweiten Frau, Walerija Dmitrijewna Lebedewa, zwischen 1940 und 1954 entsteht, umfaßt Tagebuchaufzeichnungen (»Tauwetter im Wald«), Prosagedichte (»Phacelia«), Erzählungen (»Nordwald-Legende«), Kindergeschichten (»Der Sonnenspeicher«, »Geschichten über die Leningrader Kinder«) sowie die letzten Kapitel des autobiographischen Romans »Die Kette des Kaschtschej«. Prischwin, der während des Krieges, 1943, zu seinem 70. Geburtstag mit dem »Orden des Roten Banners« ausgezeichnet wird, befindet sich auf der Höhe seines Ruhmes und übt – in Schulen, Lagern, Klubs – eine rege Vortragstätigkeit aus. Seine Beliebtheit bei den Jugendlichen gründet auf dem unideologischen, jedoch positiv erzieherischen Charakter seiner Natur-, Tier- und Kindergeschichten der mittleren und späten Schaffensperiode.

Naturliebe, Volksverbundenheit, Humanismus sind auch die Etiketts, mit denen die Sowjetkritik das Werk Prischwins nach dessen Tod im Januar 1954 versah, wobei das poetisch-märchenhafte Frühwerk weit mehr zu überzeugen vermag.

Einer der bilderreichsten Erzähltexte von Prischwin ist »Der Friedhof der Vögel« (1911). Wie das »Tier von Krutojar« im Anschluß an eine Reise nach Brynj entstanden, vereinigt er Märchen- und Sagenmotive, apokryphe Legenden, Schilderungen von Volksbräuchen sowie Naturbeschreibungen zu einem künstlerischen Ganzen. Über die Entstehungsgeschichte der Erzählung hat Prischwin in einer Tagebuchnotiz vom 13. Januar 1941 berichtet:

»... Ich sammelte Ausdrücke und Überlieferungen im Bezirk von Brynj und schrieb alles auf Zettel. Als ich nach Petersburg kam, mietete ich mir an der Solotonoschskaja ein unmöbliertes Zimmer und richtete mich auf dem Boden ein. Das war für mich praktisch, da ich die zahllosen Zettel in der richtigen Reihenfolge auslegen konnte. Um mir die vielen tausend Wörter und die vielen hundert Redewendungen und Überlieferungen einzuprägen, schnitt ich Papier in dünne

Streifen und klebte diese zu einem riesigen langen Band zusammen; ich übertrug das Material auf den Papierstreifen und wickelte diesen auf zwei Spulen. Indem ich den Streifen vor- und zurückspulte, konnte ich mein Material überall studieren: beim Eislaufen, im Ambulatorium, im Wartezimmer, auf Bahnhöfen beim Warten auf den Zug.«

Die Collagetechnik wendet Prischwin vor allem in seinen Reiseskizzen an, die er durch bewußte Subjektivierung und Poetisierung zu einer Mischform zwischen authentischem Dokument und fiktiver Erzählung macht. Der Widerstreit zwischen dem Wissenschaftler, Ethnographen und Folkloristen einerseits und dem Dichter andererseits manifestiert sich in der Gattung als solcher. Von seiner Zentralasien-Reise (1909) etwa bringt Prischwin so viel Material mit, daß er, nach eigener Aussage, zehn umfangreiche Bücher hätte schreiben können; er verdichtet es jedoch in einem qualvollen »Kampf gegen die ›Wissenschaft‹ und das ›Denken‹« zu einem »kurzen Poem von zwei Druckbogen« – dem »Schwarzen Araber«. Die Meisterschaft dieser »Steppenskizzen« liegt im zielbewußten Gestaltungswillen, in der Komprimierung und künstlerischen Verarbeitung des Rohmaterials, etwa durch Leitmotive, zu denen auch das Titelmotiv gehört: Prischwin gibt sich, um als Russe unter den zarenfeindlich gestimmten Kasachen unbehelligt reisen zu können, als Araber aus, und schildert, nicht ohne Witz, das »Doppelgängertum« von Realität und Gerücht. Im Unterschied zu früheren Reiseskizzen (»Auf der Suche nach dem Zauberbrot«, »An den Mauern der unsichtbaren Stadt«) enthält sich Prischwin dabei persönlicher Wertungen, Kommentare und Reflexionen; die Reise wird ausschließlich durch Bilder, durch Sinneseindrücke beschworen. Dieses Verfahren rückt den »Schwarzen Araber« ebenso in die Nähe des Märchens wie seine lakonische Sprache mit den leitmotivischen Wiederholungen einzelner Ausdrücke und Wendungen. Suggeriert wird eine idyllische Welt von Steppennomaden, ein »Gelobtes Land«, dessen Größe in der Einfachheit liegt. Daß Prischwin seinen Gegenstand, bei aller Detailtreue, idealisiert, entspringt künstlerischem Gestaltungswillen – in einer früheren Feuilletonskizze unter dem Titel »Adam und Eva« hatte er denselben Landstrich als klimatisch und wirtschaftlich gefährdetes Gebiet in den düstersten Farben geschildert.

Selten ist Prischwin die künstlerische Sublimierung seines »Materials« so vollkommen gelungen wie im »Schwarzen Araber«. In dem wenige Jahre später entstandenen Bericht einer Krim-Reise, »Zum fröhlichen Tamburin« (1913), stehen journalistisches Feuilleton (Recherchen über die jüdische Sekte der Karäer) und Märchen fast unverbunden nebeneinander. Alle Werke Prischwins jedoch bewegen sich zwischen den Polen Dichtung und Wahrheit, zwischen Narration und photographischem Impressionismus, und beziehen aus dieser Balance ihren ästhetischen Reiz. Selbst der Roman »Die Kette des Kaschtschej« (1930) läßt einen kontinuierlichen Handlungsverlauf vermissen; statt in Kapitel ist er in »Glieder« unterteilt, die ihrerseits aus mehreren skizzenartigen Aufzeichnungen bestehen; die Entwicklung des Helden Mitscha Alpatow wird durch Momentaufnahmen – zu denen auch großartige Naturschilderungen gehören – gezeigt. Eigentlich erzählerische Momente sind bei Prischwin sekundär. Typisch ist für ihn dagegen das Verfahren, Notizen, Tagebuchaufzeichnungen zu literarisieren und photographische Stilleben – er war zeit seines Lebens ein leidenschaftlicher Photograph – zu »dramatisieren«. Der essentielle Blick der Kamera, das Festhalten eines entscheidenden »schönen« Augenblicks bestimmt Prischwins lyrisch-impressionistische Schreibweise in solchem Maße, daß er eines seiner Bücher »Photographien« betitelt hat. Was der Schriftsteller dem Photographen jedoch voraushat, ist die Möglichkeit, die Wirkung des Geschauten (Photographierten) auf das schauende Subjekt festzuhalten. Schon 1922 postuliert Prischwin für sich:

»Es gilt, die Dinge genau zu beschreiben und zugleich sich selbst im Moment der intimsten Berührung mit ihnen (die eigene Vorstellung). Das ist notwendig, um einen Weg zu finden. Für mich erschließt sich der Weg in der Suche nach dem Augenblick, da ich mit den Dingen verschmelze, da die sichtbare Welt zu meiner eigenen wird. So verhalten sich unsere ungebildeten Bauern, und so werden einst auch wir, die Gebildeten und Tätigen, uns verhalten, wenn wir uns endlich von den philosophischen Spitzfindigkeiten befreit haben werden...«

Nicht um dokumentarische Wahrheitstreue, nicht um objektives Erkennen ist es Prischwin in erster Linie zu tun, sondern um mythisches Erleben und dessen Wiedergabe:

»Das Steinherz schlug auf seine Art, und nach und nach trat alles um mich her durch dieses Herz mit mir in Verbindung, und alles lebte wie ich. Nach und nach schmolz alles hinweg, was ich aus Büchern über das Leben der Natur erlernt hatte: daß kein Wesen dem anderen verwandt und ähnlich sei, der Mensch nicht dem Tier, das Tier nicht der Pflanze, die Pflanze nicht dem toten Stein – alle diese Bücherweisheit schmolz dahin, und alles verschmolz mit mir. Alles in der Welt erschien mir menschengleich: Steine, Schlingpflanzen, die Brandung und die Kormorane, die ihre Flügel auf den Steinen trockneten, genau wie die Fischer ihre Netze trocknen.« (»Shen-Schen«)

Das Verschmelzen mit der Natur gründet sich für Prischwin auf »unserer Verwandtschaft mit der ganzen Welt«; diese pantheistisch-animistische Auffassung läßt ihn aber nicht vergessen, daß »die Welt auch unabhängig vom Menschen existiert«. Letzteres Bewußtsein, notiert Prischwin 1925 in seinem Tagebuch, sei für den Künstler die »unabdingbare Voraussetzung seines Schaffens«; der Künstler müsse sich so sehr »vergessen, daß er an die Existenz eines Gegenstandes, ... auch unabhängig von sich selbst, dem Menschen, zu glauben vermöge.«

Die intakte, vom Menschen nicht angeeignete Natur als das schlechthin Andere, Umgreifende, auch Geheimnisvolle, ist es, die Prischwin in seinen späten poetischen Miniaturen – dem »Poem« »Phacelia« (1940) – zum Gegenstand seiner Betrachtungen macht. Aus Tagebuchaufzeichnungen hervorgegangen, vermitteln diese oft zum Gleichnis verdichteten, zum Aphorismus gebündelten Texte »Zeitlupenaufnahmen« aus dem Leben der Natur – die Entstehung eines Baches, das Knospen der Bäume, das Sprießen der ersten Frühlingsblumen –, berichten von mikrokosmischen Ereignissen, die in Prischwins Deutung auf ein makrokosmisches Ganzes verweisen und als Ausdruck einer universalen Ordnung eine tröstende und verwandelnde Wirkung auf den Menschen ausüben. Über diese Wirkung reflektierend, setzt sich Prischwin kritisch mit Goethe auseinander.

»Bei Goethe heißt es unmißverständlich, daß ein in die Betrachtung der Natur versunkener Mensch das Beste, das ihm hierbei einfällt, aus sich selber schöpft. Wie kommt es dann aber, daß man sich bisweilen einem großen Wasser mit einer kleinmütigen, von einem Hauskrach geknickten Seele nähert, und die Seele beim bloßen Anblick des großen Wassers groß wird und alles großmütig verzeiht?«

In der Natur als dem unaufhebbar Anderen findet Prischwin – Autor und Icherzähler in einem – Trost und Ersatz für eine verlorene Liebe (für die nach einer Blume benannte Phacelia, die künstlerische Evokation seiner Jugendfreundin Warwara Petrowna Ismalkowa); im Einswerden mit der Natur erlebt er die Auflösung der eigenen Grenzen, die punktuelle Aufhebung von Raum und Zeit. Nichts ist besser geeignet, solche Augenblicke der Hingabe festzuhalten, zu »verewigen«, als die poetisch-philosophische Miniatur. Prischwin schreibt:

»Die Miniatur ist aufrichtig, hat der Schriftsteller doch gar keine Zeit, sich beim Aufzeichnen eines vergänglichen Moments zu verstellen... Ich schreibe für diejenigen, die die

Poesie der flüchtigen Augenblicke des Alltags fühlen und darüber leiden, daß sie sie nicht festhalten können.«

Prischwins Kunstbegriff reduziert sich in diesen Jahren auf die schlichte Feststellung, Kunst sei »Bewegung, dem Leben synchron«. Die Kunst bedarf keines ausgefallenen Gegenstands, keiner »höheren« Ziele, keines philosophischen Überbaus, sie erfüllt ihre Aufgabe, indem sie die »Poesie der flüchtigen Augenblicke des Alltags« einfängt. Solcher Forderung genügen, wie das »Poem« »Phacelia« zeigt, auch unprätentiöse Tagebuchaufzeichnungen, die Prischwin allerdings so angeordnet und variiert hat, daß sie zu einem »Hohelied« des Lebens und Liebens gerieten.

Eine Weltanschauung hat Prischwin, anders als Dostojewskij, Tolstoj oder Gorkij, nicht anzubieten. Doch hat ihn seine respektvolle Liebe zur Natur zu einem subtilen Beobachter gemacht, dem es immer von neuem gelang, alles Gesehene und Erlebte in Poesie umzuwandeln.

# Nordrussische Orphik
# Hinweis auf den Bauerndichter Nikolaj Kljujew

Das Schicksal der beiden bedeutendsten russischen Bauerndichter dieses Jahrhunderts endete tragisch: Sergej Jessenin nahm sich 1925, aus Enttäuschung über das nachrevolutionäre Geschick des Bauerntums, aber auch aus einer persönlichen Krise heraus, das Leben; der Mystiker Nikolaj Kljujew fiel, als Kulake diffamiert, 1937 dem stalinistischen Terror zum Opfer. Während Jessenins Lyrik jedoch große Popularität genießt, blieb Kljujew, der 1957 rehabilitiert wurde, in seiner Heimat weithin unbekannt. Zu entdecken ist ein Lyriker von der Originalität und vom Rang eines Welimir Chlebnikow.

Nikolaj Kljujew wurde am 10. Oktober 1884 im Dorf Koschtut im nördlichen Gouvernement Olonezk geboren. Sein Vater war Bauer und Fischer und im religiösen Schrifttum der Altgläubigen beschlagen, seine Mutter, die aus einer Sektiererfamilie stammte, eine berufsmäßige Legendenerzählerin (»Bylinensängerin«). Kljujew erfuhr den prägenden Einfluß der russischen Volksdichtung und Volksfrömmigkeit sowie eines »Lebensgefühls, das noch kaum von Aufklärung, zivilisatorischem Europäismus und moderner Skepsis angerührt und angegriffen war« (H. Stammler). In seiner Jugend lebte er eine Zeitlang im Kloster Solowki am Weißen Meer, 1906/1907 reiste er im Auftrag der Geißlersekte nach Baku und in den Kaukasus, um Verbindung mit orientalischen mystischen Sekten aufzunehmen. Seine Kenntnisse vorderasiatischen Gedankenguts, die später in den Gedichtband »Löwenbrot« (1922) einflossen, dürften von diesen Reisen stammen.

Nach seiner Rückkehr wandte er sich brieflich an Alexander Blok, den bedeutendsten Exponenten der symbolistischen Schule; die Brieffreundschaft, die sich daraus entspann und in der Blok als Mentor figurierte, dauerte bis 1915. Neben Blok gehörten auch Andrej Belyj, Dmitrij Mereschkowskij, Wjatscheslaw Iwanow und der Philosoph Wassilij Rosanow zu Kljujews Förderern; Walerij Brjussow leitete seinen ersten Gedichtband »Kieferngeläut« (1912) ein, der Blok gewidmet war.

Was Kljujew zu den Symbolisten hinzog, beschränkte sich nicht auf das Künstlerische; ihre Neo-Slawophilie, die einem spekulativen Denken und einer antiintellektuellen Einstellung entsprang, bestärkte ihn in seinem eigenen Irrationalismus und religiös-ästhetischen Traditionalismus, der seine Wurzeln in der nordrussischen Folklore, in der ekstatischen Hymnik der Chlysten (Geißlersekte) sowie in der Mystik eines Jakob Böhme und Franz von Baader hatte. Das Künstlerische aber stand nichtsdestoweniger im Vordergrund: Kljujews pathetisch-archaischer, an Awwakum, der Volksdichtung und den biblischen Psalmen geschulter Stil wurde unter dem Einfluß der symbolistischen Sprachkultur melodiös und klanglich-nuanciert, was vor allem die 1919 unter dem Titel »Lobgesang« (Pesnoslov) zusammengefaßten frühen Zyklen »Brüderliche Lieder«, »Waldmärchen« und »Tal des Einhorns« belegen. Ein Beispiel:

Von der Nacht bis zum Abend, vom Dämmer
  bis in die Nacht
Birkenweiß, Baumnadelbeben,
  Bernsteinharz,
Taucherruf und raunendes Wassergeraun,
in der Bauern-Isba geschecktes
  Höhlenschwarz,
Von den Fallen und Fellen Fuchs- und
  Taiga-Hauch,
hinter der Luke Nebel wie Eiderflaum,

Kranichflug, das Murren des Regens weit,
über dem Waldmeer segeln Wolken vorbei,
über der Isba die Kreuze der Höhen dicht ...
Großvater, Mutter im Erdreich, der Einzige
– ich.
Ich spüre – das Netz an der Wand, das
Spinnrad im Eck,
sie spähen, wie Eulen im Nest, in den
Nebeldunst keck,
in der Truhe verwaisen Kopftuch und Jacke
rot,
auf der Sandbank hält einsame Totenklage
ein Boot,
eine Fichte singt näselnd den Psalm: »wie
vom Feuer das Wachs ...«,
bis der weite eiserne Wald rundum erwacht,
bis der Forst, wie ein Kettenhemd, in seiner
Rüstung klirrt –
die Königin-Morgenröte zu fangen gewillt.

*(Übersetzung: Ilma Rakusa)*

Ab 1915 sympathisierte Kljujew mit den romantischen Utopien der »Skify« (Skythen); diese Gruppe linker Sozialrevolutionäre, der Iwanow-Rasumnik, Belyj, die Bauerndichter Jessenin, Sergej Klytschkow und Pjotr Oreschin angehörten, erhoffte sich das Heil aus dem »Osten«, genauer vom mythenverbundenen russischen Bauerntum. In diesem Sinne auch begrüßte Kljujew die Revolution: er sah darin die große Chance eines Bauernaufstands, wie ihn 1773 Jemeljan Pugatschow versucht hatte, die Befreiung von jahrhundertealter wirtschaftlicher und geistiger Unterdrückung, die Möglichkeit einer Neubelebung der vorpetrinischen, altrussischen Kultur, und schrieb ekstatische patriotische Gedichte.

Die Enttäuschung konnte nicht ausbleiben. Denn der junge Sowjetstaat bemühte sich gerade um das, was Kljujew zutiefst suspekt war: um die Niederreißung des historisch Gewordenen, um Technisierung und Industrialisierung. Jessenin, ebenfalls desillusioniert, schlug sich zur großstädtischen künstlerischen Boheme und versuchte 1924 eine Anpassung an die kommunistische Realität, die tragisch scheiterte; Kljujew blieb seiner Herkunft und seinem Glauben bis in die Kleidung hinein (Schafspelz, Schaftstiefel, Russenbluse, Bauernfilzhut) treu, mußte diese Treue jedoch mit Diffamierung und später mit dem Tod bezahlen. Man hielt seine mystischen Visionen eines Bauernparadieses für Eskapismus und bezichtigte ihn, mit der »konterrevolutionären, volksfeindlichen Klasse« des Großbauerntums (Kulaken) zu sympathisieren. Keiner der Vorwürfe war gerechtfertigt: Kljujew hing weder einer politischen noch einer ästhetischen Ideologie an. Doch machten ihn sein Einzelgängertum und seine nirgends einzuordnende, »zeitlose« Dichtung zum Ärgernis. Was konnte ein proletarischer Kulturfunktionär mit folgenden Versen (aus dem »Tal des Einhorns«) schon anfangen:

Wer dem lammfellpelzigen Dunkel
Glaubt und dem Unsäglichen traut,
Dem wird schon am hellichten Tag
Beim Ikonenschrein Indien erbaut.

(*Übersetzung: Heinrich Stammler*)

Seit Beginn der zwanziger Jahre war Kljujew zu Armut und Mißerfolg verdammt. Und er nahm es in Kauf, denn er konnte und wollte kein Majakowskij sein: »Majakowskij träumt von Sirenengeheul über dem Winterpalais – ich von vorüberziehenden Kranichen und einer Katze auf der Ofenbank«, heißt es in einer seiner polemischen Äußerungen. Ohne festen Wohnsitz, ein innerer Emigrant wider Willen, fristete Kljujew ein Wanderdasein wie einst in seiner Jugend. »Ich ziehe durch Rußland«, erzählte er Boris Filippow, »war im Kirill-, im Ferapont-Kloster... Rußland fliegt davon, mein Sohn, davon ... So beeile ich mich, alles zu begehen und zu bereisen – den letzten mütterlichen Segen, den letzten Seufzer Rußlands zu vernehmen.« Das kleine Leningrader Zimmer, das dem Dichter als gelegentliches Refugium diente, glich einer nordrussischen Bauernstube. Hier schrieb Kljujew nach Jessenins Freitod seinen langen »Klagegesang auf Jessenin« (der 1927 in Buchform erschien und bald darauf verboten wurde). An einem Gedenkabend für den verstorbenen Kollegen und Schüler, Anfang 1926, trug Kljujew jedoch nicht seinen lyrischen Nekrolog vor, sondern er vergegenwärtigte Jessenin durch dessen eigene Worte, indem er frühe (»heile«) und späte (»dekadente«) Gedichte rezitierte. Die Wirkung muß ungeheuerlich gewesen sein, als hätte Jessenin selber gesprochen. Kljujew soll sich nach der Lesung, in einer gleichsam liturgischen Trance, dreimal bis zur Erde verneigt und den konsternierten Saal, in welchem zahlreiche seiner Kritiker saßen, dann wortlos verlassen haben. Seiner ungewöhnlichen persönlichen Aura konnten sich selbst seine Gegner nicht entziehen.

1927 erschien, völlig unerwartet, Kljujews fortschrittskritisches Poem »Das Dorf« in der Leningrader Zeitschrift »Der Stern«. Die Redaktion wurde sofort zur Rechenschaft gezogen und Kljujew zu einer lyrischen »Wiedergutmachung«, einem Agitationsgedicht über den Komsomol, gezwungen. Im »Dorf« beschwor Kljujew in visionären Bildern den Einzug der Maschine in die bäuerliche Welt, in die Landwirtschaft. Der maschinelle Titanismus verdrängt die alte Seinsordnung, die Natur weicht dem »eisernen Pferd« und wird zum »eisernen Neuland«.

1928 kam der letzte Gedichtband zu Lebzeiten Kljujews heraus: »Bauernhütte und Feld«, eine Kompilation aus früheren Sammlungen, die nichts Neues enthielt. Dagegen konnte das im selben Jahr entstandene Versepos »Nach der Feuersbrunst«, aus dem Kljujew öfters privat vorlas, nur posthum erscheinen. Das Gedicht gehört zu den Höhepunkten von

Kljujews Schaffen: sein elegisches Pathos erreicht stellenweise die Dichte antiker Tragödien, Hölderlinscher Oden und alttestamentlicher Prophetenbücher und entspringt dem Bewußtsein, daß nur Verwüstung, Verödung und Tod zu gewärtigen sind. Der Vergleich des »wahren« Rußland mit der versunkenen Zauberstadt Kitesch, die eines Tages wiederauftauchen soll, erscheint hier mehr als dichterischer Topos denn als Glaubensbekenntnis: denn »Sankt Nikolaus [der Erretter der Schiffbrüchigen] kam nicht zu uns«.

Daß Kljujew seine grandiose Klage mit der ihm eigenen liedhaften Musikalität vorbringt, gehört zu den faszinierenden Paradoxa (nicht nur) dieses Poems, zugleich aber zum tragischen Widerspruch von Kljujews Leben: der Bauerndichter aus den »schwarzen Wäldern«, der »mit orphischer Beredsamkeit einer unbegreifenden Welt die letzten Ursprünge und Urgründe ihres Wesens verdolmetscht, zerbricht an dieser Welt« (H. Stammler). 1934 wurde Kljujew in Moskau verhaftet, anschließend nach Sibirien verbannt. Er starb Ende Oktober 1937 im Gefängnis von Tomsk – durch Erschießung, ein Opfer des Stalinschen Terrors.

Kljujews bislang bekanntes Werk umfaßt mehrere hundert Gedichte unterschiedlicher Länge und Struktur, Poeme, Versepen, einige kürzere Prosatexte im ornamentalen Stil sowie autobiographische Aufzeichnungen und Briefe. Die Gedichte – von Kljujew meist »Lieder« genannt – orientieren sich formal sowie prosodisch an der weltlichen und geistlichen Volksdichtung, an liturgischen Gesängen, an der Lyrik des Symbolismus und weisen sprachlich eine kühne Mischung von Dialektwörtern, Regionalismen, volkstümlichen und archaischen Wendungen und Neologismen auf, zu deren vollständigem Verständnis ein Glossar erforderlich ist. Nicht weniger kühn erscheint der Synkretismus auf ideeller Ebene: Naturmystik, Pantheismus, eschatologisches Gedankengut, Sektenglaube, heidnische Mythologie, biblische und theosophische Elemente bilden ein Ideengeflecht, innerhalb dessen der »Brüderlichkeit« ein besonderer Stellenwert zukommt. Man mag darin Reflexe der orthodoxen »Sobornost« (Konzilsidee) sehen, doch hat Kljujews Traum von einer kosmischen Verbrüderung in seiner Unmittelbarkeit etwas Franziskanisches.

Das meint nicht: Idyllisches. Kljujews Visionen eines »goldenen Zeitalters« sind mehrheitlich religiöse Beschwörungen, Gebete, geschrieben in einer als gefährdet erlebten, un-heilen Welt; nicht lieblich, doch oft licht, was vor allem auf einzelne Symbole sowie auf den melodiösen Duktus der Sprache zurückzuführen ist. Allein aus der Verwendung des Wortes »weiß« – »weiße Taube«, »weißer Bruder«, »weißer Geist«, »weißes Indien« – läßt sich auf Kljujews mystische Veranlagung schließen. »Erscheint hinter der wütenden Esse der weiße Gagelstrauchgarten und das goldbalkige Haus – / der Nebenaltar aus Birkenrinde, wo der Knabe Pantelej auf die durchgelegenen Wunden der Erde Weihöl und Chrisam gießt . . .«

## Autobiographische Notiz
## Von Nikolaj Kljujew

Erzählte mir mein verstorbenes Väterchen, sein Vater und mein Großvater habe als Bärenführer das Brot sich verdient. Führte die Bären auf Jahrmärkten vor, spielte Schalmei, und der zottige Prachtkerl tanzte Quadrille. Großvaters Gehilfe war Fjodor Kranich – ein Bauer, fast drei Arschin* hoch: der schlug die Trommel und spielte den Kranich. Die Jahrmärkte in Belosersk, in der Gegend von Kirillowsk, brachten dem Großvater bis zu zweihundert Rubel im Jahr ein.

So also lebte mein Großvater Timofej. Seine Töchter und meine Tanten gab er guten Bauern zur Frau. Lebte auch selbst nicht von Kwass und Rettich: trug an Kirchweihfesten einen Kaftan aus Irbi-

* Arschin: 71 cm.

ter Tuch mit Plisseekragen, und um den Kaftan einen bucharischen Gurt, und dazu ein feines Hemd mit Perlenbesatz um den Hals.

Der Ruin und der Tod des Großvaters kamen vom Ukas. Wurde ein Ukas ausgegeben: Tanzbären zur Erschießung in die Kreisverwaltung bringen... Lange noch hing das Fell des Ernährers in Großvaters Schlafstube, bis die Zeit es zu Staub zersetzte.

Die Schalmei aber, sie wehklagt in meinen Liedern, quillt über von goldenem Korn, jammert in meinem Herzen, in meinen Träumen und Melodien... Ich bin ein Bauer, doch von besonderer Art: meine Knochen sind dünn, meine Haut ist weich. Ich bin zwei Arschin und acht Werschok* hoch, habe eine Brustweite von vierundzwanzig und einen Kopfumfang von fünfzehneinhalb. Meine Stimme ist rein und meine Rede gemessen, weder geifernd noch bellend, mein Aug aber scharfsichtig und grau: Seehundaugen habe ich, wie man sie kaum kennt. Kein Trinker bin ich und kein Tabakfreund, doch liebe ich leidenschaftlich Süßes: Twerer Lebkuchen, getrocknete blaue Weintrauben in Honigsirup, Most, Blätterteiggebäck mit Tantenkonfitüre, Fastenzucker und jede Art von Eis.

Im Alltag bin ich still und akkurat. Meine Stube ähnelt immer einer Silberkopeke, sie glänzt und strahlt. Die Bank ist mit Sägemehl und Birkenrinde blankgerieben – nicht einmal ein Walroßzahn könnte weißer sein...

Mein Leben gleicht dem Pfad Batu-Khans: vom eisigen Konewez (Pferdekopf) bis zum Porphyrstier Schiwas zieht es sich hin. An Tränen reich und voll versiegelter Geheimnisse. Meine Mühen auf russischen Wegen, mein Leben auf Erden, Gefängnis, Begegnungen mit der Stadt und ihren papierenen und steinernen Menschen, die Revolution – all das ist in meinen Büchern ausgedrückt, wo jedes Wort durch Erfahrung beglaubigt, von Rubljows** klangvollem Vermächtnis und sinnigem Strich durchdrungen, von der Gnade der Liebe und Brüderlichkeit erfüllt ist.

Von sämtlichen Erdendingen liebe ich am meisten das Feuer.

Meine Lieblingsdichter sind Romanos,*** Verlaine und König David. Am teuersten ist mir von den Vögeln die Lerche, von den

* Werschok: 4,4 cm.
** Andrej Rubljow, berühmter russischer Ikonenmaler.
*** Romanos, genannt »der Sänger«: größter byzantinischer Hymnendichter.

Jahreszeiten der Herbst, von den Farben hellblau, von den Steinen der Saphir. Die Kornblume ist die Blume meines Herzens, die Flöte meine Musik.

(*Übersetzung: Ilma Rakusa*)

# Die Tage der irdischen Glückseligkeit
## Andrej Platonow und das Leiden am Sozialismus

Das Jahrhundert des Sozialismus und der Industrialisierung, so Andrej Platonow 1928, habe seinen Lauf mit einer ungeheuren Anspannung aller materiellen Kräfte der Gesellschaft genommen – »der Wohlstand aber wurde auf morgen verschoben«. Nicht von ungefähr halten die Russen Platonow heute für einen ihrer aktuellsten Schriftsteller: »Von ihm erfahren wir, was mit uns *geschehen* ist« (Andrej Bitow). Zu ergänzen wäre: nachdem Glasnost die Veröffentlichung seiner Hauptwerke, der jahrzehntelang totgeschwiegenen Romane »Die Baugrube« und »Tschewengur«, möglich gemacht hat.

Was sich in diesen Büchern, die die Heilserwartung des kleinen Mannes beim Wort nehmen, an Sozialismuskritik verbirgt, hätte den deutschen Leser schon vor Jahren erschüttern können, denn Übersetzungen aufgrund von exilrussischen Ausgaben lagen seit Anfang der siebziger Jahre vor. Dennoch blieb Platonow, im Gegensatz etwa zu seinem Zeitgenossen Michail Bulgakow, bei uns merkwürdig unbeachtet, was wohl zur Hauptsache mit seiner stilistisch extremen, zwischen Parteijargon, Wissenschaftsterminologie und poetischen Metaphern changierenden, mithin schwer übertragbaren Sprache zusammenhängt, gewiß aber auch mit seiner subtilen Persiflage der sowjetischen Aufbauliteratur, deren Kenntnis bei uns nicht vorausgesetzt werden kann.

Platonow läßt sich nicht festlegen – weder auf die Rolle eines Systemkritikers noch auf die eines Satirikers. Er ist der glühende Anhänger einer revolutionären Eschatologie und zugleich der traurigste Entlarver des Staatssozialismus Stalinscher Prägung; er ist ein Befürworter humaner Wissenschaft und zugleich ein poetischer Verulker bolschewistisch-technologischen Größenwahns; er hofft auf eine Zeit, da es »genausoviel Brot geben würde wie Luft« und macht sich über jene Funktionäre lustig, die »die wissenschaftliche Bestimmung des Hungers den Veterinären und dem ländlichen pädagogischen Personal übertragen«. Platonow lacht mit einem Auge und weint mit dem anderen, er ist der Schriftsteller des Mitgefühls und der luziden Resignation, melancholischer Zukunftsutopien und düster-grotesker Gegenwartstableaus. Mit einem Wort Joseph Brodskys: »Platonow ist ungreifbar.«

Platonow fand nicht sofort zur Literatur. Als Sohn des Lokomotivschlossers Platon Klimentow 1899 in einem Armenviertel von Woronesch geboren, erlernte er früh verschiedene Handwerkerberufe, kam 1918 zur Roten Armee, studierte anschließend am Woronescher Polytechnikum und betätigte sich von 1924 an als Ingenieur für Elektrifizierung und Melioration im Süden des Landes. Hier erlebte er aus nächster Nähe die Folgen des Kriegskommunismus und die Anfänge der Zwangskollektivierung: Hunger, Elend und die Euphorie der Industrialisierung (er selbst war am Bau eines Wasserkraftwerks am Don beteiligt).

»Platonow ist Meliorator. Ein Arbeiter von etwa 26 Jahren. Blond«, beschrieb Viktor Schklowskij ihn. »Genosse Platonow ist sehr beschäftigt. Die Wüste ist auf dem Vormarsch. Das Wasser versickert in der Erde und fließt unter ihr in mächtigen unterirdischen Strömen. Man baut die Dämme im Winter. Weil im Winter die Erde friert, brennen nachts auf den Dämmen Lagerfeuer. Die Syphilis ist im Gouvernement hier und dort verbreitet. Der Durst ist schlimmer.«

Im Jahre 1927 zieht Platonow nach Moskau, im selben Jahr erscheint sein erster Erzählband, »Die Epiphaner Schleusen«, mit dem er den Schritt zum freien Schriftsteller vollzieht, nachdem er zuvor Kurzgeschichten, Feuilletons und einen Lyrikband (»Die himmelblaue Tiefe«, 1922) publiziert hat. Schon mit seinem Prosadebüt erweist sich Platonow als ein Meister des Paradoxes: Seine »dämmernden Seelen« stürmen dem verheißenen Paradies entgegen, um von faden Bürokraten reglementiert und zurückgepfiffen zu werden, während seine grandiosen Wissenschaftsutopiker vom Tod ereilt werden.

Eine positive Moral läßt sich aus diesen Geschichten schwerlich ableiten. 1929, nach Veröffentlichung der satirisch gefärbten Erzählung »Makar im Zweifel«, wird Platonow von der parteioffiziellen Kritik scharf getadelt und weitgehend zum Schweigen verurteilt. Seine bedeutendsten Romane und Erzählungen – etwa »Tschewengur«, »Die Baugrube« oder »Der Ätherstrom« – können in der Sowjetunion erst viele Jahre nach seinem Tod, erst in der Ära Gorbatschow, erscheinen.

Immerhin gelingt 1937 die Herausgabe des schmalen Erzählungsbandes »Der Fluß Potudan«, dem – unter Pseudonym – Essays über Čapek, Hemingway, Puschkin folgen. Während des Zweiten Weltkriegs ist Platonow Frontberichterstatter der Armeezeitung »Roter Stern«, 1946 trifft ihn der Bannstrahl des stalinistischen Kulturinquisitors Jermilow, der ihn definitiv zur Persona non grata macht. Diffamiert und kaltgestellt, bringt sich Platonow mit Gelegenheitsarbeiten durch, bis er 1951 an Tuberkulose stirbt, mit der ihn sein aus dem Gulag entlassener Sohn angesteckt hat.

Zwar entging er der Liquidierung durch Stalin, aber dem Kremldiktator war er gleichwohl ein ständiger Dorn im Auge: Kaum jemand nahm die kommunistischen Parolen so sehr beim Wort, kaum jemand erkannte mithin so genau, wie monströs Realität und Verheißung auseinanderklafften.

Entwaffnend direkt und erschütternd lapidar beschreibt Platonow die Glücksuche seiner kleinen Helden: »Am Morgen gingen Sascha und Sachar Pawlowitsch in die Stadt. Sachar Pawlowitsch suchte die seriöseste Partei, um sofort einzutreten. Alle Parteien waren in einem amtlichen Haus untergebracht, und jede hielt sich für die beste. Sachar Pawlowitsch maß die Parteien mit seiner Elle – er suchte so eine, die kein unverständliches Programm hatte und deren Worte klar und richtig waren. Nirgends konnten sie ihm auf den Tag genau sagen, wann die irdische Glückseligkeit anbrechen werde.«

Ergreifend sind diese Himmelsstürmer in ihrem naiven Glauben, das Paradies auf Erden lasse sich unverzüglich verwirklichen, und ergreifend ist ihre Enttäuschung über die Hindernisse, die sich ihrer Sehnsucht in den Weg stellen.

Der »gewöhnliche Bauer Makar« etwa bricht nach Moskau auf, um »nur ja direkt im Zentrum zu stehen und ganz von Achtung zu sich selbst und zu seinem Staat durchdrungen zu werden«. Im Obdachlosenasyl, umgeben von müden Proletariern, träumt er einen seltsamen Traum: »Er sah einen Berg oder eine Erhebung, und auf diesem Berg stand ein wissenschaftlicher Mensch. Er selbst lag wie ein schlaftrunkener Tölpel am Fuße des Berges und blickte in Erwartung eines Wortes oder einer Tat des wissenschaftlichen Menschen zu ihm hinauf. Der Mensch jedoch stand da und schwieg, er sah den betrübten Makar nicht und dachte nur an den ganzheitlichen Maßstab, nicht aber an den einzelnen Makar. Das Gesicht des hochgelehrten Menschen war erhellt vom Widerschein des Massenlebens, das sich fern unter ihm ausbreitete, und seine Augen waren furchterregend und tot vom Stehen dort oben und dem allzu weiten Blick.«

Unschwer ist in dieser Vision Alleinherrscher Stalin zu erkennen, dessen totalitäre Diktatur (»Zu guter Letzt kommt bloß noch euer oberster Mensch im Sozialismus an«) Platonow 1929 ebenso voraussah wie die Bürokratisierung der Partei. In einer seiner wenigen expliziten Satiren, »Die Stadt Gradow«, zeigt Platonow, wie ein Provinznest zur Hochburg der Bürokratie avanciert. Nicht nur wird seine geographische Lage durch Zirkulare »dekretiert«, auch der Hunger wird hier wissenschaftlich bestimmt, und der Bau eines lebensnotwendigen Dorfbrunnens setzt die Kenntnis »des ganzen Karl Marx« voraus. Folge: Die Brunnen sind trocken, und die Dämme werden von den ersten Regen fortgespült. Der asketische Oberbürokrat Iwan Schmakow möchte die Natur, diesen Erzfeind der Ordnung, denn auch am liebsten abschaffen und den Staat »zur Seele« machen.

Auch andere Fanatiker läßt Platonow ins ideologisch-bürokratische Direktiven-Räderwerk geraten. Im 1929/30 entstandenen Roman »Die Baugrube« wird ausgerechnet der Aktivist, der die Bevölkerung »güterzugweise in den Sozialismus transportieren« möchte, sich indes mit der Entkulakisierung abrackert, wegen »Überspitzung, Vorprellen, Übereifer, kurzum dem Abgleiten von der präzisen, scharfkantig geschliffenen Linie auf die rechte und die linke schiefe Ebene« gerügt und wenig später als »Parteischädling und objektiver Feind des Proletariats« umgebracht. Stalinistischer Terror *avant la lettre* und zur grotesken Farce verzerrt.

Die Sprache ist es, mit der Platonow die Ungeheuerlichkeiten, Widersprüche und Absurditäten des realen Sozialismus entlarvt: So, wenn er, automatische Redewendungen verfremdend, vom »linksradikalen Sumpf des rechten Opportunismus«, vom »vergesellschafteten Zugvieh« oder von der »Stille des Kollektivbewußtseins« spricht. Metaphern dienen dazu, Abstraktes zu konkretisieren, und bei Platonow meinen es die Paradiesschaufler bitterernst: Sie bauen am »proletarischen Gemeinschaftshaus« für den Kolchos »Generallinie«, bis sie tot umfallen.

Mitten im propagierten Aufbauoptimismus der Epoche regiert in Platonows Werken der Tod. Bauern verhungern, Kulaken werden ertränkt, Wissenschaftler opfern sich für Ideen, Kinder sterben vor Entkräftung, vergesellschaftete Pferde krepieren, aufrechte Kommunisten werden niedergemetzelt, Mustermelkerinnen bringen sich um. Die lichte Zukunft fordert ihren Tribut, desgleichen die archaische Natur. Platonows eigentliche Helden sind nicht blinde Enthusiasten, sondern melancholische Grübler wie Woschtschew (aus der »Baugrube«), der »in seinem Sack die dringliche Hinterlassenschaft der verlorenen Menschen anhäufte, die wie er ohne Wahrheit gelebt hatten und die vor dem Ende abtreten mußten«.

Platonows Ingenieure und Wissenschaftler sind teils voluntaristische Weltveränderer, teils kauzige Phantasten. In ihren Köpfen spuken sozialistische Brontosaurier, Kolchoselektrosonnen, Ätherströme und Windheizungen und in utopischer Verlängerung »die Einrichtung des technischen Bolschewismus im gesamten offenen Erdraum«. Ohne den humanen Impuls einiger seiner Wissenschaftsasketen zu leugnen, parodiert Platonow den Proletkult-Wortschatz und beschwört prophetisch die Gigantomanie Stalinscher Technoprojekte.

»Die Kolchossonne wird eingerichtet, um das dunkle und trübe Defizit der Himmelsleuchte gleichen Namens abzudecken«, heißt es lakonisch in der »Betriebsordnung für die Elektrosonne im Kolchos ›Guter Anfang‹«. Abzuklären ist nur, was für Materialien für »die Rationalisierung der Sonne« benötigt werden, da im Land des erblühten Sozialismus selbst die Beschaffung von Nägeln den Gang durch verschiedene Ämter voraussetzt.

Je verheerender die realsozialistische Wirklichkeit in den dreißiger Jahren über die Hoffnung triumphiert, desto visionärer, parabelhafter, mythischer werden Platonows Werke. Ihr Surrealismus wirkt außerpersönlich, kosmisch. In der Langerzählung »Dschan«, entstanden zwischen 1933 und 1935, übernimmt der junge Ökonom Nasar Tschagatajew den Auftrag, ein kleines nomadisierendes Wüstenvolk in den Schoß der Sowjetmacht heimzuführen. Die messianische Sendung verbindet sich mit einer Rückkehr zu den Ursprüngen, personifiziert in der Mutter, nach der sich auch andere Platonowsche Helden schmerzlich sehnen. Die Wanderung durch die Wüste östlich des Aralsees wird jedoch zur Höllenfahrt, als könnte sich die Utopie definitiv nur im qualvollen Unterwegssein realisieren. Endlich angekommen, satt und lethargisch, hält es die »vergewaltigte Sklavenseele« der Dschan nicht aus; im einsamen Alleingang befreit sich das Volk – zum Tod. Einzige Garanten des Sozialismus sind Tschagatajew, das kleine Mädchen Aidym und jener streunende Hund, der »von der Glückseligkeit seines Daseins überzeugt ist«.

Eine der pessimistischsten visionären Erzählungen Platonows, »Der Müllwind«, zur selben Zeit geschrieben, spielt im nationalsozialistischen Deutschland und gehört zu den frühesten literarischen Reaktionen auf den Faschismus. Der Physiker Albert Lichtenberg steht auf dem »alten katholischen Platz einer süddeutschen Stadt« und erlebt, wie ein Hitler-Denkmal aus Qualitätsbronze aufgestellt wird. An den Kühler eines Lastautos gelehnt, erscheint ihm der Motor »wie eine zugrunde gegangene Brüderlichkeit; durch die Ritzen des Kühlers sah er die Grabesfinsternis des Mechanismus, in dessen Hohlwegen sich die Menschheit verirrt hatte und tot umgefallen war«.

Wenig später liegt Lichtenberg empfindungslos am Fuß des Denkmals, nachdem »die Nationalsozialisten im Marschschritt über ihn hinweggegangen waren«. Als Vollinvalide ernährt er sich in der Folge von Müll und vertiert. Eines Tages wird der stumme Tiermensch in ein Konzentrationslager gebracht und zum Tode verurteilt »infolge der Nichtübereinstimmung seines Körpers und Geistes mit der germanischen Rassentheorie und dem Niveau der staatlichen Anschauung«. Es gelingt ihm zu fliehen, und irgendwo unterwegs nimmt er sich das Leben, um mit dem Rest seines Körpers eine Mutter und deren hungernde Kinder zu ernähren.

Maxim Gorkij, der die Erzählung las, fand sie ungemein schockierend und »für den Druck ungeeignet«. Sie konnte in der Sowjetunion erst 1978 vollständig erscheinen.

Platonows Sprache tut Abgründe auf, quält (sich) und gebiert Ungeheuer: ein *Newspeak*, das Parteifloskeln für den

Ausdruck emotionaler und alltäglicher Vorgänge zweckentfremdet, plumpe Neologismen mit Lyrismen konfrontiert, technischen Jargon auf Lebewesen anwendet, Abstrakta beseelt. Subversiv verkehrt diese Sprache Hierarchien, vermischt sie Sphären, destruiert Normen, immer in Gefahr zu implodieren, obwohl sie sich als »Instrument des Chiliasmus« (Joseph Brodsky) versteht.

Einzigartige Naturbeschreibungen, Liebesbekenntnisse zu Lokomotiven und einfühlsame Schilderungen somnambuler Dulderseelen sind das Resultat dieser Sprache – ebenso wie die Entlarvung von Staatsbürokraten, Diktatoren und Fortschrittsfanatikern. Nirgends herrscht dabei hochtrabende, besserwisserische Distanz; gleichsam von innen verwandelt sich Sinn in Un-Sinn, Utopie in Antiutopie, schlägt Tragik in Komik um, Ernst in Ironie.

»Versuchen Sie mal, diese... Jahre mit allem Kleinkram von Kampf, Aufbau, Verzweiflung und seltener Ruhe zu beschreiben. Es geht nicht – man wird alt darüber, stirbt und hat das Thema nicht erschöpft. Versuchen Sie mal, in diesem wilden Menschheitswald frisch, weise und aufrecht zu bleiben. Es ist nicht zu schaffen.« Doch, er, Platonow, hat es geschafft: er und seine Sprache.

# Wenn die Welt zerfällt
## Leonid Dobytschins Roman »Im Gouvernement S.«

In Rußland versäumt es heute keiner, der etwas auf seinen literarischen Geschmack hält, Leonid Dobytschin in einem Atemzug mit Andrej Platonow und Isaak Babel zu nennen, doch gleichsam mit vorgehaltener Hand, denn der jahrzehntelang verfemte Autor ist erst seit der Perestroika entdeckt beziehungsweise wiederentdeckt worden und gehört noch nicht zur Riege der kanonisierten modernen Klassiker. Eher ist von einem berühmten Geheimtip zu sprechen.

Dementsprechend geht es um Dobytschin nicht laut zu; auch entzieht sich sein schmales, dem Lakonismus verpflichtetes Werk dem Superlativischen und Spektakulären ebenso wie seine Biographie, die sich in wenigen Sätzen rekapitulieren läßt. Geboren 1894 in Ljuzin als Sohn eines Arztes, der früh stirbt; Kindheit und Jugend in Dwinsk (Dünaburg), anschließend Studium der Ökonomie am Petersburger Polytechnischen Institut. Die folgenden Jahre verbringt Dobytschin als Statistiker in der südwestlich von Moskau gelegenen Provinzstadt Brjansk, einsam und isoliert, ein stiller Außenseiter. Ab 1923 entstehen Kurzgeschichten, provokativ durch den Umstand, daß sie nicht die großen Themen der Zeit aufgreifen, sondern die Niederungen des Alltags darstellen, ohne ideologisches Interesse. »Texte aus Nichts, scheinbar über nichts, ohne Helden, Farben und Fanfaren« (Peter Urban).

1927 erscheint der erste Erzählungsband – 1931 unter dem Titel »Porträt« fast identisch wiederaufgelegt –, kurz darauf beginnt Dobytschin mit der Arbeit an seinem Roman »Die Stadt N«. Dieser schildert aus der Sicht eines Kindes, in Ichform, das kleinbürgerliche Leben in der vorrevolutionären russischen Provinz, streift aber auch das Tabuthema der Homosexualität, die 1933 per Gesetz zum kriminellen Delikt erklärt wurde. Als der Roman 1935 in Moskau herauskommt, wird Dobytschin – wie sein Musikerkollege Schostakowitsch – des Formalismus bezichtigt. Auf der Vollversammlung der Leningrader Sektion des Schriftstellerverbandes verteidigt er sich gegen die Vorwürfe mit dem schlichten Satz: »Leider kann ich dem, was hier gesagt wurde, nicht zustimmen.« Das Drama endet 1936 mit Dobytschins Freitod in der Newa und beendet jäh eine literarische Laufbahn, die seit der Übersiedlung des Autors nach Leningrad (1934) an Schwung zu gewinnen schien. Dobytschin schrieb hier die längere Erzählung »Wilde« und arbeitete an seinem zweiten Roman, »Im Gouvernement S. Schurkas Verwandtschaft«. Sie gehören, neben einigen Kurzgeschichten, zum kleinen, hochkarätigen Nachlaß dieses poetischen Reduktionisten.

Dobytschins Nachlaßroman spielt in der russischen Provinz während der Bürgerkriegszeit. Sein Hauptheld ist der Junge Schurka, der zum Verbrecher wird (»Ist doch klar: ich will leben, Räuber werden.«). Da ist aber auch die Rede von Schurkas schwulem Freund Sascha, von seinen beiden Großvätern, von Onkeln, Vettern, Cousinen, von der analphabetischen Dorfbevölkerung, vom »Idiotismus des Landlebens«, von Chaos, Armut, Rechtlosigkeit und Verrohung. Noch bestimmt der Kirchenkalender das Jahr, doch fegt bereits der Wind des Umbruchs übers Land, mit Atheismuspropaganda, Volkszählungen, Dorfsowjets usw. Alt und Neu prallen gewaltsam aufeinander, der träge Alltag treibt revolutionären Wildwuchs. In Dobytschins Diktion geschieht dies freilich mit einer geradezu skandalösen Lakonie, die beispielsweise das Ende des Zarismus mit einem einzigen Satz erledigt: »Nachdem sie gegessen hatten, fuhr Großvater wieder weg. Petja aber hielt es nicht mehr aus und erzählte, es gebe keinen Zaren mehr.« Schnitt.

Dobytschin läßt seine Figuren in ihrer Sprache sprechen, naiv und unbeholfen. Zum »Disput über Gott und die Unsterblichkeit« sagt da einer: »Das wird so ein Streit. Wir werden Unseres sagen, sie Ihrs, und wenn Unsres gewinnt, dann gibt es Gott.« Dobytschin kommentiert nicht, er montiert die (oft dürftig-verqueren) Dialoge, wechselt die Perspektiven, fragmentiert die Erzählstränge, setzt sie eigenwillig zusammen. Ironie, Absurdität, ja, Ungeheuerlichkeit resultieren aus diesen Verfahren, die stets im Zeichen des Antipsychologismus stehen.

Dobytschins Figuren agieren scheinbar emotionslos. Oder anders: Innerlichkeit wird bei Dobytschin veräußerlicht, durch Aussehen, Wohnumgebung, Handlungen ausgedrückt. Dies geschieht im Rahmen eines metonymischen Schreibens, wo der Teil für das Ganze steht, sekundäre Elemente die Funktion von primären erfüllen, Marginalien des Alltags in den Mittelpunkt rücken, jedes Bild als ein Mosaik von Details erscheint. Die Fokussierung auf das Detail ist bei Dobytschin nicht einer Ästhetik des Realismus verpflichtet, sie dient, ganz im Gegenteil, der Auflösung der Wirklichkeit. Der Text als Flickenteppich, als pointillistisches Wort-Tableau, das Unscheinbares in den Vordergrund rückt, Gewichtiges in Nebensätze verbannt, das Hierarchien verkehrt und Proportionen verschiebt, das durch akausale parataktische Reihung kühnste Verbindungen herstellt.

Dobytschins Schreibweise verweigert sich radikal jedweder ideologischen Botschaft, mithin politischer Instrumentalisierung. Was nicht heißt, daß sie Politisches ausblendet. Der Roman »Im Gouvernement S. Schurkas Verwandtschaft« ist voll von *faits divers*, die den paradoxen Charakter der Epoche atmosphärisch dicht wiedergeben. (»Weltgeschichte im Wassertropfen«, nennt Peter Urban Dobytschins Verfahren.) Da ist das russische Dorf, rückständig, abergläubisch, dem Alkohol ergeben, mit riesigen Pfützen, die dem Betrunkenen zum Verhängnis werden; da ist der Krieg, der Krankheit,

Verrohung und Verwahrlosung bringt. Es wird gestohlen und gemordet, längst ist auch die Jugend korrupt. Der vaterlos aufgewachsene Schurka und seine Kumpane plündern auf dem Bahnhof Reisende, fleddern Tote, scheuen vor keiner Untat zurück. Derweil die Frauen Piroggen backen und an den Zügen feilbieten. Unentwegt wird gestorben, beerdigt oder verscharrt, als hätte der Tod das eigentliche Sagen. Man begegnet ihm mit Gleichgültigkeit, wie einer Naturerscheinung. Das Leben hat jeden abgestumpft.

Dobytschins Romanwelt ist eine plafonierte Welt der Hohlformen, der disparaten Einzelheiten. In ihr gibt es keine Schönheit, keine Freude, keine Transzendenz. »Groß und ausdruckslos« ist das Gesicht einer Verwandten Schurkas. »Die weiße Nachtjacke war von Flöhen verfleckt, und die Beine ohne Strümpfe waren dick, bläulich und glänzten wie Knochen.« Es gibt in dieser Welt machtvolle Triebe, Lüsternheit, Genußsucht, es gibt den obszönen Reiz, das perverse Spiel (etwa wenn Vetter Awerjan den Jungen seine »Bilder für Männer« vorführt), die stumpfsinnige Ausgelassenheit. Nichts ist hier heil und Dobytschins Sprache zersetzend, ohne je die Groteske zu streifen. Daß sie auch die sogenannten alten Verhältnisse nicht schont, hätte den stalinistischen Scharfrichtern auffallen müssen. Nur waren raffiniert-diskrete Methoden, wie sie Dobytschin so meisterhaft praktizierte, mittlerweile suspekt. Der 1934 zur allgemeinverbindlichen Kunstdoktrin erklärte Sozialistische Realismus verlangte eine klare ideologische Tendenz und Aufbaupathos. Solchen Verrat an der *Literatur* aber mochte Dobytschin nicht begehen. Zu Recht. Sein Werk hat sämtliche realsozialistischen Erzeugnisse überlebt.

# Teetrinken oder Leonid Dobytschins abgründiges Rußland

»Die Verklärungssäule mit der grünen Kuppel stand unter Ahornbäumen. Lockere fleischfarbene Wolken zogen dahin, hier und da leuchtete es blau hervor. Eine Tür knarrte, der Bischof kam aus der Wachstube – barhäuptig, mit einem Eimer Schmutzwasser. Er blieb stehen, zählte die Schläge der Turmuhr und schüttete seinen Eimer an der Verklärungssäule aus. Bald hat die Qual ein Ende, dachte Koslowa froh, während sie ihm nachsah.« Koslowa arbeitet in einer Kooperative. Koslowa liebt die Ikonen und das Blumengießen, die kommunistischen Hurras liebt sie nicht. Abends sitzt Koslowa auf der warmen Ofenbank, liest die Beilagen der »Niwa« und träumt von Monsieur Poincaré. Monsieur hat in der Karl-Liebknecht-und-Rosa-Luxemburg-Schule unterrichtet, er ist nicht wiedergekommen. Vor Sehnsucht kauft sich Koslowa einen Hahn. Trinkt Tee mit der Suslowa. Draußen sind die Sonnenuntergänge schlicht: »ein Streifen rötlich, einer grünlich«, und England führt Krieg gegen die Russen. So ist das. Ist das alles? Ja und nein. Denn Dobytschin macht aus wenig viel, seine Erzählungen – in den zwanziger Jahren entstanden – schaffen aus der Banalität der nachrevolutionären Provinz ein farbiges, verrücktes Kaleidoskop. Völlig übergangslos prallen hier Sätze und Welten aufeinander, der stille Wahnsinn regiert. Als hätten sich Sujet und Autor verabschiedet, Hierarchien in nichts aufgelöst. Das Mosaik der Bilder scheint wirr, aber es leuchtet. Leuchtet Abgründe aus, so hell, daß der Atem stockt.

»Das Eis auf den Flüssen hatte bereits einen grauen Schimmer angenommen. Vor den Häusern war es trocken. Saboteure mit Zeitungen standen schreiend an den Straßenecken. Hinter der Dreifaltigkeits-Brücke stieg Kunst aus und ging die Uferstraße entlang. Die dunklen Paläste blickten finster. Alte Steinfiguren standen in roten Nischen, sie hatten die Arme ausgebreitet und vollführten einen Pas. Der gebrechliche Iwan Iljitsch schrieb bereits hinter seinem großen Pult mit Perlmuttvögeln, und Mirra Ossipowna saß auch schon da und korrigierte ihre Frisur. Trotz des Pelzkragens fröstelte und zitterte sie. ›Hören Sie, ich friere ein‹, sagte sie gequält und drapierte sich. Glan, der Chef, kurzgewachsen, in einem kurzen Anzug, eilte herein, setzte sich in einen Sessel und faltete seine Zeitung ›Lutsch‹ auseinander. ›Dem Hunger entgegen!‹ las er laut. Mit wogenden Weichteilen trug das Mädchen Malanja den Tee aus.« Tee ist immer vorhanden, doch die Lakonie der Erzählung (»Abschied«) verschweigt nicht, daß Hunger herrscht. »Unsere Simone« oder »Simóne« wird die Zuteilung holen: »Honig mit Bienen!« »Tränen strömen aus dem Bahnhof«, singt Kunst und blickt auf die Geistesgestörten am Zaun des Vorgartens. »Haben Sie Max Stirner gelesen?« fragt Iwan Iljitsch. Doch Kunst hat anderes im Sinn: er fährt zu seiner Tante. »Leben Sie wohl.« Gewerkschaften und Osterbrote, Flüchtlinge und Feen ziehen ihren Reigen, das Perlmutt glänzt, die Verwundeten stinken nach Desinfektion. Am Schwarzen Flüßchen hat sich ein Vöglein eingestellt, ein blasser Mond, »wie ein Geleestück«, steigt über den Höfen empor. Und keiner weiß zu sagen, wo's lang geht. Das Land steckt im Chaos. Abgrundtief. »Kurzsichtig« wie der kindliche Held seines Romans »Die Stadt N« zählt Dobytschin Ereignisse und Dinge auf, ohne nach Gründen oder Perspektiven zu fragen. Die parataktische Reihung genügt sich selbst, die Wahrnehmung ersetzt Psychologie und Deutung. Was auf diese Weise entsteht, ist nicht naiv, sondern abwechselnd absurd, bitter, bedrängend. Ein Bilderbuch als Tollhaus; ein Bilderbuch vom Tollhaus Rußland, zwischen Revolution und stalinistischer Diktatur.

Leonid Dobytschin hat sich keinem Parteiauftrag gebeugt. Sein Schreiben bezeugt seit Beginn den Außenseiter. 1894 in

Ljuzin geboren, später zum Ingenieur ausgebildet, debütierte er 1924 mit der Kurzerzählung »Begegnungen mit Lis«. Er veröffentlichte drei schmale Prosabände, zuletzt »Die Stadt N« (1935), die ihm weniger Ruhm denn Kritik einbrachten. »Pessimismus« und »Formalismus« lauteten die Schimpfworte; das Verdikt, das die Oberiuten (Daniil Charms, Alexander Wwedenskij u. a.) traf, traf auch Dobytschin. Im aufbauwütigen Revolutionsstaat, der bereits Ende der zwanziger Jahre totalitäre Züge trug, galt Dobytschin als überflüssig. Gefragt war moralische Tendenziosität, nicht die ungeschönte Darstellung des alltäglichen Lebens mit seinen Widersprüchen. (Naturgemäß verurteilte man auch den »dekadenten« Tschechow, dem Dobytschin – neben Gogol – am meisten verdankte.)

Der Roman »Die Stadt N« wurde 1936 zum Ziel einer eigentlichen Hetzkampagne: exemplarisch sollte diese morbide »formalistische Abweichung« an den Pranger gestellt werden. Dobytschin, nach den Worten Wenjamin Kawerins »auf eine grimmige, hoffnungslose, ausweglose Weise gut«, versuchte sich öffentlich zu verteidigen, mit dem schlichten Satz: »Leider kann ich dem, was hier gesagt wurde, nicht zustimmen.« Sagte es während der Vollversammlung der Leningrader Sektion des Schriftstellerverbandes – und ertränkte sich in den Fluten der Newa, zweiundvierzig Jahre alt.

Wenn einer Pomp und Schwulst und Spießigkeit verachtete, dann Leonid Dobytschin. Seine Sätze sind schlank und leicht und offenbaren mit Eleganz Ungeheuerlichkeiten. »Mit wiegenden Schultern, mit hocherhobenem Kopf, mit einem siegreichen Lächeln auf dem von Puder lilafarbenen Gesicht bog Lis Kurizyna von der Straße der Deutschen Revolution in die Straße der Dritten Internationale ein.« So beginnt Dobytschins Debüt-Erzählung, mit der er in die Literatur einbog, um fast unbemerkt wieder aus ihr zu verschwinden. Die Straßennamen erzeugen Gänsehaut. Alle

Namen bei Dobytschin sind Messerchen, die ritzen und verletzen, mit ironischen Spitzen. Konopattschikowa, auch sie gelockt und gepudert, »sitzt lächelnd auf dem Sofa und rollt ein Kalenderblatt zum Röhrchen: die Zeichnung ›Not in Deutschland‹ und zwei Artikel – ›Über die Nützlichkeit der Vitamine‹ und ›Die Relativitätstheorie.‹«

Harmlos kommt daher, was schaudern macht: das Monströse einer Realität, in der Kompanien marschieren, Freund und Feind hungern, Genossen kommandieren, Bischöfe über zugewucherte Straßen schlendern, und Frauen zwischen Haarwicklern und Erschießungsbefehlen lavieren. Da steckt sich (in der Erzählung »Jerygin«) Ljubow Iwanowna eine Reseda an ihre Bluse, Nastja Golubzowa wirft die Ikonen aus dem Haus und tritt in die Kommunistische Partei ein, Mademoiselle Wunsch aber, noch sehr jung, diktiert mit dünnem Stimmchen: »Die Deutschen sind wilde Tiere.« Ach, Mademoiselle Wunsch. Zusammengekrümmt kauert sie unter den Bruchweiden. »Mit ihrem auf dem Ohr sitzenden Hut glich sie einem Straßenräuber... Die halbblinden Augen nach dem hellen Westen gerichtet, träumte sie.«

Zu träumen gibt's viel. Die Kleinstadt ist eng, der Mief melancholisch und gewalttätig, Pferdeknochen ersetzen den Steg übern Fluß. Das triste Bild präsentiert sich in Dobytschins Pointillismus so: »Heu wurde herbeigeschleppt. Die dünnen Stengel hingen herab und zogen Striche durch den Schnee... Wie war das doch... Eine rasselnde Trommel, feingestrichelter Sand... Über die grüne Straße mit den grauen Trampelpfaden spazieren der Bischof und die NÖP-Frau – sie schmieden ein konterrevolutionäres Komplott. Die Intelligenzlerin Gadowa spielt Klavier. Genosse Leningradow, verantwortlicher Mitarbeiter, verliebt sich. Er reitet zur Gadowa auf einem Rappen, hört Triller und trinkt Tee. Er will sie für die RKP (B) werben, sie sagt weder ja noch nein. Was ist los? Gadowa geht hinaus die Hühner füttern. Genosse Leningradow schaut in Kästen und deckt eine Verschwörung auf. Kühn bezwingt er seine Liebe. Die Gouvernementskommission schickt ihn auf die Krim. Das Gericht verurteilt die Verschwörer zur Höchststrafe und reicht ein Ersuchen ein, diese durch strenge Isolierung zu ersetzen: die Sowjetmacht ist nicht rachsüchtig.« Und ist es sehr wohl. Mit den »weißen Banditen« wird kurzer Prozeß gemacht. Die Schrecken der Dreißiger kündigen sich schon an. Wo immer man an der Oberfläche kratzt, kommt Furchtbares zum Vorschein, auch wenn die »Neue Ökonomische Politik« biedermännisch den schönen Fortschritt proklamiert: eine Mixtur aus Alt und Neu, Ambivalenz schlechthin.

Die Ambivalenz ist Dobytschins Domäne, als Stoff und als Verfahren. Lila Sonnenschirm, Weihrauchfaß und proletarisches Transparent in krasser Nachbarschaft, und alles unverbunden, pointenlos in der Schwebe. Blitzschnell wechselt Dobytschin die Perspektive, ein Bild, ein Detail jagt das andere, und statt Plastizität entsteht der Eindruck eines flächigen Nebeneinanders. Befremdlich, neu.

Dobytschins Erzählungen sind kurz, höchstens dreizehn Seiten lang, doch eine Provokation fürs Gedächtnis: Wie memoriert man ein Fleckenmuster? Keine Stränge, keine Linien: Tupfen. Und höllisch-himmlische Leerstellen. Sie sind das Wichtigste. Aber gerade ihnen kommt man mit Zitaten kaum bei. Dobytschin erschließt sich im Zusammenhang, oder genauer: im Detail *und* im (prekären) Zusammenhang, durch eine nahe *und* eine entfernte Optik. Durch flexibles, multiperspektivisches Lesen.

Ein riskanter Vorschlag, hier und jetzt. Denn die Details leuchten allzu verführerisch. Die silbernen Rosen auf den Spitzenkragen, die Spiegel, Vasen und blinkenden Wasserflächen. Motive schälen sich heraus, die Dobytschinschen Helden trinken Tee, Musik schmettert los, die Sonne rückt weiter, die Soldaten schleppen sich schweigend in den Krieg. Und die Kleinstadtbürger – in jeder Erzählung haufenweis – reden, reden sorglos aneinander vorbei. Das prägt sich ein.

Die schiefe Rede, und das sinnliche Detail. Der Matrose! »Braun wie ein irdener Topf, sprang er hinein, tauchte aus dem Wasser und schwamm los. Auf seinem Arm war ein blauer Anker, die Muskeln waren straff wie ein gedrehtes Weißbrot bei der Silebina im Regal.« Das Leben ist schön und gefährlich, halb Krieg, halb Karneval. Am schlimmsten, wenn es behäbig vor sich hin dämmert. Aber selbst da noch offenbart es harte Seiten. »Im Hof hatten die Nachbarinnen Decken ausgebreitet und saßen darauf. Sie wiegten kleine Kinder, sangen leise und suchten sich mit Küchenmessern gegenseitig den Kopf ab.«

Jeder Satz ist gesättigt, prall, als wär's der letzte. Aber die Tupfen-Sätze folgen sich, und Welten entstehen und brechen zusammen, erbarmungslos. Manchmal meldet sich die Natur, auch sie ungerührt, fast eine Kulisse: »Weißlich glänzte, wie über einen Brunnen geneigt, der halbrunde Mond. Die kümmerliche Birke mit ihren dunklen Ästen stand reglos.« Ein Bild, eine Einstellung, Schnitt, weiter. »Mit schaukelndem Bauch stieg Trifonicha in einem schwarzen Morgenkleid mit hellblauen Rosen die Treppe hinab. In der Hand trug sie eine Schüssel, und an ihrem Arm hing eine gestickte Tasche mit Tiger.« Das Spektakel läuft. Das Lebenstheater bietet eine üble Farce. Dobytschin winkt nicht mit dem Vorhang, markiert nicht den Regisseur, jeder und jedes spricht für sich selbst. Zu unserm hellen Entzücken, ja, Entsetzen.

# Jewgenij Samjatins Ketzertum

»... wirkliche Literatur kann es nur da geben, wo sie von Verrückten, Einsiedlern, Ketzern, Träumern, Rebellen und Skeptikern und nicht von gewissenhaften und wohlmeinenden Beamten geschaffen wird«, schrieb Samjatin in seinem grundlegenden Essay »Ich befürchte« (1921). Er hätte seine eigene Position innerhalb der Sowjetunion nicht besser charakterisieren können. Einige Jahre später, 1929, wurde sie ihm auch von offizieller Seite bestätigt: der als »innerer Emigrant« Gebrandmarkte sah sich zum Austritt aus den hehren Reihen des Allrussischen Schriftstellerverbandes gezwungen. Drei Jahre später war aus dem inneren Emigranten ein Emigrant geworden; Samjatin, dessen Gesuch um die Ausreise von Stalin persönlich genehmigt wurde, setzte sich nach Frankreich ab, wo er 1937 im Alter von 53 Jahren frühzeitig starb.

Die Kampagne gegen den »Ketzer« Samjatin stand in direktem Zusammenhang mit dem anti-utopischen Roman »Wir« (1920/21). Schon früh hatte sich Samjatin davon überzeugen müssen, daß eine Publikation des Romans in der Sowjetunion wegen allzu evidenter Realitätsbezüge illusorisch sein würde. Der Roman erschien denn auch im Ausland: 1924 in englischer und französischer Übersetzung (New York und Paris), 1927 in einer tschechischen Ausgabe (Prag). Im selben Jahr brachte die russische weißgardistische Emigrantenzeitschrift »Freiheit Rußlands« (Volja Rossii), ebenfalls in Prag, eine russische Kurzfassung des Romans heraus, die als Rückübersetzung aus dem Tschechischen ausgegeben wurde. Samjatins Lage erwies sich nach diesem Vorfall als prekär: die Presse startete eine erbitterte Kampagne, Samjatin seinerseits lehnte diskret, aber dezidiert jede Verantwortung für die Herausgabe der russischen Werkfassung ab. Den Ruf eines Ketzers hatte er sich indes für Lebzeiten – und über

Lebzeiten hinaus – gesichert. Auch andere Sowjetschriftsteller, wie Bulgakow und Soschtschenko, blieben von Kampagnen nicht verschont, wurden jedoch, durch Rehabilitierung, dem Corpus der Sowjetliteratur erneut einverleibt. Anders Samjatin, der seit nämlicher Affäre in der Sowjetunion völlig tabu war – bis die Perestroika ihn aus der Versenkung holte und seinen Roman »Wir« als sensationelle Entdeckung feierte.

Samjatin wurde 1884 im mittelrussischen Städtchen Lebedjan geboren, hier auch verbrachte er seine Kindheit und frühe Jugend. »In Lebedjan – mit seinen Zigeunern und Pferdemärkten – sprach man das kräftigste russische Idiom«, hält Samjatin in seiner Autobiographie (1929) fest, als verdanke er die Sprache (seine Sprache) Lebedjan. Die literarischen Interessen des künftigen Schriftstellers reichen in die Schulzeit zurück, in der Samjatin sich zum geschickten Aufsatzschreiber heranbildet. Mit zwölf, in der beginnenden Pubertät, kommen wichtige Leseerfahrungen hinzu: »viel Einsamkeit, viele Bücher, sehr früh schon Dostojewskij«, obwohl »der eigentliche Freund Gogol war (und später – Anatole France)«. 1896 folgen Gymnasialjahre in Woronesch; 1902, nach glänzend bestandenem Abitur, immatrikuliert sich Samjatin am Petersburger Polytechnikum für Schiffsbau. Als Praktikant unternimmt er während seiner Ferien ausgedehnte Schiffsreisen; im Revolutionsjahr 1905 gelangt er über verschiedene Stationen bis nach Alexandrien, erlebt nach der Heimkehr in Odessa aus nächster Nähe die Meuterei der Besatzung des Panzerkreuzers »Potemkin« mit. Er selbst bekennt sich offen zum Bolschewismus. Wegen oppositioneller Tätigkeit wird Samjatin denn auch zeitweilig aus Petersburg verbannt. 1908 beschließt er sein Studium und läßt sich an der Polytechnischen Abteilung für Schiffsbau als Dozent anstellen. Im selben Jahr legt Samjatin sein erstes literarisches Manuskript, die Erzählung »Ausbildung« vor; das Manuskript erscheint im Druck. Während der nächsten drei Jahre: »Schiffe,

Schiffsbau, Logarithmentafeln, Entwürfe, Konstruktionen, Aufsätze in Fachzeitschriften... Im Zusammenhang mit der Arbeit zahlreiche Reisen durch Rußland: die Wolga hinauf bis Zarizyn, Astrachan, Kama, ins Donez-Becken, zum Kaspischen Meer, nach Achangelsk, Murmansk, in den Kaukasus, auf die Krim.« Literarisch bleibt Samjatin dennoch aktiv. 1911 entsteht die große Erzählung »Vom Leben in der Provinz« – eine Frucht schwieriger, einsamer Tage im Provinznest Lachta, wohin Samjatin, nach mehreren Jahren illegalen Aufenthalts in Petersburg, ausgewiesen wurde. 1913, als die Rückkehr nach Petersburg offenstand, war es der Arzt, der Samjatin vom städtischen Leben abriet. Samjatin publiziert 1914 die Erzählung »Am Ende der Welt«, die von den Behörden wegen Kritik an der russischen Armee konfisziert wird, und hat sich vor Gericht zu verantworten. Die Sitzung endet mit Freispruch. Im Frühjahr 1917 fährt Samjatin im Auftrag der Regierung nach England, um den Bau von Eisbrechern (die für Rußland bestimmt waren) zu überwachen. »Die Deutschen warfen von Zeppelinen und Flugzeugen Bomben herab. Ich schrieb ›Die Insulaner‹«. England war für Samjatin so »neu und fremdartig«, daß er wachen Auges registrierte, was ihn umgab. Mit der Erzählung »Die Insulaner« (1918) gelang ihm denn auch eine treffende, satirisch-karikaturistische Zeichnung der englischen Kleinstadtgesellschaft, deren verlogene Moral entlarvt, deren weltfremder Isolationismus gegeißelt und verspottet wird. Nach Ausbruch der Februarrevolution drängt es Samjatin zur raschen Heimkehr, auf einem winzigen Schiff tritt er die abenteuerliche Reise nach Rußland an.

Die nachfolgenden turbulenten Jahre machen Samjatin zu einem engagierten, vielseitigen Literaten, Literaturkritiker und »Kulturarbeiter«. »Die Technik«, so schreibt er 1929 lakonisch, »verdorrte und fiel von mir ab wie ein gelbes Blatt (von der Technik blieb nur der Unterricht am Polytechnischen Institut übrig). Und gleichzeitig: ein Kurs über die jüngste russische Literatur am Pädagogischen Institut (1920/21), ein Kurs über die Technik der literarischen Prosa im Studio des Künstlerhauses, Mitarbeit im Redaktionskollegium des Verlags ›Weltliteratur‹, im Vorstand des Allrussischen Schriftstellerverbandes, im Komitee des Hauses der Schriftsteller, im Ausschuß des Künstlerhauses, in der Sektion für Historische Bühnenstücke an der Petrograder Theaterabteilung ..., in Verlagen, Zeitschriftenredaktionen.«

Aus ebendieser befrachteten, unruhigen Zeit stammt Samjatins bedeutendste literarische Arbeit: der Roman »Wir«. Vorangegangen waren ihm die Erzählungen »Der Norden« (1918), »Mamaj« (1920), »Die Höhle« (1920) u. a., im Anschluß entstanden »Rusj« (1922), »Die Geschichte vom Allerwichtigsten« (1923), »X« (1926) sowie zahlreiche weitere Prosatexte parabelhaften Charakters. Daß Samjatin gleichzeitig ein brillanter, weitsichtig-luzider Literaturkritiker war, geht aus den Essays der Jahre 1918 bis 1930 hervor, deren Kenntnis für die Interpretation seines eigentlichen belletristischen Œuvres unerläßlich ist: Essays wie »Morgen« (1919), »Ich befürchte« (1921), »Über die Literatur, die Revolution und die Entropie« müssen, neben mehreren informativen Studien über H. G. Wells, Leonid Andrejew, Andrej Belyj u. a., geradezu als künstlerisch-menschliches Vermächtnis des Schriftstellers gedeutet werden.

1924 vollzieht sich ein Umschwung zur Dramatik, nachdem Samjatin bereits 1922 mit einem Theaterstück (»Die Feuer des Heiligen Dominikus«) debütiert hatte: es entstehen kurz hintereinander »Der Floh« (1924, nach einer Erzählung von Lesskow), »Die Gesellschaft der ehrenamtlichen Glöckner« (1924, eine Theateradaptation der »Insulaner«) und die Tragödie »Attila« (1925-1927), vier weitere Dramen folgen zwischen 1927 und 1930. Die meisten Stücke Samjatins wurden von einheimischen Theatern gespielt.

Im Schicksalsjahr 1929, das dann den definitiven Bruch mit der Sowjetwirklichkeit brachte, das Ende auch jeder Publikationsmöglichkeit, blickt Samjatin (durch seine Autobiographie, die die Lebenswende symbolisch markiert) auf die aktiven nachrevolutionären Jahre zurück und weiß sich mehr denn je ebendieser Sowjetwirklichkeit zutiefst verpflichtet: »Wäre ich 1917 nicht aus England zurückgekehrt, hätte ich all diese Jahre nicht gemeinsam mit Rußland verlebt – ich glaube, ich wäre außerstande gewesen weiterzuschreiben.« Diese Annahme bestätigte sich, als Samjatin 1932 Rußland verließ. Bis zu seinem Tode im Jahre 1937 schrieb er kaum noch Nennenswertes. Er war in der Emigration verstummt.

Samjatins Modernismus beschränkt sich weder auf formale Experimente noch auf thematische Extravaganzen – Modernismus bedeutet ihm: eine synthetische Weltschau, die den mannigfaltigen Gegebenheiten eines technisch-revolutionären Zeitalters Rechnung trägt. Daß Samjatin dabei in seinen Denkansätzen noch weiter geht als selbst die russisch-europäische futuristische Avantgarde, erstaunt denjenigen nicht, der um Samjatins Erudition weiß: Einstein und dessen Relativitätstheorie waren ihm mehr als nur ein Begriff, aus Julius Robert von Mayers thermodynamischen Theorien leitete er seine Energie- und Entropietheorie ab (die auf Geschichte und Kunst anwendbar wäre), Kant, Schopenhauer, Nietzsche sowie die Hegelsche und Marxsche Dialektik waren ihm geläufig, seine literarischen Kenntnisse reichten weit über das Gebiet der russischen Literatur hinaus, umfaßten insbesondere das Werk von H. G. Wells, O'Henry und Anatole France.

Der Anspruch der Zeit – so Samjatin in seinen philosophisch-literaturtheoretischen Äußerungen – liegt in der dynamischen Vorwärtsbewegung, die stets das Morgen anvisiert und vor kühnen (phantastischen) Zukunftsentwürfen nicht zurückschreckt.

Vor allem die neue (Wort-)Kunstrichtung – von Samjatin als Neorealismus oder Synthetismus apostrophiert und mit

Beispielen aus der Literatur und Malerei (Kandinsky) belegt – hat sich den veränderten Ansprüchen anzupassen:

»Die alten langsamen Schilderungen im Postkutschentempo gibt es nicht mehr: nur noch die lakonische Ausdrucksweise, die dafür von ungeheurer Geladenheit und hoher Voltspannung eines jeden Wortes ist. In eine Sekunde muß man so viel raffen wie früher in die aus sechzig Sekunden bestehende Minute: die Syntax wird elliptisch, fliegend, die komplizierten Pyramiden von Satzperioden gliedern sich auf in selbständige Satzblöcke. In der Schnelligkeit der Bewegung nimmt das Auge das Kanonisierte, Gewohnte nicht mehr wahr: das ungewöhnliche, oft seltsame Symbol tritt auf, der ungewöhnliche Ausdruck. Die Gegenstände erscheinen stilisiert, gerafft, sie haben nur ein Grundmerkmal, das man vom Auto aus erkannt hat. In das von der Gewohnheit geheiligte Lexikon haben sich Provinzialismen, Neubildungen, die Wissenschaft, die Mathematik, die Technik gedrängt... Der *sozialistische* oder der *bürgerliche* Realismus sind unwirklich: der Realität bedeutend näher steht das, was auf schiefe, sich schnell bewegende Ebenen projiziert ist; diese Darstellungsweise wenden die neue Mathematik und die neue Kunst an. Der Realismus, nicht der primitive, nicht die Realia, sondern die Realiora liegen in der Verrückung, der Entstellung, in der Schiefe, dem Nichtobjektiven. Objektiv ist nur das Objektiv des Photoapparates.« (»Über die Literatur, die Revolution und die Entropie«).

Die Rolle des Künstlers ist dementsprechend umschrieben als eine Außenseiter- und Ketzerrolle: denn nur der Bruch mit Kanon und Tradition, nur das Abweichen von den ausgetretenen Pfaden der Kunst vermag Neues, Revolutionäres zu schaffen. Samjatin plädiert dabei (hierin dem russischen Formalisten Viktor Schklowskij verwandt) für eine neue, verfremdende Optik und – im künstlerisch-sprachlichen Bereich – für eine lebendige, in Wortschatz und Satzbau zeitgemäße Sprache. Über die praktischen Vorstellungen Samjatins orientieren auch seine eigenen literarischen Werke – wobei das theoretische Programm stringenter wirkt als seine poetische »Umsetzung«, zumindest was das Frühwerk (1908-1917) betrifft, das, unter dem beherrschenden Einfluß von Lesskow und Remisow entstanden, in erster Linie die Erzähltechnik des »skas« (Rahmenerzählung als fiktiver Augenzeugenbericht) sprachlich gekonnt variiert.

In seiner zweiten Schaffensperiode (1917-1921), die durch den großangelegten Prosatext »Die Insulaner« eingeleitet wird, findet Samjatin zu einem rhythmisch-symphonischen Ornamentalstil, dessen Wortspiele und groteske Metaphern »surrealistische« Effekte erzielen. Zu Recht weist die Forschung auf Andrej Belyjs Einfluß hin – »Petersburg« und »Kotik Letajew« waren Samjatin bestens bekannt. Im Roman »Wir«, der zeitlich in die sogenannte zweite Schaffensperiode fällt, verzichtet Samjatin weitgehend auf diese »Ornamentik« Belyjscher Prägung zugunsten einer konzisen, mathematisierten, dem Sujet angepaßten Ausdrucksweise.

Auffallend ist überhaupt, daß Samjatin über einen Stil-Pluralismus mehr denn über einen einheitlich-persönlichen Erzählstil verfügt. So ist das Prosawerk der Jahre 1922 bis 1927 in stilistischer Hinsicht vom Experiment gekennzeichnet (etwa in der »Erzählung vom Allerwichtigsten«), während Samjatin in seiner letzten Schaffensperiode an klassische, einfache Erzählmuster anknüpft. Diese Tendenz versteht sich als Suche nach einem novellistischen Stil, der den Ansprüchen der zeitgenössischen, parodistischen Novelle (wie sie Samjatin bei O'Henry glänzend realisiert sah) genügen konnte.

Zweifellos liegt Samjatins Modernismus, der als synthetische Leistung bezeichnet werden muß, mehr in der denkerischen als in der formal-künstlerischen Sphäre begründet. Den Beweis liefert unter anderem die Tatsache, daß der Roman »Wir« – das intellektuellste, durchdachteste, den theoretischen Postulaten Samjatins am meisten adäquate Werk des

Schriftstellers – als sein bestes und überzeugendstes gilt. Ein berechtigtes Urteil: denn in dieser Anti-Utopie betritt Samjatin tatsächlich *neue* Pfade und wird damit zu einem jener revolutionären Häretiker, die, nach seiner eigenen, wiederholten Aussage, die einzigen Garanten der Zukunft sind.

Samjatins Roman »Wir« ist kein Buch über oder gegen die damalige Sowjetunion (obwohl sich kurzfristig manche Vision als tragische Realität entpuppt hat), seine Themen sind: der industrielle, supranationale Totalitarismus, Macht und Gefahren einer technokratischen Kollektivierung sowie die Entfremdung des Individuums. Das Thema lag in der Luft: 1918 verarbeitete es Georg Kaiser in seinem Stück »Gas«, Karel Čapek in »R. U. R.« (1920) und im »Insektenstück« (1923), Aldous Huxley (»Brave New World«, 1932) und George Orwell (»Nineteen-Eighty-Four«, 1949) griffen es später auf. An Aktualität hat es bis heute nicht verloren.

Der Entwurf von negativen Utopien – und um solche handelt es sich in den genannten Fällen – ist freilich nicht denkbar ohne positive Utopien. Samjatin seinerseits hatte H. G. Wells vor Augen, dessen utopisch-phantastisches Œuvre er in mehreren Aufsätzen würdigte, dessen gesammelte Werke (in 12 Bänden) er russisch herausgab (1924-1926). Die Pionierleistung von Wells liegt, nach Samjatin, in der Kombination zweier Elemente: der sozialen Satire und der wissenschaftlichen Phantastik, wobei letztere häufig verselbständigt erscheint. In diesen, vorwiegend zwischen 1901 und 1914 entstandenen, Werken enthüllt sich Wells als beinahe vorbehaltloser Propagator technischer Errungenschaften, ob sich diese auf die Hygiene, Automatisierung oder Aviatik beziehen. (Immerhin hatte Wells die militärische Funktion der Kampfflugzeuge vorausgesagt und mehreren seiner Werke pessimistisch gestimmte Epiloge angefügt.)

Samjatin huldigt weder einem Kult der Technik noch des rationalen Szientismus, er thematisiert vielmehr die extremen Folgen einer einseitig-technologischen Entwicklung, wie sie als Entfremdung, als Gleichschaltung des Individuums in Erscheinung treten. Wenn auch keineswegs von einem parodistischen Verhältnis die Rede sein kann, so präsentiert sich Samjatins Wells-Verständnis (im Roman »Wir«) nichtsdestoweniger als ein kritisches.

Unverkennbar parodistische Züge trägt dagegen Samjatins Verhältnis zu den proletarischen Dichtern des Proletkults und dessen Wortführer A. A. Bogdanow (1873-1928). Alexander Bogdanow war es, der 1908 mit seinem Roman »Roter Stern« eines der wenigen vorrevolutionären utopischen Werke schuf. (Nach der Revolution, in den zwanziger Jahren, entstanden, neben Samjatins »Wir«, A. K. Tolstojs Marsroman »Aelita«, »Das Hyperboloid des Ingenieurs Garin« sowie eine Adaptation von Čapeks utopischem Drama »R. U. R.« unter dem Titel »Der Aufstand der Maschinen«; die wissenschaftliche Phantastik entwickelte sich später zu einem ausgedehnten Zweig der Sowjetliteratur.) Indem Samjatin Bogdanows Haupthelden Leonid zum Prototyp seines eigenen Haupthelden D-503 macht, konstruiert er eine vermeintliche Beziehung, die sich jedoch als täuschend erweist. D-503 fügt sich, trotz seiner Ambivalenz, den Gesetzen des totalitären Staates, während Leonid, ein idealistischer Sozialist, als menschlicher Versager endet; den Bezugsrahmen liefert im einen Falle die negative Utopie, im anderen Falle eine »unvollständige« Utopie, die an proletarischen Idealen festhält. Letztere wurden von Proletkult-Dichtern umschrieben als Verherrlichung des gleichgeschalteten Kollektivs, als Apotheose von Technik und Industrie. Hatten die russischen Symbolisten noch strenggenommen poetische Themen bearbeitet und suchten die Futuristen nach einer dynamischen, zeitgemäßen Ausdrucksweise, so thematisierte die Proletkult-Dichtung in lapidarer Ausschließlichkeit die Requisiten der neuen »proletarischen Kultur«: Fabriken, Räder, Kuben, Türme, Schienen und Metalle, Hammer und Sichel werden in Gedichtinhalte umgesetzt. Die Arbeit (eines der Stichworte proletarischer Poesie) erfährt dabei eine pathetische Sinngebung durch die Tatsache, daß sie perfekt funktionierende (Arbeits-)Kollektive erzeugt. Der auch in theoretischen Manifesten proklamierte »automatische«, restlos integrierte Kollektivmensch erscheint als *wünschenswertes* Produkt des neuen maschinellen Zeitalters:

»Dieser Kollektivismus wäre als *mechanisierter* Kollektivismus zu bezeichnen. Die Merkmale des mechanisierten Kollektivismus sind der Einzelpersönlichkeit so abhold, sind so anonym, daß die Bewegung solcher komplexen Kollektive sich der Bewegung der Dinge angleicht, als gäbe es kein individuelles, menschliches Gesicht mehr, sondern nur noch gleichmäßige, normierte Schritte, Gesichter ohne Ausdruck, Herzen ohne lyrische Inspiration, Emotionen, gemessen nicht mit Schreien oder Gelächter, sondern mit Manometern und Taxometern«. (A. Gastew, »Von den Tendenzen der proletarischen Kultur«, 1919)

Die euphorische Vision des »sozialen Automaten« verdichtet sich sprachlich im Pronomen »wir«, das »ich« scheint siegreich verdrängt. (Bei den proletarischen Dichtern Wassilij Alexandrowskij und Wladimir Kirillow figuriert »Wir« wiederholt als Gedichtüberschrift.) Daß Samjatin mit seinem Romantitel auf diese proletarische Parole zurückgreift, gilt inzwischen als erwiesen. Samjatins Protagonist und Berichterstatter D-503 hält es denn auch für unerläßlich, gleich zu Beginn seiner Aufzeichnungen die Wir-Optik einzuführen:

»Ich kann nur das wiedergeben, was ich sehe, was ich denke, genauer gesagt, was WIR denken. WIR – das ist das richtige Wort, und deshalb sollen meine Aufzeichnungen den Titel WIR tragen.«

Im folgenden läßt Samjatin, in deutlicher *parodistischer* Anspielung auf die Proletkult-Dichter, uniformierte, gleichgeschaltete Massen – die numerierten Bewohner des Einheitsstaates – auftreten, deren millionenfaches Leben in symphonischem Gleichklang verläuft:

»In den mustergültig ausgerichteten Viererreihen marschierten die Nummern im Takt zu den feierlichen Klängen – Hunderte, Tausende, alle in blaugrauen Uniformen, mit goldenen Abzeichen an der Brust – die uns vom Staat gegebene Nummer, die wir tragen. Und ich – wir vier in dieser Reihe, wir sind nur eine der unzähligen Wellen des gewaltigen Stromes.«

»Jeden Morgen stehen wir, Millionen, wie ein Mann zu ein und derselben Stunde, zu ein und derselben Minute auf. Zu ein und derselben Stunde beginnen wir, ein Millionenheer, unsere Arbeit, zur gleichen Stunde beenden wir sie. Und zu einem einzigen millionenhändigen Körper verschmolzen, führen wir in der gleichen, durch die Gesetzestafel bestimmten Sekunde die Löffel zum Mund, zur gleichen Sekunde gehen wir spazieren, versammeln uns zu den Taylor-Exerzitien in den Auditorien, legen uns schlafen ...«

Wie die Proletkult-Dichter (und wie zuvor schon Dostojewskijs »Untergrundmensch«, der vom Kristallpalast als von einem vollkommenen Symbol rationalistischen Menschseins träumt) entwirft auch Samjatin eine gläsern-metallene Dingwelt, die sich mit dem neuen, entpersönlichten Menschen zu einer luziden Einheit verbindet:

»Nach Taylors Gesetz, rhythmisch und schnell, im gleichen Takt, genauso wie die Hebel einer riesigen Maschine, bückten die Menschen sich, richteten sich auf, drehten sich. In ihren Händen blitzten dünne Stäbe: mit Feuer schnitten und löteten sie Platten, Winkelmaße, Spanten und Winkelknie. Gläserne Riesenkrane rollten langsam über gläserne Schienen, drehten und neigten sich ebenso gehorsam wie die Menschen und senkten ihre Last in den Leib des *Integral.* Und diese vermenschlichten Krane und diese vollkommenen Menschen waren eins. Welch eine ergreifende, vollkommene Schönheit, Harmonie, Musik ...«

Daß diesem »Wir«, als einer kosmischen Einheit, auch eine metaphysische Dimension innewohnt, deutet Samjatin (und hier weiß man sich an Dostojewskijs Legende vom Großinquisitor erinnert) in (pseudo-)christlichen Kategorien an:

»Wir marschierten weiter, ein Körper mit Millionen Köpfen, und in jedem von uns war jene stille, demütige Freude, in der wahrscheinlich Atome, Moleküle und Phagozyten leben. In der alten Welt wußten die Christen als einzige unserer wenn auch sehr unvollkommenen Vorgänger, daß Demut eine Tugend, Stolz hingegen ein Laster ist, daß *Wir* von Gott stammt und *Ich* vom Teufel.«

Eine Maxime, die sich Dostojewskijs Großinquisitor, unter Vortäuschung christlicher und humanitärer Motive, zur Ausübung einer erbarmungslosen *Diktatur* zu eigen machte. Auch bei Samjatin funktioniert der Einheitsstaat nicht ohne die allmächtige Omnipräsenz des »Wohltäters«, der (die Geschichte unter Stalin, Hitler und Mussolini hat es bestätigt) sich als Diktator entpuppt. Von Diktatur zwar ist im Wortlaut keine Rede, im *understatement* aber versteht sich der Sachverhalt von selbst: wie Dostojewskijs Großinquisitor verkündet Samjatins »Wohltäter« das Gesetz der »vollkommenen ästhetischen Unterwerfung«, der »idealen Unfreiheit«, denn – so argumentiert der Herrscher zugunsten seiner Untertanen:

»... die Freiheit und das Verbrechen sind so eng miteinander verknüpft wie die Bewegung eines Flugzeugs mit seiner Geschwindigkeit ... Ist die Freiheit des Menschen gleich null, begeht er keine Verbrechen. Das ist völlig klar. Das einzige Mittel, den Menschen vor dem Verbrechen zu bewahren, ist, ihn vor der Freiheit zu bewahren.«

Unverhohlen wird die »Wahrheit als Funktion der Macht« (ja, selbst der Grausamkeit) definiert, wobei diese Macht keinerlei Grenzen kennt: Gehirnoperationen (zur Ausmerzung der schädlichen Phantasie) werden ebenso souverän verfügt wie Einheitswahlen oder »Geschlechtsstunden«, der Lebenslauf der Bewohner von Samjatins totalitärem Machtstaat ist bis in Einzelheiten reglementiert und überwacht. Der

Zwang zum Glück schließt die Wahl des Unglücks völlig aus, ein Blick hinter die »Grüne Mauer« kommt einem Verbrechen gleich. Die Beugung des Menschen unter das »wohltätige Joch der Vernunft« erscheint denn auch nur unter den Bedingungen der totalen Isolation und Abschirmung möglich. Das Unglück bricht aber augenblicklich über den sich glücklich wähnenden Staat herein, als feindliche Kräfte einsickern. Dem zerstörerischen Chaos, das in kürzester Zeit das Staatswesen zu ruinieren droht, helfen schließlich nur noch radikale Maßnahmen ab: mit der operativen Entfernung der im Hirnstamm lokalisierten Phantasie schwinden auch die letzten Widerstände der Aufmüpfigen. Die feindliche Organisation der »Mephi« aber wird kurzerhand liquidiert.

Der Berichterstatter D-503, Chefmathematiker des Einzigen Staates und Konstrukteur der gigantischen interplanetarischen Flugmaschine »Integral«, durchschreitet selbst die Phasen des Ungehorsams und der Auflehnung, bis die Operation ihn erneut (und diesmal definitiv) gefügig macht. Was sich in D-503 durch die Liebe zur abtrünnigen I-330 herausbildet, ist die Individualität (die »Seele«), die am meisten gefürchtete und verabscheute Eigenschaft unter dem Himmel des Einheitsstaates. Erste Anzeichen der erwachenden Individualität: D-503 stellt sich die Frage nach dem eigenen Ich (»wer bin ich?«). Der Grad der persönlichen Bewußtheit wird da erreicht, wo der von Emotionen und Phantasie Infizierte eine Genesung schlechterdings ablehnt. Zwar versucht D-503, seinen ursprünglichen Denkschemata noch verhaftet, die emotionalen Unbekannten rational zu begründen, kommt aber über Hypothesen und Analogien nicht hinaus:

»Meine Mathematik, die bis jetzt die einzige feste, unerschütterliche Insel in meinem sonderbaren Dasein gewesen war, riß sich los und tanzte auf den Wogen. Bedeutete das nicht, daß diese lächerliche *Seele* ebenso wirklich war wie meine Stiefel, obgleich ich sie im Augenblick nicht sehen konnte, weil sie hinter der Spiegeltür des Schranks standen? Und wenn meine Stiefel keine Krankheit waren – warum war dann die *Seele* eine Krankheit?«

Die letzten Zweifel über seine Individualität schwinden da, wo D-503 von den »Mephi«-Urmenschen (den Gegnern des Einheitsstaates) um Hilfe gerufen und als einer der ihren behandelt wird:

»Ich war über alle anderen erhoben, ich war ein Einzelwesen, eine Welt, ich hatte aufgehört, eine Nummer zu sein...«

Damit ist der Höhepunkt der Ich-Findung erreicht; noch einmal taucht, nach der hereingebrochenen Katastrophe, in D-503 der Wunsch auf, nichts als ein Mensch zu sein, das Kind einer Mutter, »ein Teil von ihr selbst«, dann aber fügt sich auch D-503 den geltenden Gesetzen.

Wirkt D-503, mit seinem gewollten und dennoch mißglückten Ausbruchsversuch, ambivalent, so verkörpert I-330 die überzeugte und konsequente Negation des Einheitsstaates und seiner Prinzipien. Als aktive Mithelferin an der »Befreiung der Nummern vom wohltätigen Joch des Staates« kämpft sie mit ideologischen Waffen. Samjatins Anti-Utopie-Konzept steht und fällt mit der Gestalt, mit den Aussagen von I-330. I-330 ist es, die (wie Samjatin selbst) für die Energie – als Widerpart der trägen Entropie – plädiert, sie ist es auch, die das Gesetz der unendlichen Revolutionen proklamiert:

»Und was für eine letzte Revolution willst du? Es gibt keine letzte Revolution, die Anzahl der Revolutionen ist unendlich. Die letzte – das ist etwas für kleine Kinder.«

So, fast wörtlich, steht es (gegen die allmächtige Oktoberrevolution gemünzt) in Samjatins Essay »Über die Literatur, die Revolution und die Entropie«.

»Die Revolution ist überall, in allem; sie ist unendlich, es gibt keine letzte Revolution, keine letzte Zahl. Die Revolution der Gesellschaft ist nur eine aus ihrer unendlichen Zahlenreihe: das Gesetz der Revolution ist kein gesellschaftliches, es ist unendlich mehr, es ist ein kosmisches universales Gesetz.«

Ob es Samjatin dank seinem betont »häretischen«, unschematischen Denken gelungen ist, eine Parabel von prophetischen Ausmaßen zu schaffen (prophetischer, als es die Utopien von Huxley und Orwell sind), bleibe dahingestellt. Tatsache ist, daß seine Kritik weit über das hinauszielt, was die damalige sowjetische Wirklichkeit an Kritikablem bieten konnte. Seine Attacke richtet sich gegen die extremen Konsequenzen eines (industriellen und technokratischen) Totalitarismus, wie er ihn im Ansatz in den Visionen der Proletkult-Dichter gespiegelt, in gewissen Praktiken der Sowjetregierung realisiert sah.

Die positiven Anliegen dieser negativen Utopie aber lassen sich auf eine erstaunlich einfache Formel bringen: es gilt, zum Menschen und zum Menschlichen zu finden. Zurückzufinden? Samjatin hofft auf etwas, das noch kommen soll:

»Gestern gab es einen Zaren und gab es Sklaven; heute gibt es keine Zaren mehr, aber die Sklaven sind geblieben; morgen wird es nur noch Zaren geben. Wir kämpfen für den freien Menschen von morgen, der ein Zar sein soll. Wir haben die Epoche der Unterdrückung der Massen erlebt; wir erleben heute die Unterdrückung des Einzelnen im Namen der Massen; das Morgen wird die Befreiung des Einzelnen im Namen des Menschen bringen. Der imperialistische Krieg und der Bürgerkrieg haben den Menschen zu Kriegsmaterial gemacht, zu einer Nummer, zu einer Ziffer. Der Mensch wurde vergessen – um des Sabbats willen; wir wollen an das Umgekehrte erinnern: an den Sabbat um des Menschen willen.« (»Morgen«, 1919)

# »Ich bin einer wie ihr alle, nur besser«
# Der Fall Daniil Charms

Der russische Großmeister des absurden Humors und der Groteskdramatik hieß ursprünglich Daniil Iwanowitsch Juwatschow, wurde am 17. Dezember 1905 in Petersburg geboren, schrieb schon früh Scherzgedichte unter diversen Pseudonymen, veröffentlichte 1925 seine ersten Texte unter dem Künstlernamen Daniil Charms (in dem man das englische »charm«, Zauber, vermuten darf) und gründete wenig später die Gruppe »Linke Flanke«, die 1927 in »Oberiu« (Ob'edinenie real'nogo iskusstva) – Vereinigung einer realen Kunst – umbenannt wurde. Die Auftritte der Gruppe, der auch Alexander Wwedenskij, Nikolaj Sabolozkij und Konstantin Waginow angehörten, glichen poetischen Aktionen von absurder, dadaistischer Komik.

Gemäß dem Grundsatz, daß die »reale« Kunst weder eine realistische (im Sinne der einengenden »Forderung nach einer allgemeinverständlichen Kunst«) noch eine futuristische (im Sinne der transmentalen Lautexperimente) zu sein habe, vielmehr »Gegenständlichkeit« erzeugen müsse durch die Konfrontation und Kombination der »Wortsinne«, schufen die Oberiuten die Losung »Die Kunst ist ein Schrank« und realisierten die Metapher, indem sie Charms auf einem riesigen Schrank thronend und in absonderlicher Aufmachung – karierter Gehrock, runde Mütze, ein grünes Hündchen auf die Wange gemalt – Gedichte vortragen ließen. Diese durch eine Filmcollage sowie Charms' dramatisches Poem »Jelisaweta Bam« ergänzte Veranstaltung im Haus der Presse 1928 bildete einen Höhepunkt des »Oberiu« und läutete – von der Kritik als Blödsinn diffamiert – zugleich auch schon das Ende der großen öffentlichen Aktivitäten der Gruppe ein: sie fristete noch zwei magere Jahre mit kleinen Auftritten, bis sie

1930 als letzte avantgardistische literarische Gruppe aus dem Weg geräumt und die Alleinherrschaft des Sozialistischen Realismus etabliert wurde.

Charms schrieb fortan für die Schublade; seinen Lebensunterhalt verdiente er sich mit Kinderbüchern. 1931 wurde er zusammen mit anderen ehemaligen Oberiuten der »Gründung einer antisowjetischen monarchistischen Organisation im Bereich der Kinderliteratur« beschuldigt und für einige Zeit nach Kursk verbannt. Nach seiner Rückkehr nach Leningrad organisierte Charms kleine Künstlerhappenings in seiner Wohnung – willkommene Gelegenheiten der Selbstinszenierung, die er durch seine extravagante »ausländische« Kleidung und seine anachronistisch wirkenden Umgangsformen betrieb. Bei Kriegsausbruch allerdings herrschte nur noch bitterböser Ernst: Charms, der kaum noch Einkünfte hatte, tauschte seine Kleider gegen Eßwaren ein. 1941 wurde er verhaftet. Er starb am 2. Februar 1942 im Gefängnis, wahrscheinlich an Hunger.

Wer Charms liest, begreift rasch, warum dieser in der Sowjetunion als gefürchtete Unperson galt: Keiner fing so pointiert konkrete Momente seiner »Epoche« ein und führte sie – spielerisch, böse, in grotesker Verzerrung – ad absurdum.

So tritt denn schließlich alles ein
und es ergibt sich Folgerichtigkeit.
Wie merkwürdig wäre, träten zwei Ereignisse
Auf einmal gleichzeitig ein.
*Rätselfrage*: Und wenn statt zweier Ereignisse acht
Seifenblasen einträten?
*Antwort*: Dann würden wir uns natürlich hinlegen.
Diese Antwort war klar und kurz,
Ein Mensch wurde in Papier eingewickelt,
Es gibt kein Papier. Der Winter ist da.

(13. Januar 1930)

*(Übersetzung: Peter Urban)*

Das Gedicht trägt noch oberiutische Züge, markiert aber bereits den harten, existenzkritischen Ton des Spätwerks, das im Zyklus »Fälle« kulminiert. »Es gibt kein Papier. Der Winter ist da.« Auch zu essen gibt es nicht viel:

»Ein Mensch, der sich nicht länger von Erbsen ernähren wollte, begab sich in ein großes Feinkostgeschäft, um sich etwas anderes auszusuchen... In der Wurstabteilung gab es viel Interessantes, das Interessanteste war selbstverständlich der Schinken. Aber der Schinken kostete 18 Rubel, und das war zu teuer. Vom Preis erschwinglich war eine Wurst von roter Farbe mit dunkelgrauen Punkten. Aber diese Wurst roch aus irgendeinem Grunde nach Käse, und sogar der Verkäufer sagte, er rate vom Kauf ab. In der Fischabteilung gab es nichts, denn die Fischabteilung war provisorisch dorthin umgezogen, wo früher die Spirituosenabteilung gewesen war, und die Spirituosenabteilung war umgezogen in die Konditoreiabteilung, die Konditoreiabteilung in die Molkereiwarenabteilung, und in der Molkereiwarenabteilung stand ein Verkäufer mit einer so riesigen Nase, daß die Käufer sich unter dem Mauerbogen drängten und Angst hatten, an den Ladentisch vorzutreten. So wanderte unser Mensch, von dem die Rede ist, durch das Feinkostgeschäft und ging auf die Straße...« Zu Hause angekommen, besann er sich eines bessern: »Er hatte sein kleines gesichtsloses Leben satt und begab sich zur Eremitage.«

Charms ist ein lakonischer Chronist alltäglicher Schrekken (der stalinistischen dreißiger Jahre), die oft hinterhältig und jäh ihre Klauen zeigen. Eines Tages geht ein Mensch im Morgengrauen in den dunklen Wald, »und seit der Zeit er für verschwunden galt« (»Kleines Lied«). Oder wieder zum Thema Hunger (»Schrecklicher Tod«, 1935):

Einmal saß ein Mann, der Hunger verspürte,
  am Tisch und aß Bouletten,
und neben ihm stand seine Frau und sprach davon,
  in den Bouletten sei zu wenig Schweinefleisch.

Er aber aß und aß und aß und aß und aß, so lange
bis er irgendwo im Magen eine tödliche Schwere verspürte.
Er schob die tückische Speise beiseite, dann fing er an zu
zittern und zu weinen;
die goldne Uhr in seiner Tasche hörte auf zu ticken;
seine Haare wurden plötzlich licht, der Blick klar;
seine Ohren fielen ab, wie im Herbst das gelbe Laub
von der Pappel fällt;
und bald darauf war er tot.

(*Übersetzung: Peter Urban*)

Die Konzentration auf das »Wesentliche«, die Verdichtung und Verkürzung der Vorgänge, die oft mechanisch repetiert werden, hat eine verfremdende, phantastische Wirkung wie in folgender Kürzestgeschichte aus dem Zyklus »Fälle«:

»Eine alte Frau lehnte sich aus übergroßer Neugierde zu weit aus dem Fenster, fiel und zerschellte. Aus dem Fenster lehnte sich eine zweite alte Frau und begann auf die Tote hinabzuschauen, aber aus übergroßer Neugierde fiel auch sie aus dem Fenster, fiel und zerschellte. Dann fiel die dritte alte Frau aus dem Fenster, dann die vierte, dann die fünfte. Als die sechste alte Frau hinausgefallen war, hatte ich es satt, ihnen zuzuschauen, und ging auf den Malzewskij-Markt, wo man angeblich einem Blinden einen gestrickten Schal geschenkt hatte.« (»Die neugierigen alten Frauen«)

Charms arbeitet in seiner Prosa mit dem Prinzip der Wiederholung und der Umkehrung, unter völligem Verzicht auf Handlungsmotivation und Psychologie. Die Demonstration des Absurden als einer Folge von zwanghafter Repetition und Zufall »ist zeitlich-räumlich kaum fixiert und erlangt so modellhaft-parabolischen Charakter« (Peter Urban).

Im selben Maße, wie Charms' pointenlose Geschichten *anti-stories* sind (auch dadurch, daß sie den Akt des Erzählens bloß simulieren), sind seine Szenen und Dialoge parodistische Mini-Opern und Mini-Vaudevilles. Herkömmliche Gattungsformen werden gesprengt; der Dialog erobert das

Gedicht, während Nonsensverse und Songs in das Drama (»Jelisaweta Bam«) eingehen. Ein fröhlicher Genresynkretismus herrscht vor allem im oberiutischen Frühwerk, etwa in der »Komödie der Stadt Petersburg«, einem »dramatischen Fragment mit Musik in drei Akten und einem Zwischenspiel« (1926), wo Stilbrüche und Rhythmuswechsel die gattungsmäßige Mischform noch unterstreichen.

Zum fingierten Fragmentarismus solcher Werke gehört, daß einzelne Abschnitte, Aussagen oder Dialogteile mangels logischer Verknüpfungen unverbunden nebeneinanderstehen. Die Dialoge selbst stellen einen Scheinaustausch von Gedanken dar. Die »rein absurde Rede und Gegenrede« illustriert die »Unmöglichkeit von Kommunikation und die völlige Austauschbarkeit der Aussagen« (Ljubomir Stoimenoff) wie im folgenden kurzen »Dialog«:

»1. – Guten Tag! Sagen Sie mir nichts
über den Regen.

2. – Schön. Also sprechen wir über die Vögel

1. – Über die Vögel, das geht. Aber, was soll man über sie sagen?

2. – Zum Beispiel: erstens, warum fliegen die Vögel?«

Ein »zweitens« bleibt aus. Charms enttäuscht fast jede Erwartung, die sich auf sogenannte Logik gründet; mit seinem berühmten Schlußsatz »Das ist eigentlich alles« zerstört er eben jene Illusion, die er aus unsinnigen Anlässen, aus trivialen oder brutalen Alltagssituationen hervorgezaubert hat. Doch gerade diese »Leere« hat Schockwirkung. In der paradoxen Mischung von Übertreibung und Untertreibung, von Zufall und »höherer« Logik enthüllt sich eine Welt der Sinnlosigkeit. Wir sind, so insinuiert Charms, Marionetten in einem absurden Endspiel. Beckett läßt grüßen.

# III

# »Himmlische Kamelfohlen« Die russische Dichterin und Malerin Jelena Guro

In Literaturgeschichten wird sie kaum erwähnt, in Werken über die russische künstlerische Avantgarde jedoch häufig als Wegbereiterin und vielversprechende Doppelbegabung gewürdigt: Jelena Genrichowna Guro, geboren 1877 in St. Petersburg, gestorben 1913 in Uusikirkko (Finnland).

Jelena Guro entstammte einer alten Adelsfamilie und begann schon mit acht Jahren intensiv zu zeichnen und zu schreiben. Inspirationsquelle war ihr – als Kind wie auch später – die Natur. Nach Abschluß einer Petersburger Malschule studierte sie von 1903 bis 1905 beim Impressionisten Jan Zionglinskij, anschließend – in der Kunstschule von Jelisaweta Swanzewa – bei den Jugendstilmalern Leon Bakst und Mstislaw Dobuschinskij. Bei Zionglinskij lernte sie ihren späteren Mann, Michail Matjuschin (1861-1934), kennen, der sich in der Folge als Maler, Komponist und Kunstpädagoge einen Namen machte.

1904 illustriert Jelena Guro George Sands »Erzählungen einer Großmutter«, 1905 debütiert sie mit der Kurzgeschichte »Vorfrühling«, einer impressionistisch-frischen Skizze über ein Kindheitserlebnis. Ihre erste Buchveröffentlichung, »Der Leierkasten«, vereinigt Prosatexte, Gedichte und Stücke, die von einem starken Antiurbanismus geprägt sind. Trotz der sorgfältigen Ausstattung – mit fünf Illustrationen der Autorin – bleibt der Band ein Ladenhüter. Jelena Guro verschenkt fast die ganze Auflage an Sanatoriumsbibliotheken.

Nach der Teilnahme an Nikolaj Kulbins Impressionisten-Ausstellung (1909) schließt sich Guro 1910 einem Kreis futuristischer Dichter und Maler an. Mit Welimir Chlebnikow, Wassilij Kamenskij und den Brüdern David und Nikolaj Burljuk beteiligt sie sich am Almanach »Richterteich (I)«, der den russischen Kubo-Futurismus entscheidend vorbereitet; mit Michail Matjuschin und anderen gründet sie den »Verband der Jugend«, der bald eine rege Ausstellungs- und Herausgebertätigkeit entfaltet. Jelena Guro erlebt eine schöpferische Umbruchphase: in ihrer Malerei (Tuschzeichnungen, Aquarelle, Gouachen) befreit sie sich von impressionistischen Elementen zugunsten einer großzügigen, ausdrucksstarken und zugleich einfachen Handschrift, die indes nur vage an fauvistische Experimente oder an Michail Larionows Neoprimitivismus erinnert; in ihrer Prosa – sie arbeitet am Sammelband »Himmlische Kamelfohlen«, am Stück »Herbstlicher Traum« und an der Märchenprosa »Der arme Ritter« – entwickelt sie einen reizvollen literarischen »Infantilismus«, der kindliche Wahrnehmung mit sprachlicher Innovation verbindet.

Der »Herbstliche Traum« erscheint 1912 und ist sofort vergriffen – ein Buch für jene, die »in ihm das Hochwasser des Lebens erblicken und die Zeichen der Liebe lesen« (W. Chlebnikow). Im Februar 1913 aber macht der Almanach »Richterteich (II)« Furore, der nicht nur Texte und Illustrationen der Guro enthält, sondern ein von ihr mitunterzeichnetes futuristisches Manifest, das die Entfunktionalisierung der Sprache im Dienste einer neuen Kunst und eines »neuen Lebens« postuliert.

Treffpunkt der Futuristen und Drehscheibe ihrer kühnen Aktivitäten ist in dieser Zeit das Holzhaus des Ehepaares Guro-Matjuschin an der Petersburger Pessotschnaja-Straße (später Matjuschins Datscha im kleinen finnisch-karelischen Ort Uusikirkko). Hier gehen Wladimir Majakowskij, das *enfant terrible* Alexej Krutschonych und Welimir Chlebnikow ebenso ein und aus wie Kasimir Malewitsch, die Gebrüder Burljuk und Benedikt Liwschitz, der das futuristische

Ambiente in seinem Erinnerungsbuch »Der anderthalbäugige Schütze« lebhaft wiedergegeben hat. Die Diskussionen und Vorhaben des Zirkels bezwecken nichts weniger als die bisherige Kunst gesamthaft aus den Angeln zu heben.

Doch während Malewitsch, Matjuschin und Krutschonych die erste futuristische Oper – »Sieg über die Sonne« – planen (sie sollte noch im selben Jahr zur Uraufführung kommen) und während mit vereinten futuristischen Kräften die Herausgabe des Almanachs »Die Drei« vorbereitet wird, schwebt über Jelena Guro bereits der Schatten des Todes. Noch arbeitet sie aktiv am Almanach mit, doch die Leukämie, an der sie seit längerem leidet, setzt ihr immer engere Grenzen. Von Liwschitz stammt die Bemerkung, Jelena Guro habe in dieser Zeit »eine abgeklärte Ruhe ausgestrahlt wie jemand, der mit dem Leben quitt« sei, zugleich aber habe es sie eine »übermenschliche Anstrengung« gekostet, »dem Realität zu verleihen, was für immer aus ihrem Leben gewichen war«. Guro notiert, skizziert, unterstützt die futuristischen Bestrebungen – und stirbt mitten in einer Aufbruchsstimmung, am 6. Mai 1913, in Karelien, dessen herbe Landschaft ihr besonders am Herzen lag.

Der Almanach »Die Drei« – mit einer Umschlagzeichnung und Lithographien von Malewitsch – wird zum Gedenkband für die Frühverstorbene. Darin wird sie als eine »ungewöhnliche, für die moderne Zeit mit ihren Bedingungen fast unverständliche Erscheinung« gewürdigt. »Vielleicht ist Guro als Ganzes – per se – ein Zeichen.« Auch Chlebnikow betont in seinem Kondolenzbrief an Matjuschin (Astrachan, 18. Juni 1913) das Schwellenhafte von Guros Erscheinung, ihr Mitleid mit der gesamten Kreatur, ihre Vermittlerrolle zwischen Leben und Tod: »Jel[ena] Genr[ichowna] hat ein wie Kreide weißes Gesicht, fast wie Holzkohle schwarze Augen, sorgfältig gekämmte goldene Haare. Jetzt erwartet sie Begegnungen dort, wo auch wir einmal sein werden.« Chlebnikows mystisch-visionäre Sensibilität war besonders geeignet, die genuine Naturverbundenheit und Kindlichkeit der Guro sowie die gütige Aura ihres Werks zu erfassen, aber selbst ein so extrovertiert-exzentrischer Dichter wie Alexej Krutschonych ermaß ihre intensive persönliche und künstlerische Ausstrahlung.

Posthum erschienen von Jelena Guro Texte im Almanach »Die Drei«, im »Brüllenden Parnaß« und in einigen Zeitschriften, 1914 konnte der Band »Himmlische Kamelfohlen« – eine Sammlung kurzer Prosastücke und Gedichte – erscheinen. Guros wahrscheinlich bedeutendstes, doch unvollendetes Werk, »Der arme Ritter«, für dessen Herausgabe sich Maxim Gorkij erfolglos einsetzte, blieb ebenso wie ihr Nachlaß (Tagebücher, Prosafragmente) jahrzehntelang unpubliziert.

Jelena Guros literarische Qualitäten sind nicht leicht zu umreißen. Sie läßt sich stilistisch kaum einordnen, scheint dem Symbolismus wie dem Futurismus verpflichtet und dabei doch völlig eigenständig, eine Bahnbrecherin, die mehr antizipiert als realisiert, mehr Ansätze geliefert denn ausgereifte Resultate vorgelegt hat. Mit ihrem schwebend-leichten Ton streift sie Kindliches und Märchenhaftes, romantische Sehnsüchte und die Zeichen der Zeit. Alexander Blok hat ihr ebenso Tribut gezollt wie die Tribune der futuristischen Revolution.

Thematisch kreist Jelena Guros schmales Œuvre um die nordische Landschaft Kareliens – mit den Konstanten Meeresstrand, Föhren, Wind –, um Kindheitserlebnisse, Naturbeobachtungen, Märchenmotive, um die düster-beengende Stadtwelt, um Krankheit, Liebe und einen christlich-theosophischen Panpsychismus. Dieses Themenrepertoire wird reflexiv wie kindlich-verspielt ausgelotet, in fragmentarischen Prosastücken wie in Gedichten, unter bewußter Verwischung der Gattungsgrenzen. Guros Prosa wurde verschiedentlich mit Peter Altenbergs impressionistischen Skizzen »Wie ich es sehe«, »Märchen des Lebens« verglichen, die 1908 in russischer Übersetzung erschienen waren; sie weist aber auch Ähnlichkeiten mit Alexej Remisows folkloristisch-poetischen Prosaminiaturen (»Der Sonne nach«) auf.

Der Hang zu naiver Unmittelbarkeit und zu einer (pseudo-)kindlichen Ausdrucksweise charakterisiert vor allem Jelena Guros Gedichte. Hier findet man explizite Kinderverse mit witzigen Diminutivreimen neben klangvollen Lautgedichten. Ihr berühmtestes, »Finnland«, spielt mit melodiösen Lautkombinationen der finnischen Sprache, scheut aber auch nicht vor expressiven (russischen) Neologismen zurück.

*Finnland*

Ists? Ists nicht?
Die Nadligen räuscheln, – räuscheln
Anna – Maria – Lisa – sie?
Ists? – Ists der See?

Lulla, lolla, lalla-lu
Lisa, lolla, lulla-li.
Die Nadeligen räuscheln, räuscheln,
ti-i-i, ti-i-u-u.

Ists der Wald, – ists der See?
Ists?
He! Anna, Maria, Lisa.
Hej-tara!
Tere-dere-dere ... Hu!
Hole-kule-neee.

Ists der See? – Ists der Wald?
Tio-i
wi-i ... u.

Allerdings setzt Jelena Guro ihre sprachschöpferischen Versuche funktional, d.h. zur Erzeugung eines spezifischen Stimmungskolorits ein. An einer abstrakten »transrationalen Dichtung« (russisch *zaúm*), wie sie Alexej Krutschonych praktizierte, war ihr nicht gelegen, eher schon an einer lautlichen Verspieltheit im Sinne der Dadaisten, vor allem Hugo Balls. So notierte Guro 1912 in ihrem Tagebuch: »Worte verwenden, die gleichsam keinen Sinn ergeben, aber bestimmte Bilder hervorrufen, von denen indes nicht gesprochen wird. Wortklänge verwenden, die jeden Sinn verweigern, aber durch ihren schwungvollen Rhythmus eine Steigerung des Gefühls ausdrücken.«

Rhythmus, Gefühl sind zentrale Anliegen der Guro. Selbst wo sie Verschiebungen, Verfremdungen, Dissonanzen erzeugt, geht es ihr nicht um den (futuristischen) Grundsatz des Schockierens, nicht um grelle Effekte, sondern um Authentizität. Ihre subtilen Neologismen und feinen Stilisierungen (Kindersprache) haben keinen Selbstzweckcharakter, es fehlt ihnen das exaltierte Pathos avantgardistischer Widerborstigkeit.

Statt Pathos besitzt Jelena Guro Humor, Witz und eine erfrischende Natürlichkeit. Fremd ist ihr alles Programmatische und Deklarative, alles Technische und Urbane. So rät sie in einem posthum veröffentlichten Prosagedicht, »Geheimnis«, fast verschwörerisch zum Barfußgehen. Daß der Text als »Gebot« deklariert wird, zeigt den spielerisch-parodistischen Bezug zu den futuristischen Manifesten. Jelena Guro entwirft gewissermaßen ein Pseudomanifest, das jedoch karnevalistische Züge trägt und, inszeniert, zu einer stillen Performance ohne Skandalbeimischung geraten würde:

Es gibt ein sehr ernsthaftes Geheimnis,
das man den Menschen mitteilen muß:
Daß die Erde sie sehr liebt.
Wir, Träumer von Gottes Gnaden,
wir erlassen ein Gebot!
Alle Dichter, Schöpfer künftiger Zeichen, sollen barfuß gehen, solange die Erde sommerlich ist. Unsere Füße sind noch unschuldig und einfach, unerfahren und eher frohgemut. Unter den nackten Füßen ist fester, salziger Sand, gleichsam leicht gefroren, und nur zwischen den Zehen strömen abwechselnd kalte und warme Rinn-

sale. Mit den nackten Füßen unterhält sich die Erde. Unter dem nackten Fuß singt die Planke von der Wärme. Nur so erfährt man die schöne Nähe zu ihr.
Darum müssen die Dichter sommers unbedingt barfuß gehen ...

Ernst ist es Jelena Guro mit ihrem Ansinnen, Mensch und Natur zu versöhnen, zu »atmen, wie der Kosmos atmet«, doch trägt sie ihr Anliegen mit solch augenzwinkernder Heiterkeit vor, daß sich daraus keine Weltanschauung ableiten läßt. Freude am unmittelbaren Erleben, am konkreten sinnlichen Detail – und mag es noch so trivial sein – überwiegt allemal über dogmatische Positionen. Niemand hat wohl ein so anmutig-keckes Lied über die Faulheit geschrieben wie die träumerische Naturbeobachterin Jelena Guro. Naive Unbefangenheit mischt sich bei ihr mit subtilem Raffinement, emotionale Spontaneität mit Formen artifizieller Kindlichkeit. Der lichte Zauber ihres Werks beruht wesentlich auf diesem Paradox.

*Faulheit*

Und Faulheit.
Gegen Mittag wurde Warmheit.
Auf dem Teich regt sich glänzende
Geregtheit.
Brillantene Funken springen.
Es klingt kaum.
Brummt die Bremse heiter.
Über dem Wasser
Der Pflänzlinge Faulheit.

*Worte der Liebe und Wärme*

Vor Faulheit und Wärme schwollen der Katze
die Öhrchen.
Quollen ihre samtenen Öhrchen.
Und die Katze schli-ief ein ...
Überm Sumpf wiegten sich die Weißlingchen.
Es war einmal
ein dickes Miezchen
ein Diebchen
ein Dummchen
ein Seidenfellchen
ein Weißchen
ein Katzchen –
ein Raufboldchen ...

(*Übersetzung: Ilma Rakusa*)

# Andrej Belyj und sein Roman »Kotik Letajew«

»Mein erster bewußter Augenblick ist – ein Punkt; er dringt ein in die Wirrnis, wachsend wird er zur Kugel, und die Kugel – zerfällt: die Wirrnis durchdringt sie und sprengt sie... Scharen von Seifenblasen lösen sich vom leichten Halm... Eine Kugel – fliegt, bebt, spielt mit dem Funkeln; und – platzt; ein Tröpfchen klebriger Flüssigkeit, luftgebläht, spielt mit den Lichtern der Welt... Nichts, etwas, und wieder nichts; wieder etwas; alles – in mir, ich – in allem...«

Wer spricht hier? Ein Kind, ein Erwachsener? Der Autor als Fünfunddreißigjähriger, zur Zeit der Niederschrift seines Romans, und das Kind Kotik, an der Schwelle des dritten Lebensjahrs. Zwei Erzähler in einer Person, die sich erinnern, nichts als das. Doch die Erinnerung reicht weit zurück in vorgeburtliche Welten und mythische Abgründe.

Andrej Belyj, mit bürgerlichem Namen Boris Bugajew, schrieb »Kotik Letajew« 1915/16 in Dornach bei Basel, wo seine damalige Lebensgefährtin Assja Turgenewa am Bau des Johanneums beteiligt war. Auch Belyj folgt den Spuren Rudolf Steiners und begibt sich zarathustrisch auf schwindelerregende geistige Gratwanderungen. Als ein Dichter abendländischen Krisenbewußtseins, der aus seiner eigenen Wechselhaftigkeit und Widersprüchlichkeit einen Privatmythos schuf, sucht Belyj nach Wegen, die Gegensätze zwischen *ratio* und Trieb, zwischen Innen- und Außenwelt in Richtung einer Ganzheitlichkeit zu überwinden. Unter diesen Zeichen steht bereits seine frühe Beschäftigung mit der Geheimlehre der Madame Blavatsky, mit Wladimir Solowjow und Friedrich Nietzsche, stehen seine – 1910/11 mit Assja unternommenen – Reisen nach Sizilien, Tunesien, Ägypten und Jerusalem, steht schließlich eine Schrift wie

»Rudolf Steiner und Goethe im zeitgenössischen Bewußtsein«.

Belyj ist gleichzeitig Romancier, Philosoph, Dichter und Dichtungstheoretiker. Als Sohn eines Mathematikprofessors und einer Musikerin fühlte er sich zu den exakten Wissenschaften ebenso hingezogen wie zur Kunst; er studierte zuerst Mathematik, dann Philosophie, entschied sich jedoch für die Literatur. 1902 erscheint sein symbolistisches Erstlingswerk »Zweite Symphonie«, 1909 der Sektenroman »Die silberne Taube«, 1913/14 sein *opus magnum* »Petersburg«, mit dem er sich in die Weltliteratur einschreibt. An »Petersburg« überrascht nicht nur die teils mystische, teils anarchisch-satirische Zusammenführung von Ost und West, von dionysischem und apollinischem Prinzip, sondern die auf der »Bewußtseinsstrom«-Technik basierende, rhythmisierte, lautmalerische Sprache.

»Kotik Letajew« war ursprünglich als dritter und letzter Teil einer »Osten oder Westen« betitelten Trilogie geplant, deren erste Teile »Die silberne Taube« und »Petersburg« bilden sollten. Doch änderte Belyj seinen Entschluß, indem er das neue Werk zum Anfang des autobiographischen Projekts »Mein Leben« erklärte. Noch vor der definitiven Drucklegung des Romans, 1917/18, machte er sich an die Fortsetzung, die im »Verbrechen des Nikolaj Letajew« (1921) bzw. im »Getauften Chinesen« (1927) ihren Niederschlag fand.

»Das Selbstbewußtsein, wie das Kind in mir, schlägt die Augen weit auf und reißt alles nieder – bis zurück zum ersten Aufblitzen des Bewußtseins; zerschlagen ist das Eis: der Wörter, der Begriffe, der Bedeutungen; die Fülle der Vernunftwahrheiten ist aufgekeimt und von Rhythmen ergriffen; die Architektonik der Rhythmen ist nun mit Sinn erfüllt und hat den gewesenen Sinn abgeschüttelt wie totes Laub; Sinn ist Leben: *mein Leben*; es liegt – im Rhythmus der Zeiten; in den Gesten, der Mimik der vorüberfliegenden Ereignisse; das Wort ist – Mimik, Lächeln, Tanz.«

So skizziert Belyj in seinem nietzscheanischen Vorwort das Vorhaben einer Erinnerungserkundung als geistige und sprachliche Entgrenzung, als Paläontologie des Bewußtseins, als Teilhabe an kosmischen Rhythmen. Der labyrinthische Gang in die frühe Kindheit will auch der eigenen Präexistenz und der Entwicklung der Menschheitsgeschichte nachspüren: er verbindet die Autobiographie mit dem Mythos, mit dem »Gedächtnis an das Gedächtnis«. Ein tollkühnes Unterfangen.

Ideell verarbeitet Belyj, ein eigentlicher *poeta doctus*, Gedankengut von Heraklit, Platon und Hegel bis Haeckel und Steiner und reflektiert, ohne C. G. Jungs Archetypenlehre zu kennen, über das kollektive Unbewußte: In der Kindheit wiederholt das Individuum die Evolution des Kosmos, jeder einzelne durchmißt von neuem die gesamte Schöpfungsgeschichte. Mythen und Metaphern bevölkern die Realität, die sich erst im Laufe der Ichwerdung des Kindes zu einer Ordnung fügt. Daß der Zeitpunkt der Ichwerdung für Belyj, alias Kotik, mit einer schweren Scharlach- und Masernerkrankung zusammenfiel, hatte – nach Belyjs eigener Deutung – zur Folge, daß er die Wirklichkeit als Delirium, als Fiebertraum erfuhr, der erst nach und nach von einem Normalzustand abgelöst wurde.

Solange das Kind Kotik die Innen- und Außenwelt als Einheit erlebt, wird alles zum Symbol, die Wirklichkeit – die sich realiter aus den Eltern, der Kinderfrau, den Bekannten der Familie, dem Moskauer Stadtteil Arbat zusammensetzt – zu einem phantastischen Sammelsurium mythischer und mythologischer Gestalten. »Durch den hieroglyphischen Text der Symbole entdecken wir die frische Naivität der Erfahrungen Kotiks; durch die Erfahrungen Kotiks aber entdecken wir die pansymbolische Struktur der Welt.« (George Nivat)

Wie in einem Initiations- oder Transitionsritual erkundet das Kind mütterliche Ozeane, felsige Abgründe und uralte Schrecken; es sieht Sphingen und Schlangen, ägyptische Pyramiden und die Tiersymbole der vier Evangelisten; es erlebt den strengen Mathematiker-Vater als Hephaistos und sich selbst als Theseus, als Gekreuzigten, als »Weltloch«.

Alles verschränkt, vermischt, verbindet sich palimpsestartig. Auch die Erzählebenen und -perspektiven gehen ineinander über; meist spricht das drei- bis vierjährige Kind in der Ichform der Gegenwart, gelegentlich meldet sich der fünfunddreißigjährige Autor zu Wort und kommentiert die Ereignisse in der Vergangenheitsform. Die Fusion erscheint aber paradoxerweise auch als Dispersion: durch die synkretistische Überlagerung, Überschichtung der Ebenen zersetzt sich der Sinn; im Sprachwirbel, in den konvulsivischen Rhythmen der »ornamentalen Prosa« (Viktor Schklowskij) splittert das Bewußtsein. Das Wort – »Geste, Mimik, Tanz« – behauptet selbst typographisch seinen zentrifugalen Willen; Belyj instrumentiert den Text in einer »Notenschrift des mündlichen Vortrags« (A. Hönig) durch Einrückungen und Interpunktionen. Diese wirken freilich dort sinnstiftend-expressiv, wo Stimmen und Vorgänge anschaulich gemacht werden:

»E –<br>
        – wig –<br>
                – tan –<br>
                        – te –<br>
                                – do –<br>
                                        – ti –<br>
                                                – a! – fallen die Tropfen im Wasserspender.<br>
Traurig!«

Die Textgestalt spiegelt die magisch-lautmalerische Sprachauffassung des Kindes – »›kre‹ – ist das Harte der Höcker (des Kre-ml, der Crè-me, des Kre-ppapiers), und: das m, ml – ist Weiches, Süßes« –, spiegelt seine animistische Wahrnehmung, die alle Gegenstände belebt:

»Unser Eßzimmer ist weiß, wie der Morgenstern: –

– auf den tanzenden Spiralen der Tapeten längst verstummt: die Blütenblätter weißer Lilien zu schattigleichtem Verfließen; vor den Tapeten biegen Stühle die zerbrechlichen Halbkreise ihrer Sitze; aus den Tapeten heraus schiebt sich ein Rund: ein hölzerner Kopf; er zirpt mit strengen Zeigern auf dem gefletschten Zifferblatt; Klöppelgardinen, wie Augenlider, schimmern leise weiß unter den Festern; das eichenfüßige gelbe Buffet – allein das Buffet ist aufgeregt; geschirrklirrend wirft es sich – auf alle, die vorübergehen.«

Man glaubt, ein kubistisches Bild des frühen Chagall zu sehen, wäre nicht die heimtückische Dämonie, der heimliche Katastrophismus. Fahläugige Wände, tatzenhafte Gase und flügelige Lüfte bevölkern Kotiks Universum, in dem ein feuerspeiender Vater archaische Angst einflößt:

»... und dieser Papa, der Als-Ob-Papa – ist bissig, struppig, ungekämmt; von innen brennt er; von außen aber – zerfällt er in die Asche seines Kittels; unter dem zugeschlagenen Kittel ist er beißende Purpurröte; er – speit Feuer, der Papa Als-Ob-Papa, wie ... der Ätna: und er erstarrt; grummelnd umschlingt er ... uns: ein Orkan des Fließenden.«

Orkan, Vulkan: Belyj entwirft eine Welt heftiger Bewegung, in der alles fliegt, saust, torkelt, tanzt, rast, trudelt, jagt, stiebt, bebt, funkelt, blitzt, lodert, stürzt, flutet, kreist, und in der nur ausnahmsweise etwas »diamantet«, »türkist«, »rippelt«, »blaut« oder »silbert«. Denn die Metapher des Lebens ist das Feuer, der Brand. Seine Farbe: rot, bis in die »rotrasenden Rotten von Träumen«.

Als ob nur Hektik den Strom der Erinnerung, die Kosmogenese des Ichs, den »eingeflossenen Ausflug – nach innen« erzeugen könnte, jagt Belyjs Prosa fieberhaft dahin: »Katerchen Flieger«, wie Kotik Letajew auf deutsch heißt, und Andrej Belyj, »der Weiße«, wissen um ihre orphische Mission.

Der in sechs Hauptkapitel und zahlreiche Unterkapitel gegliederte Roman folgt nicht einem wie auch immer gearteten Handlungsablauf. Er funkelt in vielfältigen Bildern/Facetten, operiert mit musikalischen Leitmotiven, gibt philosophische Fährten und Quellen preis und beschwört die Kindheit der Sprache: die Sprache als sinnliche, formbare Materie. Die Spiele, die Belyj dabei – als Zeitgenosse und entfernter Verwandter von Joyce – treibt, grenzen ans Wundersame. Assonanzen und Reime, Neologismen und sprechende Namen, Diminutive und falsche Etymologien schaffen das »Vielgekreis« eines dynamisch-rhythmischen Gewebes, das die Prozessualität komplexer Erinnerungsvorgänge – das »Denken ohne Worte«, den »Puls« – ebenso wiedergibt wie kompakte, bunte Episoden. Diese gehören zum kostbarsten »Schwemmgut« der Erinnerung und zu den schönsten Stellen des Romans. Etwa jene Szene eines Picknicks in der Nähe des Landguts Kassjanowo (in Wirklichkeit Demjanowo), wo Mrktitsch Awetowitsch (in Wirklichkeit Grigorij Awetowitsch Dschanschijew) Schaschlik brät:

»Er fährt uns zum *Picknick*: uns Schaschlik zu braten: und unter dem Mond sein Gebet zu sprechen: *an den armenischen Gott*; wir sind da: Geschirr wird ausgepackt, Flaschen, Pilzpiroggen, Pasteten; das Tischtuch wird ausgebreitet auf dem Gras; sie häufen Berge trockenes, prasselndes Raffholz; streichen Streichhölzer an; und der Stoß bezieht sich mit Rauch; und – mit auffahrenden Feuern; die gelbgeflügelte Flamme wächst; sie tanzt mit hellen Pfoten: Mama nimmt das seidene Schürzchen ab, das gestreift-gefleckte (gelbrot), und bindet es Mrktitsch Awetowitsch um den Höcker; Mrktitsch Awetowitsch reckt seinen schwarzen Bart, und über dem riesigen, nun gestreiften Höcker – streckt er die haarigen Arme ins Feuer und singt über dem Bratspieß: Gebete an den armenischen Gott; Rauche wirbeln auf; fallen geschweift ins Feld; durch sie hindurch blinkt wie Samowarkupfer der Sonnenfall; schon läuft hübsch ein Wetterleuchten durch die schwarze Wolke. Mrktitsch Awetowitsch steht dort in der Flamme; und qualmt: mit dem Schaschlik.«

Der Armenier qualmt, Mama raschelt mit ihrer Seide, Papa schnaubt, die Kinderfrau Alexandra läßt »helle Stricknadeln über ihren Strumpf laufen«, der Clown Klossja widmet sich dem Erleuchten, und Lew Tolstoj, derselbe – »bedeutet *Tolstoj* vielleicht *große Tolle*?« –, sitzt wie ein Löwe im roten Polstersessel. Derweil muß Kotik lieb Kind sein, lockig, im Mädchenkleid, denn Mama will partout keinen frühreifen Professorensohn. Um seine Seele streiten sich die uneinigen Eltern. Was Wunder, daß der »reizbare Junge« in Phantasiewelten flüchtet. Wer sich für Belyjs Herkunft, für die Genese seiner Persönlichkeit interessiert, wird selbstredend fündig werden. – Doch der Roman ist weit mehr als autobiographische Gedächtnisforschung, weil denkbar vielschichtig, weil getragen von einem Fluidum, das nicht auf einzelne Epiphanien spekuliert, sondern aufs Ganze geht, auch künstlerisch.

Daß Belyj mediale Fähigkeiten besaß, unterliegt keinem Zweifel. Alle, die ihn kannten, waren von seiner Ausstrahlung überwältigt. Ob Marina Zwetajewa: »Zwei Flügel, die Aureole der Locken, das Strahlen«, ob Ilja Ehrenburg: »Ein Genie, ein Sonderling, ein Prophet oder ein Narr«, ob Nadeschda Mandelstam: »Er hinterließ in mir den Eindruck von Körperlosigkeit, von elektrischer Spannung, er wirkte wie ein materialisiertes Gewitter, wie ein Wunder.«

Eine »Kreuzung von Magister und Magier« hat ihn Marina Zwetajewa in ihrem großartigen Nekrolog-Essay »Ein gefangener Geist« genannt.

»... uralt, elegant, erlesen, vogelhaft – eine Kreuzung von Magister und Magier, in zweifachem, dreifachem, vierfachem Tanz: des Sinns, der Worte, der schwalben-schwanzartigen Rockschöße, der Beine – oh, nicht der Beine nur! –, des ganzen Körpers, der ganzen zweiten Seele, und noch der Seele seines Körpers, mit dem Eigenleben seines Dirigentenrükkens, hinter dem – in zwei Flügeln, auf zwei aufsteigenden Treppen das Orchester der körperlosen Geister west ... – oh, so sahen dich alle, vom schweizerischen Mysterien-Seher bis zur Zossener Quartierwirtin, oh, so wirst du bleiben, leichter Geist, einsamer Freund!«

Belyj starb am 8. Januar 1934, mit dreiundfünfzig Jahren, in seiner Heimatstadt Moskau – ein Fremdkörper in Stalins Rußland, ein ewig Unangepaßter und Suchender. Er starb in jenem Glauben, der den ahnungsvollen Epilog von »Kotik Letajew« beschließt: »Wir sterben in Christo, aufzuerstehen im Geist.«

# Marina Zwetajewa – Versuch eines Porträts

Neben Anna Achmatowa gilt sie als die bedeutendste russische Dichterin des 20. Jahrhunderts: Marina Zwetajewa, 1892 als Tochter eines Kunsthistorikers und einer Pianistin in Moskau geboren, 1941 – nach langjährigem Exil – in Jelabuga gestorben.

Man könne sie nur über Kontraste erfassen, das heißt über die »Allgegenwärtigkeit von allem«, schrieb Marina Zwetajewa 1937 an Jurij Ivask. Gegensätze, Widersprüche, Extreme sind ihr Wesens- und Lebensmerkmal: Sie liebt Napoleon und haßt die »Diktatur des Meeres«; sie besingt – in der Sowjetunion – die Weiße Armee und verteidigt – in der Emigration – den »roten« Majakowskij; sie wählt die alte, vorrevolutionäre Orthographie, um ihrer Zeit prophetisch vorauszueilen; sie fürchtet die Errungenschaften moderner Technik und stößt ästhetisch an äußerste Grenzen vor; sie schafft es, »gleichzeitig zehn Beziehungen zu unterhalten«, und erträgt nicht die geringste Abwendung des Blicks; sie sehnt sich nach Liebe und scheut reale Begegnungen (»Man stößt mit den Köpfen aneinander. Zwei Wände. Kein Hindurchkommen«), sie ist Dichterin mit Haut und Haar und zugleich »Pelikanmutter«, Vollhausfrau und Ernährerin; sie bevorzugt den Traum und »schmort im Alltag« – »maßlos in einer Welt nach Maß«.

Es bedurfte einer gewaltigen Anstrengung, diese Gegensätze aus- und aufrechtzuerhalten, auch wenn just sie poetischen Zündstoff lieferten. Man ertappt Zwetajewa immer wieder bei dem Versuch, schmerzlich empfundene Dualismen gewaltsam auszumerzen. Mit fragwürdigem Erfolg, wie ein deutsch geschriebener Brief an Rainer Maria Rilke (2. 8. 1926) zeigt:

»Den Mund hab ich immer als Welt gefühlt: Himmelsgewölbe, Höhle, Schlucht, Untiefe. Ich habe den Körper immer in die Seele übersetzt (*ent*körpert!), die ›physische‹ Liebe – um sie lieben zu können – so verherrlicht, daß plötzlich nichts von ihr blieb. Mich in sie vertiefend, *sie* ausgehöhlt, in sie eindringend, *sie* verdrängt. Nichts blieb von ihr, als ich selbst: Seele.«

Zwetajewas Prioritäten sind unverkennbar: In romantisch-idealistischem Geist erzogen, favorisiert sie die Seele vor dem Körper, die Abwesenheit vor der Präsenz, die Ruhelosigkeit des Begehrens vor dem Erfülltsein, das Ideal vor der schlechten Alltäglichkeit, die Dichtung vor dem Leben. Doch indem sie sich zur Auseinandersetzung zwingt, das »Kontra« großschreibt und sich jeder Ideologie verweigert, indem sie das Risiko des Widerspruchs (der Isolation usw.) eingeht, schafft sie ihr Werk: ein »Gesamtkunstwerk« eigenster Prägung, darin jede Metapher rückübersetzbar ist in harte Lebenswährung.

Ein Blick zurück in die Kindheit verrät dies:

»Wichtigste Einflüsse: Die Mutter (Musik, Natur, Gedichte, Deutschland. Passion fürs Judentum. Einer gegen alle. Eroica). Weniger bewußt, aber nicht weniger stark: Einfluß des Vaters (leidenschaftliche Arbeitsliebe, kein Karriere-Ehrgeiz, Schlichtheit, Weltfremdheit). Vaters und Mutters Einfluß zusammengenommen: Spartanertum. Zwei Leitmotive in einem Haus: Musik und Museum. Atmosphäre: weder bourgeois noch intelligenzlerisch, sondern ›ritterlich‹. Leben auf hohem Niveau.«

Jedes Stichwort – es handelt sich um die Beantwortung eines Fragebogens – ließe sich bekräftigen durch das Porträt von Zwetajewas Tochter Ariadna Efron: stilvolles, sicheres Auftreten, gerade Haltung, schlagfertige Rede (»Sie sprach kurz, ihre Antworten waren Formeln«), spartanische Bescheidenheit in bezug auf Kleidung (»Mode lehnte sie ab«), Essen und Schlaf, Liebe zu klar konturierten Landschaften

(Berge, Felsen, Wald), die man als Fußgänger bewältigen kann. »Sich einfach zu ergötzen vermochte sie nicht.«

Mit Zigaretten, schwarzem Kaffee und einem Zimmer für sich allein wäre Zwetajewa glücklich gewesen. Aber solchen Luxus kannte sie nur als angehende Dichterin in Maximilian Woloschins Künstlerkolonie auf der Krim. Ebendort lernte sie Sergej Efron kennen. Bald darauf – sie war 19, er 18 – heirateten sie, 1912 kam die Tochter Ariadna zur Welt, und von da an gönnte ihr das Leben keine Ruhe: Revolution, Geburt von Irina, die während des Bürgerkriegs verhungert, Efron verschollen, erst 1921 die Nachricht, er lebe in Prag. 1922 Emigration, ärmliches Leben in Prager Vororten, 1925 Geburt des Sohns Georgij (Mur), Übersiedlung nach Paris. Enge, finanzielle Schwierigkeiten, Isolation.

In den dreißiger Jahren zunehmende Entfremdung von Mann und Tochter. Efron, Leiter des dem NKWD unterstehenden »Verbands der Heimkehrer in die UdSSR«, wird in den Mordfall Ignaz Reiss bei Lausanne verwickelt und muß sich 1937 über das republikanische Spanien in die Sowjetunion absetzen. Zwetajewa folgt 1939 nach, aus Treue, aber ohne Illusionen. Im Spätsommer wird Ariadna verhaftet, kurz darauf Sergej. Wohnungssorgen, Arbeitsprobleme, Angst. Nach Kriegsbeginn läßt sich Zwetajewa mit ihrem Sohn aus Moskau ins tatarische Jelabuga evakuieren. Dort nimmt sie sich am 31. August 1941 das Leben, 49 Jahre alt.

Ständiger Begleiter in dieser Wirrsal war das Heft. Das Heft auf dem Küchentisch, im Freien, auf den Knien. Hier entwarf Zwetajewa Gedichte, Poeme, Versepen, lyrische Essays, Prosaerinnerungen, Dramen, hier notierte sie Briefe und Tagebuchskizzen. In der Morgendämmerung oder in kurzen Pausen des Alltags. »Ich habe keine Zeit *nachzudenken*, die Feder denkt.« Doch Schaffensdrang und Disziplin waren immens, das Schreiben ein Muß, das Zwetajewa als »Leibeigene der Lyra« der Leibeigenschaft des Hausfrauendaseins abtrotzte. Warf man ihr Härte vor, reagierte sie unwirsch:

»Meine scheinbare Härte war nur – Form, Wesenskontur, notwendiger Selbstschutz – vor *eurer* Weichheit, Rilke, Marcel Proust und Boris Pasternak... Ihr kauft euch – durch sie – frei, verstopft mit dieser hygroskopischen Watte die Wundlöcher, die ihr geschlagen habt, den brüllenden Schlund der Wunden... Robert Schumann *vergaß*, daß er Kinder hatte, vergaß ihre Anzahl, vergaß ihre Namen, vergaß überhaupt die Tatsache, fragte nur, ob die älteren noch immer so wundervolle Stimmen hätten. Aber – das ist nun eure Rechtfertigung – nur *Solche* schaffen *Solches*.« (An Boris Pasternak, Oktober 1935)

Schaffen nur Solche Solches? Zwetajewa behauptet, wie sich längst gezeigt hat, den gleichen Rang wie die von ihr bewunderten Rilke und Alexander Blok, wie Ossip Mandelstam, Boris Pasternak und Anna Achmatowa. Und müßig die Frage, ob sie unter besseren Lebensbedingungen noch Besseres, noch mehr geleistet hätte. Die Zwänge, die Widerstände und Spannungen lieferten wesentliche Schreibimpulse, Zorn, Frustration und Sehnsucht (»mein stärkstes Gefühl«) entluden sich im Gedicht.

Zwetajewa ist ein genuin dramatisches Talent, unter ihrer Hand gewinnt jeder Stoff geradezu explosive Expressivität. Ob Tisch oder Holunder, ob Vorhang oder ein Augenpaar – die Leidenschaft versetzt alles in Vibration. Und wo der Zorn diktiert, hagelt es (wie im Gedicht »Zeitungsleser«, 1935) sarkastische Staccatoverse:

> ... Zeitung lies: Geläster.
> Zeitung lies: Der Feind.
> Keine Spalte ohne Ekel,
> Keine Zeile nicht verschweint...

*(Übersetzung: Christa Reinig)*

Selbst Abschied, Trennung, Tod inspirieren Zwetajewa nicht zu elegischen Zeilen, sondern – umgekehrt – zu einem vitalen, herausfordernd emphatischen *Dialog*. Der Bruch mit

Konstantin Rodsewitsch – nach einer kurzen stürmischen Liebe in Prag – erscheint im »Poem vom Ende« als Kulmination, als der geballteste Ausdruck der Beziehung. Und Rilkes Tod setzt in Zwetajewa jene schöpferischen Energien frei, die im Briefwechsel – mit seinem Maximalismus, seiner angespannten Hoffnung auf eine Begegnung (zu der es nie kommen sollte) – implodierten: die lyrische Nekrolog-Epistel »Neujahrsbrief« liest sich als heiter-ernstes Gespräch außerhalb von Raum und Zeit, in der Freiheit uneingeschränkter Kommunikation und Phantasie.

Mit den Prosatexten »Dein Tod« (1927) und »Einige Briefe von Rainer Maria Rilke« (1929) führt Zwetajewa den Dialog fort. So wie sie in den dreißiger Jahren den Tod ihrer Freunde Andrej Belyj und Sonja Holliday mit dem Essay »Ein gefangener Geist« und der wunderbar lebendigen »Erzählung von Sonetschka« beantwortet. Aufrührerisch den Tod negierend, inszeniert sie Unmittelbarkeit; die Beschwörung des Dahingegangenen verdichtet sich zum Mythos, zur Gegenwelt.

Das gilt im besonderen für die autobiographische Prosa – »Mutter und die Musik«, »Das Haus beim alten Pimen« u. a. –, wo die Gestalten der Kindheit, auch der jungen Marina, erweckt werden – subjektiv (»wie ich es sehe«), mit heftigem lyrischem Zugriff, unter gezielter Verwendung direkter Rede und Thematisierung des Erinnerungsprozesses selbst. Nicht Familienchronik, sondern glühende Ich-Prosa, nicht wehmütiges Memorieren, sondern dialogischer Monolog einer Mythomanin.

Zeitgenossen, Brieffreunde bestätigen es: Zwetajewa war eine Mythenbildnerin, die sich von ihrem Gegenüber ein Bild schuf – leidenschaftlich, ungestüm, idealisierend –, darin der andere unterging, unfähig, ihren possessiven Eros zu erwidern. Tragik all ihrer Briefromane: die Überforderung des Partners durch maximalistische Ansprüche (der Loyalität, Zuwendung, Anteilnahme), seine »Vergewaltigung«. Zog der andere sich zurück – maßlose Erbitterung. Nur wenige, wie Pasternak, sind nicht erschrocken. Rilke, schon schwer krank, war solcher Intensität kaum noch gewachsen: »Rainer Maria Rilke! Darf ich Sie so anrufen? Sie, die verkörperte Dichtung, müssen doch wissen, daß Ihr Name allein ein Gedicht ist...«

Superlative, Emphase, Begeisterung. Es ist dieselbe – hymnische – Begeisterung, mit der Zwetajewa zehn Jahre zuvor ihre »Gedichte an Blok« (»Dein großer Name, Buchstaben, vier, / Aus dem Flug gefangene Bällchen und / Die Silberschelle innen im Mund«) und an die »Muse der Klage«, Achmatowa, dichtete oder mit der sie 1919 das Land ihrer Seele, Deutschland, beschwor. Keine blinde, sondern eine luzide Begeisterung, die jedoch zur Mythisierung strebt. (Nicht umsonst kannte sich Zwetajewa in der Mythenwelt der Griechen glänzend aus und verarbeitete antike Sagenstoffe in Dramen und Gedichten.) Die Zielrichtung: oben, »darüber hinaus«, zum Absoluten. Akzidenzien geraten in den Sog der Vision. »Das ganze Werk der Zwetajewa«, schrieb Susan Sontag, »ist eine Aufforderung zur Verzückung und zur genialen Besonderheit, das heißt zur Hierarchie: eine Poetik des Prometheischen.«

Dieser Ansatz erscheint – paradox, wie so vieles bei Zwetajewa – gepaart mit Nüchternheit und daraus resultierendem Sarkasmus. So wie sie ihre Lebenssituation immer klar, illusionslos und ohne Selbstmitleid beurteilt, so wie sie bereits 1934 das heraufkommende Kriegsunheil ahnt und das Zeitalter der »organisierten Massen« ablehnt, so kennt sie auch im Schreiben Momente des *terre à terre*, kennt sie die Register handfester Polemik. Voll Empörung reagiert sie auf die Annexion der Tschechoslowakei durch die Hitler-Truppen (»Gedichte an das Tschechenland«), und ihre Briefquerelen mit kürzungswütigen Zeitschriftenredakteuren lassen an argumentativer Stringenz nichts zu wünschen übrig. Auseinandersetzung ist die Losung, im Guten wie im Schlechten.

»Was heißt das – menschliches Schaffen? Erwiderung eines Schlages, weiter nichts. Eine Sache dringt auf mich ein, versetzt mir Schläge, ich *erwidere die Schläge*. Entweder die Sache stellt mir eine Frage, und ich antworte. Oder ich stelle vor die Antwort der Sache eine Frage. Stets Dialog, Zweikampf, Ringen, Kämpfen, Wechselwirkung.« (»Natalja Gontscharowa«, 1929)

Das tote Holz des Schreibtischs (»mein Zu-Lebzeiten-Totenbrett«) – Zwetajewa reißt es aus seiner Statik, verlebendigt es zum Gegenüber, in einem Akt schöpferischer Vehemenz:

> ... Dank, daß du hütetest mich
> Und beugtest. Vergänglichem ab
> Schlugst du mich wie der Magier die Schläferin.
>
> Der die Male der Schlacht
> Tisch, in Kolonnen gebracht,
> Die brannten: Der Adern Rot!
> Chronik meiner Taten und Not!
>
> Standbildstand, Munds Verschluß
> Du warst mir Thron, Raum und Fluß
> Warst das, was dem Judenvolk
> Die Säule, die brennend rollt!
>
> So sei gesegnet denn –
> Mit Stirn, Ellenbogen, verknoteten
> Knien – wie eine Säge gewußt –
> Tischrand – Schnitt in die Brust!

(*Übersetzung: Rainer Kirsch*)

Auffallend die Metaphern des Verletzens: Das Vertrauteste, Unabdingbarste fügt Schmerz zu. Selbst das Brot – in einem späten Gedicht von 1940 – »tut weh«. Der Schmerz als Stimulans, als kreativer »Schlag«.

Schon 1916 findet Zwetajewa zu jenen Rhythmen, deren »musikalische Magie« Pasternak so bewundert hat. Im Laufe der zwanziger Jahre strafft und verschärft sich die Form. Es dominiert der dreihebige Vers mit einsilbigen (Reim-)Wörtern: ein hektisches Staccato, bei einer maximal elliptischen Syntax (die jeden Übersetzer zur Verzweiflung treibt). Äußerste Verdichtung auch in der Prosa: substantivischer Stil voller Wortspiele, Assonanzen, Neologismen, dessen emotionale Geballtheit sich in einer exzessiv-expressiven Zeichensetzung manifestiert. Zwetajewa schreibt mit dem Ohr; ihre Texte sind Partituren, notiert für den mündlichen Vortrag, für die emphatische Deklamation.

Selbst in ihren deutsch geschriebenen Briefen an Rilke (und in ihren französischen Übertragungen eigener Arbeiten) bricht sich ihr Personalstil Bahn: dieselben Kunstgriffe, derselbe prägnante Rhythmus. Rilke schwärmte: »Welche Stärke Du hast, Dichterin, auch in dieser Sprache Deine Absicht zu erreichen, genau zu sein und Du. Dein Gang, der an die Stufen anklingt, Dein Ton, *Du*.« Zwetajewa hat nie einer poetischen (noch politischen) Richtung angehört, die Attribute symbolistisch, akmeistisch, futuristisch treffen nicht. Herber als (der frühe) Pasternak, verbindet sie rhythmisch manches mit Majakowskij. Die Darstellung entspricht jedoch immer einer zutiefst persönlichen, leidenschaftlichen Sicht der Dinge. Und keine Sache, die nicht Anlaß zur Leidenschaft gegeben hätte. So auch das Meer (in einem Brief an Pasternak vom 23. Mai 1926):

»*Ich liebe das Meer nicht.* Kann nicht. So viel Platz, aber gehen kann man nirgends... Und nachts! Kalt, zurückweichend, unsichtbar, nicht liebend, von sich selbst erfüllt – wie Rilke! (Von sich selbst erfüllt oder von der Göttlichkeit – das ist einerlei.) Die Erde tut mir leid, ihr ist kalt. Dem Meer ist nicht kalt, es ist die Kälte *selbst*, alles, was an ihm erschreckt – ist es selbst. Sein Wesen. Ein riesiger Kühlschrank. (Nacht.) Oder ein riesiger Kochkessel. (Tag.) Und vollkommen rund. Eine ungeheure *Untertasse*. Flach, Boris! Eine riesige, flachbödige Wiege, die jeden Augenblick das Kind (die Schiffe) hinausschleudern kann. Man kann es nicht streicheln (naß).

Man kann nicht zu ihm beten (schrecklich). So würde ich zum Beispiel Jehova hassen. Wie jede Macht. Das Meer ist Diktatur, Boris. Der Berg ist – Göttlichkeit.«

Die Formulierung drängt zum Aphoristisch-Apodiktischen, ohne den Widerspruch zu scheuen. Es gehört zu Zwetajewas Lebendigkeit, daß sie provoziert.

Nicht nur in der Emigration steht Zwetajewa zwischen allen Fronten, doch dort gewinnt ihr Einzelgängertum schicksalhafte Züge. Als prosowjetisch verschrien, vom (klassizistisch geschulten) Literaturpapst Adamowitsch disqualifiziert, durch die Armut sozial ins Abseits gedrängt, von der Epoche abgestoßen, bildet sie in den Pariser Jahren definitiv ihren »Gegen-Sinn« heraus: ein trotziges, tapferes »Kontra«. Es geht nicht um Märtyrerposen, um ein Leidenscharisma, sondern um die Unfähigkeit, sich zu arrangieren, mit dem Strom zu schwimmen: »daher mein Fußgängertum und meine vollkommene Einsamkeit: vor mir weicht alles zurück.«

Die Einsamkeit ist – neben der Liebe und der Kunst – *das* Leitmotiv von Zwetajewas Werk: einer gegen alle, alle gegen einen. Die Einsamkeit Gottes und des Menschen, die Einsamkeit des Dichters (»jeder Dichter ist Emigrant«) und des Ichs *hic et nunc*:

Heimweh, jedesmal
Entlarvte Illusion!
Mir ist es ganz egal
Wo ich allein bin.

Allein auf welchem Stein
Steh mit dem Einkaufsnetz,
Ich weiß nicht, was ist mein,
Spital, Kaserne – nichts.

Gleich, vor welchem Gesicht
Sich mir das Fell sträuben muß.
Die Menschen drängeln dicht,
Ich bin herausgedrängt, allein.

Für mich sein. Ein Kamtschatkabär
Ohne das Eis. Kann nicht dabeisein,
Kann nicht (will's auch nicht mehr).
Wo man sich beugen muß, mir gleich.

Ich folge nicht benommen
Meiner Heimatsprache, ihrem Milchschrei –
Und wenn, die mir entgegenkommen,
Mich nicht verstehn, es ist mir gleich.

(Die Schlucker von dem Zeitungsbier
Die Zentnerleser, Zeilenmelker ...)
Sie, 20. Jahrhundert, sind von hier,
Und mein Jahrhundert – irgendeins ...

(*Übersetzung: Christa Reinig*)

In die Literatur ihrer Heimat ist Zwetajewa erst nach Stalins Tod wiederaufgenommen worden. Heute reklamiert Rußland sie als die gegenwärtigste, aktuellste Dichterin, verwöhnt sie mit Editionen, Gedenkstätten, Feiern und Symposien. Die Zeit der Außenseiterin ist gekommen – in einer Epoche radikalen Umbruchs.

# »So verfehlten wir – uns«
# Zwetajewas eigenwillige Interpunktion

Asketische Disziplin gehört zur Grundausstattung von Zwetajewas Charakter. Aber dieser kennt auch den Exzeß: in der Liebe (die sich auf beide Geschlechter erstreckt), in der Kunst, deren Maximalismus keine Grenzen duldet: »Das, was für euch ›Spiel‹ ist, ist für uns der einzige Ernst. Ernsthafter werden wir auch beim Sterben nicht sein.« Der Selbstanspruch ist kolossal: von jenem Moment an, da Marina – die dem Wunsch der Mutter gemäß ein Junge hätte sein sollen und später Pianist – dezidiert das Schreiben wählt. Mit diesem Entschluß beginnt eine poetische Recherche, wie sie – nicht nur in der russischen Dichtung des 20. Jahrhunderts – an Radikalität ihresgleichen sucht. Zwetajewa gibt 1910 – als Gymnasiastin und im Selbstverlag – ihren ersten Gedichtband »Abendalbum« heraus; ihm folgen weitere Versbände, Poeme und Theaterstücke, Essays und Tagebuchaufzeichnungen, autobiographische Erinnerungen und lyrische Nekrologe. Ob Poesie oder Prosa: Zwetajewa entwickelt einen eigenwilligen, bis zur Sinnverdunklung komprimierten Stil von höchster Expressivität. Die Radikalisierung der künstlerischen Mittel steht dabei in direktem Verhältnis zur Schwierigkeit der Lebensumstände, als hätte Zwetajewa die Kunst dem Leben abtrotzen müssen. Während sie sich mit ihrer Tochter Ariadna darbend durch die Moskauer Revolutions- und Bürgerkriegszeit kämpft – der Mann gilt als verschollen, die jüngere Tochter verhungert im Kinderheim –, besingt sie aufmüpfig die Weiße Armee. In der Emigration – zunächst in Prag (1922-1925), dann in Paris (1925-1939) –, wo zur materiellen Misere eine wachsende Vereinsamung hinzukommt, sympathisiert sie unverhohlen mit den Roten und brüskiert die Auslandsrussen durch ihre kühnen Verse. 1928 erscheint ihr letzter Gedichtband zu Lebzeiten, »Nach Rußland« – keiner poetischen Schule, keiner politischen Richtung verpflichtet. Das Lebensdrama spitzt sich 1939 zu, als Zwetajewa mit ihrem (1925 geborenen) Sohn in die Sowjetunion zurückkehrt. Nicht freiwillig: ihr Mann – vom Weißgardisten zum reuigen Kommunisten, ja, zu einem Mitarbeiter des sowjetischen Geheimdienstes konvertiert und als solcher am Mord eines ehemaligen GPU-Agenten bei Lausanne beteiligt – muß Frankreich schon 1937 fluchtartig verlassen; die heimwehkranke Tochter war aus eigenen Stücken gefahren. Doch kaum ist die Familie in Moskau vereinigt, werden Mann und Tochter verhaftet. Zwetajewa ist mittellos, isoliert. Der Kriegsausbruch erfüllt sie mit Panik. Zusammen mit ihrem Sohn wird sie in die tatarische Kleinstadt Jelabuga evakuiert, wo sie sich am 21. August 1941 das Leben nimmt.

Die Gründe für den Selbstmord sind in den verheerenden äußeren Umständen zu suchen, haben aber zweifellos auch mit inneren Ambivalenzen zu tun. Denn das Selbstbild Zwetajewas oszilliert zwischen den gegensätzlichen Polen von Mutter und Dichterin, von Heldin und Opfer, von Lilith und Eva, von Amazone und Phädra. (Wie die antika Phädra wählt sie den Tod durch den Strick.) Androgynität bzw. Bisexualität deuten auf eine weitere Zweiheit hin, explizit thematisiert in der französisch verfaßten Schrift »Mon frère féminin. Lettre à l'Amazone«. Auffallend bei alledem ist, daß Zwetajewa die »Koexistenz des Konträren« anstrebt, mithin die Zerrissenheit in den Status der Norm erhebt. Not oder Tugend? Wohl beides zugleich, wobei der Hang zu Widerspruch, Transgression und Maßlosigkeit unverkennbare Züge einer Rebellion gegen den »ersten Vater« trägt.

Zwetajewas poetische Recherche manifestiert sich stilistisch in einer Tendenz zu äußerster Verknappung und Verdichtung, zu Prägnanz und Intensität. Dazu dient eine elliptische Syntax (Verbenarmut kontra Substantivfülle) sowie eine verblüffend reiche Interpunktion, die einer eigentlichen

Text-Inszenierung gleichkommt. Zwetajewas bevorzugtes Satzzeichen ist das Tiret (der Gedanken- und Trennungsstrich), gefolgt von Doppelpunkt und Ausrufezeichen. Was es mit dem Tiret auf sich hat, ist in der autobiographischen Kindheitserzählung »Mutter und die Musik« nachzulesen: »Als mich später meine Versrhythmik veranlaßte, die Wörter durch ungewöhnliche Tirets in Silben zu zerlegen, zu zerreißen, und mich deswegen alle jahrelang tadelten und nur wenige lobten (letztere wegen meiner ›Zeitgemäßheit‹) und ich nichts anderes zu erwidern wußte als ›so muß es sein‹, sah ich eines Tages plötzlich die Romanzentexte meiner Kindheit vor mir, mit all ihren gesetzmäßigen Tirets, und fühlte mich gewaschen: durch die Musik von aller ›Zeitgemäßheit‹ rein-gewaschen, gewaschen, gehalten, bestätigt und legitimiert ...«

Die Interpunktion als quasi-musikalische Notation, im Dienste der Versrhythmik? Gewiß, sofern lautliche Instrumentierung angestrebt wird (und Zwetajewa schrieb mit dem Ohr, verlangte von der Sprache musikalische Qualitäten, die im mündlichen Vortrag hörbar sein sollten). Doch zielt das »Zerlegen« und »Zerreißen« tiefer, ins Semantische: Indem die Rede ins Stocken, zu einem nervösen Staccato gerät, wird sie zum emotional aufgeladenen Drama. Während das Ausrufezeichen die Evidenz des Vorhandenen betont, verdeutlicht, verstärkt, pathetisiert, wird durch den Doppelpunkt nicht bloß eine lautliche Zäsur markiert, sondern auf eine weitere, geheime, »letzte« Wortbedeutung verwiesen, auf ein Dahinter und Darunter ...

Die Leidenschaftlichkeit, mit der Zwetajewa interpunktierend inszeniert, hat deutlich dramatische Züge. Das Drama war ihr weder als Genre noch im Leben fremd. Zwischen 1918 und 1927 schrieb sie acht Theaterstücke bzw. Versdramen (unter anderem »Phoenix«, »Ariadne« und »Phädra«), und im selben Zeitraum »dramatisieren« sich ihre Gedichte und Poeme: durch Dialoge und eine opulente Satzzeichengebung. Als Beispiel sei das Gedicht »Der Vorhang« von 1923 angeführt:

Gleich des Vorhangs Wasserfällen, der wie Schäumen –
Tannenrauschen – Flammenlodern – spricht.
Vor der Bühne hat der Vorhang kein Geheimnis:
(Die Bühne – du, der Vorhang – ich.)

Dem Schilfdickicht, geträumten, gleich ein Rückhalt
(Die Flut des hohen Saals – Betroffenheit)
Verberge ich den Helden im Kampf mit dem Schicksal,
Den Ort der Handlung – und – die Zeit.

Gleich den Regenbögen seines Wassers, der Lawine
Lorbeer (hat vertraut ja! – schon gewußt!)
Raube – hegend – deinen Raum ich – ihnen
(Zaubere des Saales – Lust!)

Das Geheimnis des Vorhangs! Traumgesichtigen Waldes
Schlaf-Mittel, -kraut, -korn ...
(Hinter schon erschauernden Falten
Stürmt die Tragödie – wie – Zorn!)

Tränen – Lügen! Rang – Alarm, Glockenschlegel!
Zeit, erfülle dich! Sei, Held, wer du bist!
(Der Vorhang geht – wie – ein Segel,
Der Vorhang wogt – wie – die Brust.)

Oh, du Innerstes! – noch aus letztem Herzen
Umhege ich dich. – Explosion! –
Über Phädras – Natternbiß –! Schmerzen
Stieg – wie – ein Greif – er schon.

Da! Reißt – schaut! Es fließt, nicht wahr, euer Opfer?
Bei der Hand mit dem Schaff für das Blut!
Die erhabene Wunde fort geb ich bis auf den Tropfen.
(Des Zuschauers – Weiß. Des Vorhangs – Rot.)

Und dann – der Decke Mitleid mit dem Leiden,
Senkt – ein Bannerrauschen – sich.
Vor dem Saal hat der Vorhang kein Geheimnis.
(Des Saales Leben, der Vorhang – ich.)

(*Übersetzung: Elke Erb*)

Das Theater ist hier Thema – gespielt wird die Tragödie »Phädra« –, und mit dem Vorhang, der das Publikum von der Bühne, das reale vom inszenierten Leben trennt, benennt Zwetajewa ihr eigenes zwitterhaftes Wesen, das zwischen »Wahrheit« und »Dichtung«, zwischen Faktum und Fiktion vermittelt. Im Dichter-Ich kippt die Tatsachenwelt ins Illusionäre; diese wundersame Membran separiert Schmerz von Schmerz, ohne jemandem ein Geheimnis schuldig zu bleiben.

Als Trenninstanzen (oder Mini-Vorhänge) fungieren im Gedicht die Tirets. Selbst die Vergleichspartikel »wie« wird beidseitig durch Tirets abgetrennt, wodurch die Parallele zwischen Vorhang und Ich besonders ins Auge sticht. Gleichzeitig bilden die Tirets und übrigen Satzzeichen das ordnende Gerüst des Gedichts, dessen elliptischer Nominalstil – bei 200 Wörtern – mit nur 20 finiten Verben auskommt und bisweilen an die Grenzen der Verständlichkeit stößt. Solche Komprimierung, im Verein mit den splittenden Satzzeichen, erzeugt etwas stoßweise Stammelndes, ja, Explosives – und viel Emphase. Womit wir wieder bei Zwetajewas dramatischem Talent wären.

Gekonnt bedient sich dieses der Interpunktionsrhetorik in dem – Boris Pasternak gewidmeten – Gedicht »Zwei« (1923), das die distanzbedingte Krise einer Freundschaft beschwört:

> ... Geschieden! – sogar auf der Lagerstreu
> Geschieden! – und schlagend sich bekriegend
> Geschieden! – im Zwiesinn des Sprachgehäuses
> Spät und geschieden – unsere Ehe!
>
> Aber noch ältere Kränkungen gibt es:
> Die Amazone, gefällt wie ein Löwe –
> So trennten sich der Sohn der Thetis
> Und Ares' Tochter: Achilles und
>
> Penthesilea.
>
> Gedenk ihres Blicks –

Von unten! Eines abgeworfenen Reiters
Blick! nicht vom Olymp – aus dem Mist!
Schlammblick – doch von der Höhe der Leiter!

Sag, was erbringt's, daß seit dieser Stunde
Eifer ihn sucht: die Frau aus dem Sumpf!
Nicht ist's bestimmt, daß der Gleiche dem Gleichen . . .

. . . . . . . . . . . . . . . . . . . . . . . . . . . . . . . . . . . . . . . . . . . . . . . . . . .

So verfehlten wir – uns.

(*Übersetzung: Richard Pietrass*)

Besonders emphatisch wirken die Tirets nach dem viermaligen »Geschieden« mit Ausrufezeichen sowie im Schlußvers »So verfehlten wir – uns«. Wieder fungiert der Gedankenstrich als Trennungsstrich, markiert Distanz. In bezug auf das tragische Paar Achilles und Penthesilea greift Zwetajewa zusätzlich zum Strophenenjambement, um die Diskrepanz der Entfremdung/Entfernung zu verdeutlichen. Der Rückgriff auf antike Mythengestalten gehört im übrigen ebenso zu Zwetajewas Inszenierungsgebaren wie die exzessive Verwendung von Satzzeichen. Inhalt und Form sind nicht zu trennen.

Mit Blick auf die vielfältigen Doppelgänger des lyrischen Ichs – Ophelia und Phädra, Sibylle und Eurydike, Zarenmaid und Bojarin Marina – zeigt sich, wie sehr die theatralische Dramatik immer auch Maskierung beinhaltet. Allein, Maskierung und Inszenierung folgen bei Zwetajewa nicht den Gesetzen spielerischer Nonchalance, sondern gehorchen einer inneren Notwendigkeit. Im Sinne solcher authentisch-radikalen Recherche bilden sie Teil ihrer Poetik.

Unter dem Gesichtspunkt einer feministischen Ästhetik, wie sie heute etwa Marlene Streeruwitz vertritt, darf hinter Zwetajewas »zersplitterter« Sprache und ihrem Interpunktionsfuror eine Abgrenzung gegenüber der Geschichte der Väter gesehen werden bzw. der Versuch, eine eigene Setzung (»Satzung«) zu erproben. Streeruwitz, die ihrerseits eine völlig unorthodoxe Satzzeichengebung (mit rekurrenter Verwendung des Punktes) praktiziert, begründet ihr Vorgehen mit den Worten: »Es war der Geschichte des ersten Vaters und des in ihr transportierten, aber nie preisgegebenen Geheimnisses mit der Suche nach einem eigenen Geheimnis zu entkommen. Es war der Bogen der Geschichte zu zerschlagen und aus den Bruchstücken eine eigene zu formen. Eine andere. Es war die Sprache zu zersplittern und daraus ein neuer, ein anderer Glanz zu retten. Und. Es ging darum, Mittel der Beschreibung dieser Vorgänge und der Abgrenzung zu finden ... Gesucht war nicht aggressive Existenz in Stärke. Die Nicht-Invasion. – Ich denke, daß der Punkt in der zerrissenen Sprache diesen Raum, diese Möglichkeiten schafft. Ich denke, daß im Punkt auf der formalen Ebene mein Geheimnis verborgen ist und von da auf die Gesamtstruktur zurückstrahlt.«

Auch Zwetajewas Geheimnis läßt sich formal in der Interpunktion orten. Gegen gängige Regeln verstoßend und gekennzeichnet durch eine spezifische (Über-)Inszenierung, steht sie für Dekonstruktion und Konstruktion in einem, spiegelt sie als ästhetisches Mittel den Versuch der Autorin, aus alten Rollen auszubrechen und in der Ambivalenz changierend-widersprüchlicher Selbstbilder zu neuen Setzungen zu gelangen. Der Vorgang entbehrt nicht der Dramatik. Zwetajewas Kunst ist er im höchsten Maße zugute gekommen, während das Leben den kürzeren zog.

# »Es überlebt das königliche Wort« Anna Achmatowa zu Ehren

»Ich bin im gleichen Jahr geboren wie Charlie Chaplin, wie Tolstojs ›Kreutzer-Sonate‹, der Eiffel-Turm und wohl Eliot. In jenem Sommer feierte Paris die hundertste Wiederkehr des Sturms auf die Bastille – 1889. In der Nacht meiner Geburt wurde und wird die Johannisnacht gefeiert. Anna nannte man mich zu Ehren meiner Großmutter Anna Jegorowna Motowilowa. Ihre Mutter, die tatarische Fürstin Achmatowa, stammte aus dem Geschlecht der Tschingisiden; ohne zu ahnen, daß ich eine russische Dichterin werden würde, nahm ich mir ihren Namen als mein literarisches Pseudonym.«

So beginnt Anna Achmatowa ihre autobiographischen Skizzen »Pro domo mea«. Als sie dies schreibt, gilt sie längst als *die* russische Dichterin des 20. Jahrhunderts, zusammen mit der frühverstorbenen, so gegensätzlichen Marina Zwetajewa.

Anders als Marina Zwetajewa war Anna Achmatowa dezidiert nichtavantgardistisch. Mit Puschkin und der russischen Romanliteratur des 19. Jahrhunderts großgeworden, eine gute Kennerin von Baudelaire, Verlaine, von Dante und der Bibel, strebte sie von Anfang an nach klassischer Zurückhaltung und Klarheit. Strenge Metren, genaue Reime, kurze Sätze, ein Hang zur Narration. Der erzählerische Charakter vor allem ihrer frühen Lyrik äußert sich darin, daß Eifersucht oder Liebeskummer in Episoden veranschaulicht, zu Sujets konkretisiert werden. So entstehen gleichsam Kürzestnovellen von großer Lakonie, persönlich und doch sparsam im Ausdruck der Gefühle. Das lyrische Ich spricht in einem Atemzug über die Tiefe seiner Empfindung, über Stachelbeerblüten und darüber, daß es den linken Handschuh über die rechte Hand zieht, doch nur wer sich auf den leisen Ton dieses fast beiläufigen Sprechens einstellt, erkennt die subtile Komplexität der Situation, die Höhen und Tiefen der Emotion, das Leiden durch Leidenschaft.

»Muse der Klage« hat die junge Zwetajewa Anna Achmatowa genannt und damit auf den elegischen Grundzug ihrer Dichtung hingewiesen. Die Klage ist still und konstant, ohne je zur pathetischen Anklage zu werden. Das gilt selbst für den Gedichtzyklus »Requiem«, der wegen seiner herben Entlarvung des stalinistischen Terrors in der Sowjetunion erst 1987 erscheinen konnte. Anna Achmatowa geht immer auf Distanz, verbirgt sich hinter Masken und Schleiern, liefert Spiegelbilder von Spiegelbildern, mitunter »Scherben«. Doch selbst wo die Trauer auf Grund gerät, erzeugt sie kein Gefühl von Tragik. Sie ist im Vers aufgehoben und verklärt.

Achmatowa wurde als Anna Andrejewna Gorenko am 23. Juni 1889 in der Nähe von Odessa geboren und verbrachte ihre Kindheit und Jugend im idyllischen Zarskoje Selo bei St. Petersburg. »Eine grüngemusterte Stille in des Jahrhundertanfangs kühlem Kinderzimmer.« Nach der Trennung der Eltern, 1905, zieht sie mit ihrer Mutter und den Geschwistern auf die Krim, später nach Kiew, wo sie ein Jura-Studium beginnt. Als sie 1910 den Dichter Nikolaj Gumiljow heiratet, hat sie sich bereits für die Literatur entschieden. Zusammen mit Gumiljow und Ossip Mandelstam wird sie Akmeistin, verschreibt sich einem auf das Visuelle bezogenen, konzisen, unmetaphorischen Stil.

Reisen führen sie nach Paris, wo sie sich mit Modigliani befreundet, und nach Italien; 1912 erscheint ihr erster Gedichtband, »Abend«. Ein überwältigendes Debut. Mit den folgenden, in politischen Krisenzeiten entstandenen Gedichtbänden »Rosenkranz« (1914) und »Weiße Schar« (1917) wird Anna Achmatowa vollends zum Mythos: Man bewundert ihren souveränen Stil und ihre Erscheinung von herber Schönheit und großer Noblesse, die sich so selbstverständlich gegen die Vulgarität der Zeit behaupten; man malt, modelliert, photographiert und besingt sie wie keine andere. Nach Joseph Brodsky würden »die ihr gewidmeten Gedichte mehr Bände füllen als ihre eigenen gesammelten Werke«, und was die Achmatowa-Porträts betrifft, so stammen sie aus den geübten Händen von Amedeo Modigliani, Jurij Annenkow, Kusma Petrow-Wodkin, Natan Altman und vielen andern.

Im August 1921 wird Nikolaj Gumiljow wegen angeblicher Teilnahme an einer monarchistischen Verschwörung von der Tscheka erschossen. Die Signale der Bedrohung häufen sich. 1922 veröffentlicht Anna Achmatowa ihren Gedichtband »Anno Domini«, in dem sie sich – trotz allem – klar für ihre Heimat und gegen die Emigration entscheidet; danach kann sie, von der Parteikritik als konservativ verschrien, bis 1940 kein Buch mehr herausgeben. Sie schreibt unter ärmlichen Lebensbedingungen Aufsätze über Puschkin und die Architektur des alten Petersburg, die Gedichte notiert sie ins Heft. 1938, als ihr enger Freund Ossip Mandelstam im Stalinschen Gulag umkommt, wird ihr einziger Sohn Lew verhaftet. Achmatowa steht siebzehn Monate Schlange vor den Gefängnissen von Leningrad; in dieser extrem schwierigen Zeit, die Lidia Tschukowskaja sorgfältig protokolliert hat, entstehen große Teile des Zyklus »Requiem«, in dem Achmatowa stellvertretend für andere Mütter spricht und mit gebethafter Eindringlichkeit die Greuel des Terrors entlarvt.

Anna Achmatowa ist zur Geschichtsdichterin geworden. In ihren »Nördlichen Elegien«, vor allem aber im Gedicht-Triptychon »Poem ohne Held« (1940-1962) entfaltet sie eine verwirrende Stimmen-Polyphonie, um Vergangenes heraufzubeschwören, dem Vergessen zu entreißen. Ihre Themen sind: die Zeit, die Erinnerung, der Tod, wobei sie um das Paradox weiß, daß das Vergehen der Zeit in der Prosodie des Verses zum Stillstand kommt, vorausgesetzt, »jedes Wort in der Zeile steht an seiner Stelle, als stünde es dort schon tausend Jahre, aber der Leser hört es zum erstenmal. Der Weg ist schwer, aber wenn er gelingt, sagen die Leute: ›Das geht um mich, als hätte ich das geschrieben.‹«

Anna Achmatowa hat genau das erreicht: den Eindruck kunstvoller Einfachheit, ja, Selbstverständlichkeit zu vermitteln. Und dies trotz ihrer enormen Belesenheit, trotz der mannigfaltigen intertextuellen Bezüge ihrer Poeme, trotz des palimpsestartigen Charakters ihrer späten Lyrik. Der poetische Impuls folgt gleichsam einem Diktat:

> Doch da schon Worte, wie geboren, kaum,
> Signal: der zarte Klingelton des Reims –
> Und nun Beginn, fast, ich versteh, hör, seh:
> Es legen sich die vordiktierten Zeilen
> Einfach und schwarz aufs reine Weiß des Hefts.
>
> (*Übersetzung: Rainer Kirsch*)

Mit l'art pour l'art hat das nichts zu tun, denn eben diesem Diktat folgend, hat Achmatowa auch ihre vaterländischen Gedichte während des Zweiten Weltkrieges geschrieben. Trotzdem geschieht 1946 das Ungeheuerliche: Anna Achmatowa wird von Parteisekretär Schdanow als »Nonne und Hure« beschimpft und im Rahmen des ZK-Beschlusses vom 14. August zusammen mit Michail Soschtschenko aus dem Schriftstellerverband ausgeschlossen; zwei Gedichtbände werden eingestampft. Als 1949 ihr Sohn zum drittenmal deportiert wird, vernichtet sie aus Angst mehrere Prosamanuskripte und Theaterstücke. Ihre Rehabilitierung erfolgt 1956, die Aufhebung des ZK-Beschlusses jedoch erst über zwanzig Jahre nach ihrem Tod, unter Gorbatschow, der auch die Publikation des »Requiems« freigegeben und die Gründung eines Achmatowa-Museums in St. Petersburg ermöglicht hat.

Immerhin erlebt Anna Achmatowa nach 1956 das Erscheinen mehrerer Gedichtausgaben sowohl in der Heimat als auch im Ausland, wird als Symbolfigur des geistigen Widerstands umringt und bewundert und mit internationalen Auszeichnungen bedacht: 1964 erhält sie in Oxford – in Gegenwart von Isaiah Berlin – die Ehrendoktorwürde. Bei dieser Gelegenheit sieht sie Paris und alte Freunde wieder, Kreise schließen sich. Auf der Datscha in Komarowo entstehen Altersgedichte von heiterer Abgeklärtheit sowie autobiographische Prosaerinnerungen, dort auch empfängt Achmatowa die Besuche von jungen Lyrikern wie Joseph Brodsky. Sie stirbt am 5. März 1966 an Herzversagen; ihr Grab zwischen den karelischen Föhren von Komarowo hat seither nicht aufgehört, ein Pilgerort zu sein.

Anna Achmatowa, die während der Stalinzeit viele ihrer Gedichte nur dem Gedächtnis naher Freunde anvertraut hat, ist längst zur Klassikerin geworden, ihre Dichtung zum vielzitierten »Volksgut«. Im ruhigen, gleichsam zeitlosen Duktus ihrer Verse, der nur feine Brechungen kennt, erscheinen ganze historische Epochen aufgehoben und individuelle Traumen in kollektive Erinnerung umgewandelt.

Gold rostet, Stahl verwest zu Staub,
Marmor zerbröckelt. Alles ist bereit zum Tod.
Am dauerhaftesten auf Erden ist die Trauer.
Es überlebt: das königliche Wort.

(*Übersetzung: Rainer Kirsch*)

# Historie in Vorhangfalten
## Erinnerungen an Joseph Brodsky

»Es zeichnet Poesie sich eben aus / durchs Fehlen einer klaren Grenze.« Im Rahmen von Joseph Brodskys Poetik heißt das zweierlei: Dichtung nimmt immer Bezug auf Dichtung, indem sie früher Geschriebenes fortschreibt (ein partiell jüdisches Textverständnis), und: Dichtung ist per se offen und daher nicht festlegbar und verwertbar (wie es etwa der Sozialistische Realismus postulierte). Dichtung also als übergreifendes, übernationales, gleichsam metaphysisches Prinzip?

Joseph Brodsky (1940-1996) hat nur wenige explizit politische Gedichte geschrieben (z. B. den Afghanistan-Zyklus »Verse von der Winterkampagne des Jahres 1980«), sich jedoch in Essays und publizistischen Texten zu politischen Themen geäußert, gelegentlich dezidiert antisowjetisch. So etwa in seinen »Leningrader Erinnerungen«, in denen er mit Bitterkeit die sowjetische Staatsbürokratie anprangerte (die seinen betagten Eltern einen Besuch in den USA verweigerte), sowie die durch den Zentralismus verursachte Lebensmonotonie: »In dem Land, in dem ich zweiunddreißig Jahre verbrachte, sind Ehebruch und Kinogehen die einzigen Formen freien Unternehmertums. Und die Kunst.«

Besuch bei Brodsky im März 1971 in seinem Leningrader Zehnquadratmeterzimmer. Als befände man sich in einer exterritorialen Zone: Bücher in allen Sprachen vom Fußboden bis zur Decke. Dylan Thomas, W. H. Auden, T. S. Eliot, John Donne (der englische »metaphysical poet« des 17. Jahrhunderts, den Brodsky kongenial übersetzt hat), Konstantin Kavafis, polnische und russische Autoren; Fotos, über der Schreibmaschine die Losung: »Ich bin Dichter«, auf dem antiken Nußbaumschrank ein alter Überseekoffer. Eine Welt der Kunst, eine Kunstwelt.

Wir sprechen über Puschkins Freund Jewgenij Baratynskij, einen Gedankenlyriker von grandiosem Pessimismus; Brodsky rezitiert – selbstverständlich auswendig und mit dem ihm eigenen Litaneienpathos – Achmatowa und Mandelstam, Dylan Thomas und eigene Verse, als wollte er widerlegen, daß »in unserer Zeit die Starken zugrunde gehen und das Geschlecht der Schwachen sich vermehrt en gros und en détail«. Gelegentlich wird er apodiktisch »Djuna Barnes ist großartig, Bulgakow taugt wenig«, oder, bezüglich der Zensur: »Die Zensur ist positiv, sie verfeinert die Lesegewohnheiten.« Doch keine Widerrede, bitte. Denn Brodsky, der gelehrte Autodidakt, kann nicht nur schnippisch, sondern auch zornig werden. Gereizt wirkt er immer, als störte ihn alles bei seiner inneren Arbeit, dem Dichten. Deshalb frage ich auch nicht, wie es kommt, daß er am liebsten russische Soldatenlieder und Henry Purcell hört (eine ungewöhnliche Kombination), und was es mit seiner Marotte auf sich hat, von Zeit zu Zeit Miaulaute auszustoßen.

Er erzählt beiläufig von seinem Sohn Andrej, private Gespräche mag er nicht. Auf der Straße, wo er mich ein paar Schritte weit begleitet, verfällt er in eine träumerische Absenz, bleibt jedoch plötzlich vor einem klassizistischen Hauseingang stehen: »Sehen Sie, die Säule hat eine dorische Frisur.« Sein Blick für Steine, Mauern, Ruinen ist geschärft. Später sollte er in Venedig und Rom den Verfallsspuren abendländischer Kultur nachgehen.

Und eine zweite Begegnung, Anfang April 1972, in der Leningrader Wohnung des Literaturwissenschaftlers Efim Etkind. Weder Brodsky noch Etkind ahnen, daß sie schon bald die Heimat verlassen würden. Brodsky tippt sein soeben entstandenes Gedicht »Lichtmeß« ab. Das Abendessen mit mehreren geladenen Gästen wird zum literarischen Ereignis: Kaum hat Brodsky seine Verse vorgetragen, die sich in Windeseile in Abschriften verbreiten sollten, schwenkt Etkind das neueste Heft der Zeitschrift »Fragen der Literatur« (Voprosy literatury) und verkündet die Sensationsmeldung von der Rehabilitierung Ossip Mandelstams.

Der entsprechende Aufsatz (von Alexander Dymschitz) enthält zwar gravierende biographische Auslassungen, doch ist allen klar, daß es »sonst nicht gegangen wäre«; 1973 erscheint dann, nach 45 Jahren, erstmals wieder eine Edition von Mandelstams Gedichten, wobei es auch bis dahin keinen sowjetischen Intellektuellen gab, der nicht zahllose Verse dieses Lyrikers auswendig gewußt hätte. So wie auch Brodskys Gedichte abgeschrieben und memoriert und in privaten Seminaren diskutiert wurden.

Dichter, vor allem verfemte Dichter, genossen in der Sowjetunion ein Ansehen, das Westler erstaunen mußte. Freilich repräsentierte der Poet bereits im zaristischen Rußland eine Autorität – Puschkin etwa, der die repressive Politik Alexanders I. in scharfen Versen anprangerte und dafür mit Verbannung bestraft wurde, galt und gilt bis heute als »Nationalheld«.

Im 20. Jahrhundert wurden gerade die bedeutendsten Dichter von Stalins Verdikt getroffen; Kultur fand lange Jahre nur im verborgenen statt, wobei dem Gedächtnis die wichtige Rolle zufiel, zu bewahren und zu überliefern (wie es Lidia Tschukowskaja für Anna Achmatowa getan hat). Während meines Studienaufenthalts in Leningrad, 1969, erlebte ich in privaten Kreisen mehrfach Lesungen von Marina Zwetajewa, Nikolaj Gumiljow und Daniil Charms, von Autoren, die seit Gorbatschows Glasnost-Politik »ans Tageslicht befördert« wurden. Poesie wird vom Russen als Korrektiv, als Lebens- und Orientierungshilfe verstanden, nicht nur als ästhetisches, sondern auch als ethisches Faktum, als ein Schatz, der – einmal dem Gedächtnis eingeschrieben – vor jedem Übergriff gefeit ist.

Auch Brodskys Obsession galt dem Bewahren, der literarischen Überlieferung, der Erinnerung (»Sie spiegelt die Qualität der Realität ebenso wider wie utopisches Denken«).

Illusionslos in bezug auf die Zukunft (»Die Zukunft ist ohnehin leer«), galt sein gesammeltes Interesse der Vergangenheit – der Geschichte, den Legenden und Mythen des Mittelmeerraums, der Literatur von der Antike bis zum Klassizismus. »Wir sind weiterhin versucht zu glauben, daß der Dichter mehr als nur ein Leben erhält, weil er die Fähigkeit zu besitzen scheint, über Straßen von vor zweitausend Jahren zu gehen«, schrieb Brodskys Freund, der polnische Dichter Czesław Miłosz. »Doch genau in dieser Fähigkeit besteht auch die heutzutage immer stärker werdende Suche nach der Vergangenheit... Der eindimensionale Mensch will multipliziert werden, indem er sich unterschiedliche Masken, Kleider, Empfindungen und Denkweisen überstülpt.«

Auch Brodsky treibt ein Spiel mit Masken und Spiegeln, mit antiken Metren und Strophen, wobei er historisch-mythologische Stoffe ebenso verfremdet, wie er gegen klassische Formen verstößt. Traditionalist und Antitraditionalist, Elegiker und Ironiker in einem, ist er ein Meister der Irritation, des »Brechens« und des Bruchstücks. »Haltbarer als Bunkerdecken ist doch das Firmament der Trennungen«, heißt es in einem Gedicht über das zerstörte Königsberg (»Einem alten Architekten in Rom«).

Brodskys anspielungsreiche Gedankenlyrik kreist um die Themen Zeit, Vergänglichkeit, Tod, Kulturzerfall, wobei das »Ich« meist hinter Gegenständen, Orten, Episoden zurücktritt. Leidenschaftslos, gewissermaßen unter dem Blickwinkel der Ewigkeit, erscheint die Welt, so wie sie sich bereits dem Schuljungen Iossif (in »Erinnerungen an Leningrad«) darstellte: »Der breite Fluß lag weiß und gefroren da wie die in Schweigen verfallene Zunge eines Erdteils... und das linke Ufer sah aus wie der Abdruck einer riesigen Molluske namens Zivilisation. Die ausgestorben war.«

Historie lagert in Vorhangfalten, in Trümmern und Staub. »Unsere Perspektiven? Keine«, »vom Ganzen der Menschheit bleibt – als Teil – bloß Sprache übrig.«

Brodsky ist ein Dichter der Endzeit-Inventare, die allerdings von einem erotischen Blick, von einer frenetischen Liebe zum gegenständlich-sinnlichen Detail zeugen. »Ich mag die Menschen nicht«, bekennt der Dichter in »Nature morte«, »Dinge sind angenehmer ... / Ein Ding fällt hin, wird verbrannt, /ausgeweidet, zerbrochen, / Weggeworfen. Nie jedoch / schreit es: ›Ihr alle könnt mich mal ... !‹« Bei Brodsky schreit auch der Mensch nicht – zu müde, zu skeptisch, zu resigniert.

Ein Spätgeborener, denkt er mit Vorliebe nach – wie in diesem Gedicht aus dem Zyklus »Redeteil« (1975-76):

In der Ecke ist es warm. Ein Augenschein.
Der Blick prägt sich den Dingen ein.
Das Wasser wirkt hier klar wie Glas.
Der Mensch ist schlimmer als sein Aas.

Im Nirgendwo; ein Winterabend, weingetränkt.
Die Veranda wird vom Weidgestrüpp bedrängt.
Auf den Ellenbogen ist der Körper abgestützt
gleich der Moräne, die vorm Gletscher sitzt.

Nach tausend Jahren wird man in der Vorhang-
falte noch ein Weichtier finden in der Stoffbahn,
jenen Abdruck eines Munds, der, als er eben gute
Nacht zu sagen suchte, plötzlich einhielt, ruhte.

(*Übersetzung: Felix Philipp Ingold*)

# Zeichenhaftes Sprechen
## Zu Gennadij Ajgis lyrischem Suprematismus

Gennadij Ajgi wurde am 21. August 1934 im Dorf Schajmurschino in der Tschuwaschischen Autonomen Sowjetrepublik geboren.* Sein Vater war Lehrer und ein Liebhaber von Puschkin, den er ins Tschuwaschische übersetzte, sein Großvater mütterlicherseits schamanischer Priester. Ajgi schrieb schon als Kind Gedichte. Von 1953 bis 1959 studierte er in Moskau am Literaturinstitut, zu seinen Lehrern gehörten Viktor Schklowskij und Michail Swetlow. 1958 erschien sein erster Gedichtband auf tschuwaschisch, 1960 wechselte er – auf Anraten Nazim Hikmets und Boris Pasternaks – zum Russischen über und wurde so nach eigenen Worten zu einem »tschuwaschischen Dichter, der russisch schreibt«. Indessen konnte er seine russischen Gedichte – in der Sowjetunion – nur vereinzelt publizieren. Ab 1961 war Ajgi mehrere Jahre am Moskauer Majakowskij-Museum tätig. Er verlor seinen Posten, nachdem er durch »nonkonformistische« Ausstellungen futuristischer Dokumente bei den Behörden Mißfallen erregt hatte. In der Folge profilierte sich Ajgi als Übersetzer ins Tschuwaschische, hörte aber nie auf, russische Verse zu schreiben. Mittlerweile umfaßt sein Werk Dutzende von (meist bibliophil edierten) Bänden, die in zahlreiche Sprachen übersetzt wurden. Im Kontext der russischen Gegenwartslyrik nimmt es einen singulären Stellenwert ein.

Ajgis Poesie weist Bezüge zur tschuwaschischen Volks- und Kunstdichtung (Michail Sespelj, Waslej Mitta) auf, ver-

* Die Tschuwaschen (1,3 Millionen), an der mittleren Wolga in der Tschuwaschischen Republik (Hauptstadt Tscheboksary) ansässig, gelten als Nachkommen der Wolga-Bulgaren. Das Tschuwaschische bildet einen selbständigen Zweig der Turksprachen.

leugnet aber auch nicht Impulse von Baudelaire, Verlaine, von Welimir Chlebnikow und Jiři Wolker. Allein, von Einflüssen läßt sich hier kaum reden, sind gelegentlich auch »Versatzstücke« auszumachen. Da Ajgi nicht so sehr an ästhetischen Programmen und Verfahren, sondern an einer poetischen Weltschau interessiert ist, konnte für ihn Kierkegaards Existenzphilosophie, vor allem aber die Suprematismus-Theorie des russischen Avantgarde-Künstlers Kasimir Malewitsch (1878-1935) konzeptuell zu einem weit bedeutenderen Stimulus werden.

Das 1962 entstandene Gedicht »Kasimir Malewitsch« führt Ajgis und Malewitschs Zeichensprache zusammen:

*Kasimir Malewitsch*

»und es steigen die felder gen himmel«
(*aus einem gesang*)

wo bloß des Vaters bild das werk bewacht
ist man auf kreisverehrung nicht erpicht
und schlichte tafeln brauchen kein gesicht

doch von fern – als wüßte der kirchengesang
fortan keine sänger mehr ihn zu beerben
und wäre gefügt gleich einer stadt
die keinerlei zeitspannen kennt

so schuf sich damals ein anderer wille
einen raster eigener ordnung –
stadt – seite – eisen – lichtung – quadrat:

– schlicht wie unter asche ein feuer das trostreiche Witebsk

– beim zeichen eines winks wurde Welimir ausgeliefert und genommen

– und El er ist wie eine linie bleibt er dem abschied fern

– das ist wie ein biblisches Ende: Schnitt – Vollendung – Charms

– in latten ist von andern ausgeführt

– des weißen sargs entwurf

und – es steigen – die felder – gen himmel
von jedem – geht – eine richtung
jedem stern – entgegen
und es schlägt ein eisenende schwingend
bei kargem dämmerschein
und es schließt sich der Kreis: wie vom Himmel gesehn
ist die arbeit zu sehn wie vom himmel

(*Übersetzung: Felix Philipp Ingold*)

Sein poetisches Ziel sei es, meint Ajgi, »den Prozeß des Lebens«, »das Wesen der Dinge in ihren natürlichen Räumen« wiederzugeben, nicht aber zu »besiegeln« oder »darzustellen«. Das Wort (in der Poesie) sei nicht Gedankenträger, sondern »Handlung«, »Akt«. Malewitsch formulierte 1922 in seiner Grundlegung des Suprematismus:

»Vielleicht kann der Maler zum wahren Interpreten der Natur, der Wirklichkeit werden, wenn er in seiner Arbeit nichts anderes sieht als die Arbeit der wahren Natur, wenn er die Natur als gegenstandslose Erregung betrachtet und nicht als scheinbare Wirklichkeit.«

Von derselben *Erregung* spricht Ajgi, wenn er den Schaffensprozeß definiert: nicht als Dialog mit dem »Objekt«, sondern als gleichsam mediale Übertragung der *Ding-Impulse* mittels rhythmischer Gleichgestimmtheit. (»Poesie ist Denken in Rhythmen.«) Bei Malewitsch heißt es: »Sobald ein Schaffender beginnt, seine Erregung durch den Rhythmus auszudrücken, befindet er sich in Einklang mit der kosmischen Wirklichkeit.«

Postuliert Malewitsch diesbezüglich die »Gegenstandslosigkeit als befreites Nichts« – am reinsten versinnbildlicht im weißen Quadrat –, so befreit Ajgi das Wort von seiner konventionalisierten Bedeutung, macht es zum *Zeichen per se*, das – in Interrelation mit anderen Zeichen – ein rhythmisch instrumentiertes »Kräftefeld« ergibt. Ajgis Schlüsselwörter – »Feld«, »Fenster«, »klar«, »Lichtung«, »sein«,

»Schnee«, »weiß«, »All« – ergeben zwar gesamthaft einen Code, ein ebenso kohärentes wie signifikantes semantisches Feld, sind aber, im einzelnen, als magische »Erregungserzeuger«, als quasi-sakrale Zeichen (»die Dichtung ist sakrale Handlung«) zu verstehen, die durch den jeweiligen Kontext verändert werden können. So erfährt das Wort »Feld« – in tschuwaschischen Gebetstexten ein Ausdruck für seelische Freiheit – bei Ajgi diverse Metamorphosen von »Nichts« bis zu »Heimat«, wobei eine »Feld«-Idee (in Anlehnung an Platos Ideentheorie) die verschiedenen Bedeutungen gleichsam antizipiert. Sind für Ajgi die Beziehungen zwischen den Wörtern ein Pendant zum animistisch-pantheistischen Verbundensein der Dinge, so versteht er die Genese des Wortes aus einem sprachlosen Zustand (mithin den Vorgang des Schaffensprozesses) nicht anders als Malewitsch:

»Auf dem weißen Felde des Verstandes teilte sich das Dunkel, und es entstanden unterschiedliche Einzelerscheinungen, die zueinander in Beziehungen gerieten und die verschiedensten Kombinationen und Verbindungen ergaben.«

Die Verbindungen sind es, die im Rahmen von Ajgis *Metapoetik* und *Metagrammatik* von besonderer Signifikanz sind. In pseudo-asyndetischen, bis zu fünfgliedrigen Wortverbindungen, die an die »quotation substantives« etwa im Englischen oder Französischen, gelegentlich aber auch, was ihre Funktion anbelangt, an die synthetischen Quasi-Nebensätze der Turksprachen (zu denen auch das Tschuwaschische gehört) erinnern, bringt Ajgi auf kompakte Weise ganze Sachverhalte zum Ausdruck, wobei die gängige Syntax willentlich umgekrempelt und oft bis zur Unverständlichkeit deformiert wird.

Ajgi begründet dieses Prozedere – fast moralisierend – mit dem heutzutage akzelerierten Zerfall zwischenmenschlicher Beziehungen. Richtiger aber wäre, hier von einem poetikimmanenten und daher zwingenden Rückzug ins *Vor*syntaktische zu sprechen, einem Rückzug, der – wie in Ajgis hermetischen Gedichten der siebziger Jahre – einer Kommunikationsverweigerung gleichzukommen scheint. Scheint: denn Ajgi schreibt, wie aus seinen Widmungsgedichten und verschiedenen Selbstaussagen hervorgeht, an präzise Adressaten, mögen dies auch Freunde, also »Eingeweihte« sein – der Musiker Andrej Wolkonskij, Olga Iwinskaja, der Germanist Konstantin Bogatyrjow. Für letzteren, der im April 1976 Opfer eines KGB-Attentats wurde, verfaßte Ajgi einen poetischen Nekrolog mit dem vielsagenden Motto »Denen, die wissen«, in dem er mehr intuitiv als explizit die Tragödie jener Nacht evozierte.

Aktuell (im üblichen Wortsinn) ist Ajgi nie, er will es nicht sein. Alltägliches, Behaftbares ist ihm zu vordergründig, selbst das Ich soll nie als »Ich« in Erscheinung treten. Gegenstände, Situationen, Menschen, Orte, die es nicht zu beschreiben, sondern zu *erzeugen* gilt, sollen »wesenhaft« angenähert werden: »In jenem niemandsdorf / schienen / die ärmlichen lappen am pfahlzaun / nirgendwessen. / Und die wolken darüber waren nirgendwessen...« (»wolken«).

Das Indefinitpronomen ist für Ajgis Poetik ebenso konstitutiv wie der Vergleich, namentlich der negative. Die Negation – schon in der Barocklyrik zur Umschreibung des unaussprechlichen Gottes eingesetzt – dient auch Ajgi zu einer »Definition« der Phänomene Gott, Tod, Sein, Raum. Dabei geht es Ajgi jedoch nicht um eine diskursive Annäherung an die »ewigen Dinge« im Sinne philosophischer Lyrik, sondern um ein vorsichtiges Einkreisen der Begriffe, bis sich diese gleichsam selber enthüllen.

Ajgis Texte sind strenggenommen ein einziger Text mit kommunizierenden Teilen, wobei die Gedichteinheiten in ihrer ungebundenen Form ihrerseits offen strukturiert sind. Konjunktionen (und, aber) am Gedichtanfang sollen deutlich machen, daß der Text gar nicht anfängt, sondern bereits existiert (und wir in ihm), daß der Text in beide Richtungen transparent ist. Auch Ajgis eigenwillige Interpunktion dient

– wo nicht der Intonation – dem nämlichen Prinzip der Transparenz. Ein Doppelpunkt am Gedichtende markiert da eine Öffnung, wo im Regelfall ein Abschluß erwartet wird.

Dichtung sei eo ipso geistiger Widerstand, ein Kampf gegen jede Form von Automatismus, meint Ajgi. In seinen Versen, die keiner Schule, keinem deklarierten Ismus, keiner Modeströmung verpflichtet sind, erweist sich Ajgi als ein Dichter der Behutsamkeit und feinster Unterscheidungen. Sein schlichtes, aber differenziertes Themen- und Wortrepertoire läßt sich schon an den Gedichttiteln ablesen: »Kiefern: Abschied«, »Feld – blüht Jasmin«, »Blumen von für mich«, »Erneut: Rückkehr der Angst«, »Dämmerung: in den Pausen des Schlafs.«

Ajgis verbale Unsinnlichkeit – intendiertes Resultat seiner Suche nach dem »Wesen der Dinge« – erinnert nicht von ungefähr an Malewitschs Ungegenständlichkeit, seine abstrakte Differenziertheit an die »Finesse der Weiße« des Malers. Der »nahe Schnee«, das »letztliche Land« – mit seinen ungewöhnlichen Epitheta deutet Ajgi Räume an, die *ausgespart* bleiben, deren Nuancen aber vom Leser zu einem Ganzen vervollständigt werden sollen. Mit Malewitsch wäre hier von einem Bewußtsein zu reden, das »nicht mehr mit verschiedenen Materialien, sondern nur noch mit Erregungen operiert.«

*Kiefern: Abschied*

Zeit, daß Schlicht (Sonne ist Schlicht).

Und solch – ein Abschied (gleichsam Augenschein – in einen Seelen-Blick, egal-einnehmend: Sonne).

Auch ihr seid nicht bloß Hall, Erhabenheit. Ihr, zusammen mit der Sonne, wart Entsprechung – dem Glanz der Schlichtheit hinter der Welt:

Liebe
(unsre nicht) –

dies – Kein:

(Leuchtend):

Tod –

(der so schlicht ist, daß: nein).

(1977)

*Feld – blüht Jasmin*

doch wie sollte
jene Grundlegung
auch nicht sein: die dem gedanken allerorten gegenwärtig ist: wie ein gewisses nicht-welträumliches Gerippe! –

was: wie Gottes-Gegenwart:

es spürend: unaufhebbar:

wie sollte es daselbst nicht sein: im jähen durcheinander von Raum-sowohl-wie-Zeit:

und: unsrer Herzlichkeit! –

wie es so *ist* (gleichsam der seelen grundlegung)
da: nach jeglicher ins bild gebrachten insel
von weiß (von zweiter weißglut gleichsam: farbe des verlebten: eben erst idee gewordnen!):

wie ist dieses nicht-welträumliche Gerippe hell bei dämmerung! –

der Sichtliche Leuchtet: durch inseln
von weiß: im feld: dem immer weißern

(1971)

*(Übersetzung: Felix Philipp Ingold)*

# IV

# Der Wahnsinn des Lebens
## Andrej Sinjawskijs Bücher »Gute Nacht« und »Im Schatten Gogols«

»Kontakte? Mit wem denn? Mit den Mitmenschen? Dem Leser? Ich glaube nicht daran. Sie widerlegen einen Wort für Wort. Und können so leicht beweisen, daß alles ganz anders sei. Ich kenne sie! Die einzige Zuflucht ist der Text. Nicht zu dicht, aber auch nicht zu licht. Aber einen Weg zurück ... aus dem Text gibt es nicht. Wir sind im Wald. ... Wie herrlich ist das! Endlich bist du nicht mehr da, einfach gestorben. Geblieben ist der Wald. Und wir ziehen uns in den Wald zurück. In den Text. Deshalb ist es so wichtig, daß in dem Buch, das du schreibst, etwas Geheimnisvolles ist.«

So spricht der Icherzähler in Andrej Sinjawskijs halb autobiographischem, halb phantastischem Roman »Gute Nacht«.

Doch wer ist dieser Icherzähler? Sinjawskij, sein »alter ego« Abram Terz, ein »Dritter«?

Wir müssen auf ein Verwirrspiel gefaßt sein, das bewußt darauf abzielt, das geregelte Verhältnis zwischen »Dichtung und Wahrheit« zu stören. Sinjawskij weiß, weshalb er auf dieser Differenz beharrt. Bereits Ende der fünfziger Jahre entschloß er sich zu einer Doppelexistenz und sandte unter dem Pseudonym Abram Terz phantastische Erzählungen in den Westen. Während Andrej Sinjawskij als Dozent der Universität Moskau und wissenschaftlicher Mitarbeiter des Gorkij-Instituts für Weltliteratur grundlegende Studien über Pasternak, Achmatowa und verschiedene Dichter der Revolutionszeit verfaßte, machte der Ganove und Jude Abram Terz mit seinen Texten »Der Prozeß beginnt«, »Ljubimow«, »Pchenz«, »Was ist der sozialistische Realismus?« in allen westlichen Metropolen Furore. Terz ist ein Außenseiter, ein

Dissident in dem Sinne, als der Schriftsteller (so Sinjawskij in einem Interview) »immer ein Gesetzesbrecher ist«.

Terz' Themen haben etwas Prickelndes, Verbotenes; Terz neigt zur Übertreibung, zur Satire. Und er kennt die künstlerischen Verfahren Gogols und der russischen Avantgarde. Als er 1965 entlarvt wird, geht es jedoch nicht mehr um literarische, sondern um rechtliche Verfahren: Sinjawskij kommt, zusammen mit Julij Daniel, vor Gericht; 1966 werden beide Schriftsteller unter dem Vorwand der »antisowjetischen Propaganda« zu sieben Jahren verschärfter Lagerhaft verurteilt. Sinjawskij, der während des ganzen Prozesses seine Unschuld beteuert, erinnert in seinem Schlußwort an das Abc jeder Literaturbetrachtung: »Das Wort bedeutet nicht eine Handlung, es ist lediglich ein Wort. Ein gestaltetes Bild ist nicht real. Der Verfasser ist nicht identisch mit der Romanfigur.«

Die Machthaber waren für solche Lehren taub: Sinjawskij verbrachte fast sechs Jahre in einem mordwinischen Straflager. Zur Ironie des Schicksals gehört, daß er auch in der Emigration für literarische Äußerungen haftbar gemacht wurde; sein Puschkin-Buch etwa (»Promenaden mit Puschkin«), das wie »Die Stimme im Chor« und »Im Schatten Gogols« im Lager entstand, wurde von zahlreichen russischen Emigranten als Diffamierung des Nationaldichters mißverstanden, der Verfasser mit Schimpf überhäuft. »Wir gehen nicht an der Kunst zugrunde«, betont Sinjawskij, »sondern an der Verbindung von Kunst und Wirklichkeit«.

Den Roman »Gute Nacht«, an dem er sieben Jahre gearbeitet hatte, bezeichnete Andrej Sinjawskij (1925-1997) als ein autobiographisches Buch, präzisierte aber, daß es ihm nicht um eine Aufreihung von Fakten gehe, sondern um Atmosphäre. »Ich will Maler sein.« Sinjawskij ist Poet. Und so zwingt er sein fakten- und facettenreiches Material nicht in eine Chronologie, sondern überläßt es seiner Eigendynamik: »Meine Erzählung entfernt sich von mir in Sprüngen, gleich einem Känguruh, um wie ein Bumerang zurückzukehren und mir vor die Füße zu fallen...«

Sinjawskij gestattet sich nicht nur Voraus- und Rückblenden, Abschweifungen und Berichtigungen, er wechselt überraschend die »Gattungen«, vermischt den epischen »Tatsachenbericht« mit lyrisch-philosophischen Meditationen, mit – typographisch durch Flattersatz markierten – phantastischen Erzählungen, Grotesken, Märchen und Traumprotokollen.

Das Resultat: ein Text von unerhörtem Reichtum und assoziativem Rhythmus, dem es in künstlerisch überragender Weise gelingt, die irrlichternde Wirklichkeit der Stalinzeit, des realen Sozialismus, der sowjetischen Rechtssprechung und des Lagerlebens einzufangen.

Als Wegweiser durch die Fülle des Stoffes erweisen sich gewisse Metaphern und Leitmotive: die Nacht (schon im Titel angesprochen) – Raum und Zustand der Reinheit, Imperium der Phantasie, des Geheimnisses; und immer wiederkehrend die Theatermaschinerie, die Zirkusnummer als Gleichnis für das, was sich im Gefängnis, im Lager abspielt. Dem Blick, der sich zur Distanz zwingt, erscheint die Wirklichkeit als »imaginäre Sphäre einer Bühne, die für uns von vornherein irreal und unrealistisch ist und lediglich in Einfällen und dichterischen Träumen besteht«.

Theatralisch vergegenwärtigt Sinjawskij Stalins Tod, als sich die Menge unterwegs zum Sarg des Diktators tottrampelte – ein Ereignis, das er mit den Wirren um die Ermordung des Zarewitsch Dimitrij im Jahre 1591 in Parallele setzt. Die Geschichte selbst erscheint ihm als eine gigantische Inszenierung, »unter Aufsicht – die leider nicht immer wohlwollend ist«. Und das Einzelschicksal? Sinjawskij vergleicht es mit einem »Fernzug, in dem jeder von uns in einem bestimmten Waggon seinen Fensterplatz hat und während der Fahrt unaufgefordert sowohl die Weltgeschichte als auch die zurückgelegte Strecke des eigenen, so unsteten Lebens beobachtet«.

Eisenbahnfahrten – sie durchziehen leitmotivisch den ganzen Roman – sind zugleich Kristallisationspunkte des »Schicksals«: Im Zug wird Sinjawskijs Vater, ein ehemaliger Sozialrevolutionär, verhaftet; die Fahrt in einem fensterlosen Waggon nach Potjma, ins Lager, markiert den Abschied des Schriftstellers vom »normalen Leben«; sechs Jahre später, auf der Rückfahrt, versagen seine Augen, wird ihm die Brille zum manifesten Beweis für die Schwierigkeit, »aus dem Jenseits-des-Stacheldrahtes zu den Menschen zurückzukehren«. Und schließlich die Bahnfahrt aus Wien nach Moskau, anno 1952, als der damals Siebenundzwanzigjährige »im Auftrag der Staatssicherheit« eine geheime Mission zu erfüllen hatte und die verdächtigte Spionin, seine französische Freundin Hélène, glücklich entkam: Auf dieser Fahrt – »außerhalb von Raum und Zeit, außerhalb des fordernden Wechsels von Tag und Nacht«, wo die Nöte und Hoffnungen »ihr materielles Gewicht zu verlieren und nur aus der Ferne zu grüßen scheinen, wie ein fallengelassenes Sujet« – wünscht er sich »nur zu schreiben, immer weiter zu schreiben, bis von mir nur die Finger übrigblieben«.

Dieser Imperativ ist es, der Andrej Sinjawskij zu Abram Terz macht, der ihn – in Gefängnis, Karzer, Lager – am Leben hält. Ein erstaunliches Phänomen: die Lagerzone »mit ihren Phantomen«, mit ihrer »doppelbödigen, widersprüchlichen Existenz« wird ihm zum »Stil und Stimulans eines noch nicht geschriebenen Buches«. Der Roman »Gute Nacht« verrät nicht nur, weshalb physisch und psychisch härteste Umstände in ästhetischer Hinsicht fruchtbar sein können: als Summa von Sinjawskijs Lagererfahrung und als ein Höhepunkt seines literarischen Œuvres macht er diesen Zusammenhang evident.

»Tod und Befruchtung fallen zusammen, als das janusköpfige Ziel des Daseins«, heißt es am Schluß des Kapitels »Das Besuchshaus«. Sinjawskij durchleuchtet in diesem Kernstück seines Romans die Rituale einer »Welt in der Welt«, die an Konzentriertheit, Intensität, Grausamkeit und Phantastik alles Gewohnte in den Schatten stellt. Einmal im Jahr, wenn es hochkommt, erhält der Lagerhäftling für 24 Stunden Besuch von seiner Frau. Einmal im Jahr entsteht in der Koje des »Besuchshauses« ein Hauch von Normalität: Es wird gegessen, geliebt, erzählt, gehofft, unter dem wachsamen Ohr von Wanzen und dem voyeuristischen Blick geiler Aufseher. Jede Sekunde ist kostbar, jede Mitteilung eine Offenbarung. Man hält sich an die Regeln des Spiels, tauscht chiffrierte Botschaften aus, scherzt, während auf Papierschnitzeln sensationelle Sätze entstehen und man sich erinnert: an das Huhn im blauen Packpapier, das ein Unbekannter zur Zeit der Verhöre auf die Wohnungsschwelle gelegt hatte, aus Mitgefühl, aus Solidarität.

Solche eingestreuten Reminiszenzen sind von erschütternder Komik und eigentliche künstlerische Miniaturen (das Buch ist voll davon). Das Niemandsland des »Besuchshauses« wird aber auch zum Ort, wo der Icherzähler seine Frau in Lagerlegenden und Lagerschicksale einweiht, wo er die phantastischen Paradoxien des Lagerlebens beschwört: wie auf Wunsch der Lagerleitung ehemalige Angehörige des Staatssicherheitsdienstes unter Berija in der Küchenbaracke die »Sturmglocke von Buchenwald« singen – ein »Requiem für ihre eigenen Opfer und für sich selbst«.

Das Lager ist das verkörperte Paradox, die verkehrte Welt, der Schnittpunkt unzähliger historischer Dimensionen. Hier treffen sich entlassene Kriegsgefangene und Stalinisten, religiöse Sektierer und ukrainische Nationalisten. Sinjawskij, von Natur aus zur Phantastik der Märchen und Fabeln hingezogen, erlebt das Lager wie »ein Schöpfer, der sich in seinem eigenen Werk endlich wiederfindet«. Für den Leser von »Gute Nacht« bedeutet diese Affinität nicht etwa eine Einbuße an Objektivität; in wechselnder Optik vermittelt Sinjawskij Visionen »von innen« und satirisch zugespitzte Tableaus, gibt er atmosphärische Stimmungsbilder und enthüllt die brutalen Mechanismen menschlicher Unterdrükkung.

Der Roman beginnt mit Sinjawskijs Verhaftung im September 1965, einem präzis kalkulierten Coup, dem die teuflisch ausgeklügelte Maschinerie der Verhöre, des Prozesses, der Lagerhaft folgt. Er führt aber auch zurück in die Kindheit und Jugend, in die Nachkriegsjahre, in die Zeit vor und nach dem XX. Parteitag, und – zur Erhellung der »Vorgeschichte« – in die Biographie des Vaters, eines unerschütterlichen Revolutionärs, der wegen seiner revolutionären Vergangenheit überall »herausgesäubert«, 1951 schließlich verhaftet und wegen »antisowjetischer Agitation« zu »fünf Jahren Verbannung am Geburtsort« verurteilt wurde – für Sinjawskij ein Faktum, das sich im Rückblick mit der Erkenntnis verbindet: »Das ist jene Wirklichkeit, die ihr ignoriert und verächtlich ›Phantastik‹ nennt – das ist sie!«

Dennoch bekennt er sich unverhohlen als »Kind der stockfinsteren Epoche des reifen, späten und blühenden Stalinismus«: »All diese Ränke und Hirngespinste, all dieser Horror, den ich, ein echter Kenner, hier beschreibe, die unserem Dasein den Stromstoß des nahenden Jüngsten Tages versetzten, all dieses Gelichter, diese Vampire, die mich bis heute keine Nacht ruhig schlafen lassen – das alles bildete damals eine universelle radioaktive Flut oder, besser gesagt, ein Leichentuch, in das ich *nolens volens* verwoben war. Und diese Zeit ist mir schon deshalb so teuer, weil ich in ihr und nur in ihr, nirgends sonst, etwas zu ahnen begann, was ihr entgegenzusetzen war, worauf ich mit zusammengebissenen Zähnen mich von der Gesellschaft abspaltete und mich in mein Schneckenhaus zurückzog, um zitternd vor Angst, mit gesträubtem Fell und auf eigene Rechnung zu leben und zu denken.«

Dieses »Etwas« ist nicht eine politische Ideologie, sondern die Literatur, verstanden als Außenseitertum. Die Kunst als solche feit gegen nichts. Sinjawskij bringt das Beispiel seines

Freundes S.: Dichter, Kunstliebhaber, Schöngeist, im Denken ein »Juwelier«, hochbegabt und phänomenal feige, setzte er die Ästhetik in Praxis um und wurde zum Denunzianten. Ein pathologischer Fall? Mitnichten. »Er war normal wie ein Automat.«

Sinjawskij verurteilt nicht; aber wenn er irgendwo Unmenschliches wittert, dann hinter solcher »Normalität«. »Die Wirklichkeit – kocht«, bordet über von Phantastik, da darf man kein Snob sein. Und Sinjawskij unternimmt alles, um den Wahnsinn des Lebens zu überbieten durch eine »sich selbst schreibende Wirklichkeit, die bald parallel, bald im Winkel oder tangential zum Lebensstrom verläuft«, schillernd, dramatisch, spielerisch, visionär. Es ist die innerste Haut des Gogol- und Bulgakow-Nachfahren Sinjawskij, alias Terz.

Schon 1958 hatte Sinjawskij in seinem polemisch-programmatischen Aufsatz »Was ist der sozialistische Realismus?« für eine »phantastische Kunst mit Hypothesen statt eines Ziels« plädiert. Eine eigentliche Poetik des »phantastischen Realismus« lieferte er in seinem (größtenteils im Lager entstandenen) Buch »Im Schatten Gogols« – einem originellen Romanessay über Nikolaj Gogol, der dem Autor, zumindest teilweise, zur verkappten künstlerischen Selbstdarstellung geriet.

Daß Sinjawskij die Enträtselung Gogols mit dem Tod beginnt und mit den »Quellen« beschließt, hat seine innere Logik: es ist der Weg vom Fragezeichen zum Punkt. Die Frage: Weshalb hat Gogol auf der Höhe seines Ruhms die Grandiosität des »reinen« Künstlers gegen die des Moralisten eingetauscht und die missionarische Idee gefaßt, durch seine Kunst an der Verbesserung der Welt mitzuwirken?

Das Schicksal des zweiten Bandes der »Toten Seelen«, an dem Gogol bei wachsender Schreibnot während zehn Jahren verbissen arbeitete – um ihn schließlich doch den Flammen zu übergeben, erscheint Sinjawskij als Beweis dafür, daß die

Kunst nicht ungestraft in den Dienst außerkünstlerischer Ziele gestellt werden kann; den Grund für solche Veruntreuung aber sieht er (über den Fall Gogol hinaus) im Bedürfnis des Künstlers, in sich den Magier wiederzuerwecken.

Gogol, so zeigt Sinjawskij, hatte wie selten jemand das Zeug zum Magier und scheiterte doch an diesem »Uranspruch«; in der »Zauberei« wurzelten, in ihr gipfelten »seine Ängste und Phobien, Krankheiten und Manien«. Das klingt nach psychologisierender Deutung; doch beschreitet Sinjawskij, bei allem Interesse für den ganzen Gogol, nie die ausgetretenen Pfade tiefenpsychologischer Tüfteleien, hält sich vielmehr an die poetische Metapher. Ingeniös analysiert er die Sprachlandschaft der »Toten Seelen«, der Erzählungen »Wij«, »Das Porträt«, »Die Nase«, »Der Newskij Prospekt«, und deckt in ihnen die Verfahren des hybriden »phantastischen Realismus« auf – Deformation, Übertreibung, Paradox –, Verfahren, eingesetzt mit der Absicht, »das vorhandene Bild umzustülpen«.

Wenn Sinjawskij Gogols rätselhaft-subversiver Kunst größte Wahrhaftigkeit bescheinigt, so liefert er damit indirekt sein eigenes künstlerisches Credo. »Es ist wichtig, daß in dem Buch, das du schreibst, etwas Geheimnisvolles ist.« Dieser Satz stammt aus »Gute Nacht«.

# »Dieselben Fragezeichen, im Wechsel mit Schweigen« Absurde Stücke von Wladimir Kasakow

Ein Stück des russischen Dichters Wladimir Kasakow beginnt so:

»– Und das ist ein anderer Fall von Schwermut – wenn weder der Tod noch irgendein anderer Trost möglich ist.

– Ich weiß, einverstanden, ich höre. Vorgestern vergaß ich zu seufzen, heute fiel es mir plötzlich ein, und ich lächelte mit dem Ende des Rückens. Nein, hier stimmt etwas nicht! Und tatsächlich: plötzlich loderte die Dunkelheit in den Fenstern, als sei die Nacht für einen Augenblick zurückgekehrt, um sich in Kürze zu überleben. Verstehen Sie mich?

– Nein, aber so ist es amüsanter.«

Ein ungewöhnlicher Anfang, aber keineswegs der aufregendste. Denn in einem anderen Stück, »Das Tor«, tritt zu Beginn die Bühne selbst auf, schafft das her, was längst da sein sollte, damit das Spiel vonstatten gehen kann: die eigene Prämisse. Absurdes Theater, und mehr als das. Die Verunsicherungen sind so gründlich, die Paradoxien so kühn, daß der Leser sich bald selber als Phantasma in dieser verkehrten Welt wähnt: »Wer sind Sie? – Ich? – Wer. – Klar. Unklar. Beinahe klar. Beinahe un. – Beinahe ich.«

Und wer war Wladimir Kasakow, um nach dem verläßlichen Verfasser dieser halluzinatorischen Stücke zu fragen? Lebensdaten: 1938 bis 1988; verbrachte mehrere Jahre im sibirischen Kolyma – als »Goldwäscher, Lehrer nomadisierender Tschuktschenstämme, Zimmermann, Holzfäller, Heizer, Matrose, Sprengmeister« –, wurde in Moskau zum professionellen Spieler, dann zum Schriftsteller. Literarisch sah er sich in der Tradition von Gogol und Dostojewskij einerseits, von

Welimir Chlebnikow, Alexej Krutschonych und Daniil Charms andererseits. In Rußland konnten seine Werke nur im Samisdat kursieren, während sich Peter Urban in Deutschland erfolgreich für die Herausgabe mehrerer seiner Werke auf russisch und deutsch einsetzte. So erschien im Carl Hanser Verlag 1972 der Prosaband »Meine Begegnungen mit Wladimir Kasakow«, 1973 der Roman »Der Fehler der Lebenden«, dem Peter Urban 1990 unter dem Titel »Unterbrechen Sie mich nicht, ich schweige!« sämtliche Dramen folgen ließ.

Sämtliche Dramen, das meint: sechzehn Ministücke von durchschnittlich zehn Seiten Umfang, Dialoge von aberwitziger, poetischer Absurdität, ein Stimmentheater, in dem ausgiebig geschwiegen und puppenhaft agiert wird. Kasakows Figuren – ob Kunstreiterin, Buchbinder, Bräutigam, Feuerwehrmann, Gespenst, Gast, Soldat oder Ludwig XIV. – sind Schemen, nicht psychologische Charaktere; ihre Kommunikation – oder eher Nichtkommunikation – ließe sich als Wortballett umschreiben. In diesem Spiel der Grammatik regiert das Paradox als sprachlicher Ausdruck der Berührungsangst, das Schweigen als deklamatorisches Pathos. Während die Sprache fortzu gerinnt, das Gespräch gleichsam kristallin erstarrt, triumphiert eine Poesie von aphoristischer Prägnanz. Der Bräutigam: »Hier, wenn Sie mögen, meine Reiseeindrücke: die Hauptstadt schläft – keine lebendige Seele, kein Sterbenslaut. Nur die Laternen singen im eisigen Wind. Keine Rettung vor der Kälte. Sie ist schlimmer als der Tod, denn sie friert am Schicksal fest.«

Kälte und Eis, Spiegel und Fenster, Luft und Sterne, Zahlen und flüchtige Gäste sind konstante Leitmotive in Kasakows poetisch-gedanklichem Universum. Es ist ein Universum der gemessenen Zeitlosigkeit und luziden Phantasmagorie, in dem Menschen und Gegenstände wie Billardkugeln aufeinanderprallen und wieder auseinanderstieben, von unbekannter Hand gelenkt. Diese Mikroberührungen und Vibrationen sind der heimliche Motor von Kasakows Stücken, die stets vom Stillstand bedroht sind.

Nur frage man nicht nach Kausalitäten, denn alles, was hier geschieht, folgt einer absurden Logik. Oder Scheinlogik. Zahlen (wie sie schon Kasakows großes Vorbild, der »mystische« Futurist Welimir Chlebnikow, liebte) müssen herhalten, um eine manische Pseudoordnung zu etablieren. Da ist vom Schicksal Nr. 19 und der fallenden Zahl 17 die Rede, von der 194. Sünde und dem 6. Schweigen, das Haar eines Gastes schlägt halb zwei, und der 5. Gast ist auch der 3. Der Vater (in »Auferweckung«) wird nicht müde, seine Tochter zu belehren: »Die große Zahl 13 ist kleiner als die kleine Zahl 559,1. Mein Vorrat an Schweigen nimmt ab. Aus der Gegenwart verdrängt in eine nicht eingetretene Zukunft. 98% meiner selbst zu 1% ebenfalls meiner selbst.« Fröhliche Zahlen-Abstraktheit, die oft jäh in schwarzen Humor umschlägt.

Schwarzer Humor, Witz, Blödelei – die Grenzen sind fließend, und manchmal folgen sich die Pointen so lebhaft, daß sie einander kunstvoll aufheben. Daniil Charms hat Pate gestanden, doch fehlt Kasakow die Charms'sche Bosheit und Verzweiflung; seine Stücke »bestehen aus Flackern und Glimmen und ständigem Verpuffen« (Jürg Laederach), folgen einer Dynamik des selbstreferentiellen Kreisens in sich selbst. Freilich ist ihr Aufwand an Phantasie und sprachlichem Erfindungsreichtum dadurch nicht kleiner, ganz im Gegenteil. Kasakow hält laufend wunderbare Überraschungen bereit, und sei es auch nur ein Satz wie dieser: »Ein Sternbild hat auf den Namen Antoinette geantwortet.«

Ob die Stücke spielbar sind? Das Wagnis würde sich gewiß lohnen. Jedenfalls ist in ihnen »Kälte genug, um zu siegen«, und ein »stiller Wahnsinn«.

# Unterwegs zwischen Natur und Geschichte
# Andrej Bitows Erkundung »Mensch in Landschaft«

Mit jedem neuen Buch verfestigt Andrej Bitow seinen Ruf als einer der originellsten russischen Gegenwartsschriftsteller. Originalität meint hier eine Haltung des Suchens und Fragens, aber auch des Infragestellens, eine gänzlich undogmatische und unideologische Haltung, die das Schreiben als eine Reise ohne sicheren Ausgang begreift.

Bitow, Jahrgang 1937, debütierte in der (künstlerisch) verhältnismäßig liberalen Chruschtschow-Zeit, ließ sich aber nie von sozrealistischen Richtlinien gängeln. Freilich zählte er sich, obwohl später unterdrückt, auch nicht strikte zum Lager der Dissidenten.

Suche ist ein einsames Geschäft und abenteuerlich dazu. Bitow weiß sich ihr heute ebenso verpflichtet wie vor fünfunddreißig Jahren. Damals entstand sein Roman »Das Puschkinhaus«, der russisch zunächst nur in Amerika erscheinen konnte, dessen Übersetzung in zahlreiche Sprachen den Autor jedoch schlagartig berühmt machte. Ein Roman, konzipiert als vielstöckiges Sprachbauwerk, voll expliziter und versteckter Bezüge und Verweise; ein Spiegelkabinett, in dem die Biographie des Icherzählers und seiner Vorfahren, das Schicksal Alexander Puschkins, die Stadt Petersburg/Leningrad, Raum und Zeit und das Schreiben selbst auf listige, beinahe detektivische Weise in Verbindung zueinander gebracht werden. Bitow schuf einen postmodernen Roman im besten Sinne des Wortes, witzig und raffiniert, polyphon und selbstreflexiv. Die Form, die er dafür erfand, macht das Unternehmen unmittelbar einsichtig. Einsichtig, aber nicht einfach.

Denn eines ist Bitow nicht: ein naiver Geschichtenerzähler, wenn damit das Erzählen linearer Stories gemeint ist. Er fragmentiert den Erzählvorgang, blendet vor und zurück, hinterfragt (skeptisch) das Erzählen selbst, macht den Leser zum (Gesprächs-)Partner und vermittelt ihm durch diese Offenheit verblüffende Einsichten. Als würden einem Grenzen aufgetan: Grenzen des Denkens, Fühlens und Wahrnehmens. Festgeglaubte Gefüge geraten ins Wanken, weichen vielfältigen Perspektiven und Dimensionen.

Daß Bitow auch Reiseerzählungen (»Armenische Lektionen«, »Das Licht der Toten«) geschrieben hat, paßt durchaus ins Bild. Und daß er, der Sohn eines Achitekten, in Leningrad Bergbau studiert und anschließend an geologischen Expeditionen teilgenommen hat, erklärt sein Interesse für naturwissenschaftliche Probleme, für Zusammenhänge zwischen Mikro- und Makrokosmos. Dieses Interesse manifestiert sich in einem bohrenden Fragen, das den Fragenden selbst, die Möglichkeiten seiner Wahrnehmung, mitreflektiert. Wenn Bitow die sogenannte Wirklichkeit hinterfragt, löst sich diese scheinbar in zahllose Partikel auf, doch zur analytischen Dekonstruktion gesellt sich handkehrum ein poetisches Bild, das – augenblickshaft, als eigentliche Offenbarung – das Disparate verbindet, das Unsagbare sagbar und glaubhaft macht. Bitows Stärke liegt in der überraschenden dichterischen Wendung. Sein Schreiben verläßt – ebenso wagemutig wie spielerisch – gewohnte Bahnen und installiert sich, paradox formuliert, in der Bewegung selbst.

»Mensch in Landschaft« tut dies in besonderem Maße. Schon der Untertitel, »Eine Pilgerfahrt«, verrät das Unterwegssein. Da wird auch die Gattungsbezeichnung »Roman« mehr als fragwürdig. Handelt es sich doch – trotz Umfang, schöner Dreigliederung und diverser kompositorischer Finessen – recht eigentlich um ein Patchwork-Buch, ein Buch mit vielen offenen Enden, das die Gattungen vermengt: den wissenschaftlich-philosophischen Essay und die Reiseerzählung, den Dialog und das Palaver, die Anekdote und die poetische Momentaufnahme. Vermengt werden mithin Autobiographisches und Fiktives, Dokumentarisches und Imaginiertes oder Halluziniertes. Und wo alle Grenzen fließend sind, verwischen sich auch die Grenzen des Erzählens. »Ich« und »Er«, so belehren uns Anfang und Ende des Romans, sind eins, sind Aufspaltungen einer einzigen Person. Während das Motto versichert: »In diesem Buch ist nichts erfunden außer dem Autor. – *Der Autor.*«

Wir sind gewarnt, Bitow ist ein zum Fürchten trickreicher Erzähler, der uns keine Finten erspart und der uns mit seinen Gedankengängen, Verrätselungen und Spitzfindigkeiten oft genug schwindlig macht. Doch worum geht es? Die drei Teile des Buches sind nicht nur zu unterschiedlichen Zeiten entstanden, sie haben auch unterschiedliche Schauplätze und Stile. Im ersten, »Die Vögel« überschriebenen Teil, finden wir den schreibenden Icherzähler Anfang der siebziger Jahre an der Kurischen Nehrung, einem langen Dünenstreifen zwischen Ostsee und Kurischem Haff, wo er eine Vogelwarte besucht und mit dem Ornithologen D. kühne Gespräche über Tier und Mensch, über Verhaltensforschung (à la Konrad Lorenz), Wissenschaft, Ökologie und vieles andere führt. Das Tier und das Gespräch als dialogischer Denkprozeß sind – neben prägnanten, erleuchtenden Naturbeschreibungen – die Leitmotive oder Konstanten des Buches.

Teil zwei, »Hund, Schwein, Ratte«, erinnert den Besuch in einem Moskauer Kloster, 1979, und endet 1983, knapp vor dem Orwellschen Schicksalsjahr. Der letzte Teil schließlich, »Die Erwartung der Affen«, deckt den Zeitraum von 1983 bis zum Augustputsch 1991 ab, führt nach Abchasien, unter anderem nach Suchumi am Schwarzen Meer, und wieder zurück nach Moskau. Der begnadete Säufer und Landschaftsmaler Pawel Petrowitsch macht sich als Gesprächspartner und Trinkgenosse breit, ein bunter Reigen von Personen kreuzt – in Wirklichkeit oder im Traum – die Wege des Erzählers. Und da sind die (dem chinesischen Horoskop abgeguckten) Tiere: Jene Herde von Affen, die kaum einer gesehen hat, und ein Pferd, mystisch, als wäre es einem lebendigen Mythos entstiegen.

Bitow gelingt hier eine poetische Vision, die das Sagbare gleichsam transzendiert. An den schönsten – und zweifellos ambitioniertesten – Stellen des Romans ist es ihm um Grenzüberschreitungen zu tun: um das Festhalten eines Augenblicks der Stille, um die sprachliche Beschwörung von Wortlosigkeit. Gerade diese epiphaniehaften Stellen, die aus allen Raum-Zeit-Koordinaten kippen, machen unmittelbar evident, was die diskursiven Passagen bzw. die Gott-und-die-Welt-Dialoge nur anzunähern vermögen.

Im übrigen nimmt sich Bitow mit fabelhafter Geduld, mit geistreicher Verve und unter Aufbietung aller Wahrnehmungs-, Wissens- und Sprachregister der Realität in ihren Einzelheiten an. Und läßt selbstredend auch die Historie sprechen: von der Breschnewschen »Stagnation« über den Zusammenbruch des sowjetischen Imperiums bis zum georgisch-abchasischen Krieg. Was der Icherzähler an Zeiten und Landschaften durchmißt, *ist* Geschichte. Sein Manuskript verbrennt in einem Nobelhotel in Suchumi, und der Blick auf die Panzer im Herzen Moskaus, 1991, macht ihn zum bestürzten Zeitzeugen. Obwohl er die Umwälzungen der Perestroika längst vorausgesehen hat, wird er von den temporeichen Ereignissen überrollt; der Zeitstrudel erlaubt kein Danebenstehen.

Dennoch geht es Bitow in seiner »Pilgerfahrt« immer auch um mehr; bloße Realitätsablichtung, Epochenschilderung ist seine Sache nicht. Es geht ihm um das Individuum als rätselhaften Schnittpunkt zwischen Diesseits und Jenseits, um die mannigfaltigen Metamorphosen, die sich im Bewußtsein eines einzelnen abspielen können, und nicht zuletzt um den faustischen Wunsch, den Augenblick in seiner Schönheit anzuhalten. Daß der Roman sich, umgekehrt wie Dantes

»Göttliche Komödie«, vom Paradies über das Purgatorium Richtung Hölle bewegt, schmälert diesen Wunsch und den Glauben an das punktuelle Wunder nicht. Kronzeuge für das Wunder ist nicht nur die Bibel, aus der Bitow öfters zitiert, sondern auch der Zauberkünstler Puschkin, auf den er sich wiederholt beruft. Doch Bitow liefert seine eigenen Beweise: das macht sein komplexes, ungemein vielseitiges Buch zum herausragenden Erlebnis.

# Jurij Mamlejews monströse Welten

In sowjetischen Zeiten verkörperte Jurij Mamlejew ein vollkommen anderes Dissidententum als Alexander Solschenizyn, Wassilij Aksjonow oder Wladimir Wojnowitsch. Mamlejew war vordergründig unpolitisch, dennoch verstieß er vehement gegen die Normen der sowjetischen Ideologie und des Sozialistischen Realismus. Die Helden seiner Erzählungen und Romane – Mörder und Mystiker, Exzentriker und Psychopathen, Erotomanen und Freßsüchtige, Sektierer und Vampire, Nekrophile und Scheintote – frönen triebhaft ihren Obsessionen, ohne sich um Moral und Gesellschaft zu kümmern. Die einzige Grenze, die sie angstvoll anerkennen und zugleich neugierig zu überwinden suchen, ist der Tod. Vom Tod aber wollte die Sowjetliteratur – es sei denn, es handelte sich um den Heldentod russischer Soldaten – nie etwas wissen. So wenig wie von Metaphysik und von der Psychopathologie des Alltags.

Aber nicht nur Mamlejews Inhalte erregten Anstoß, auch seine Ästhetik (ver-)störte. Der sachliche Ton, in dem über absonderliche Dinge berichtet wird; sein Hyperrealismus, der gelegentlich an die absurde Prosa von Daniil Charms erinnert. Es ist eine Ästhetik der monströsen Banalität (russisch *poschlost'*), in der weder das Schöne noch das Ideale eine Rolle spielen. Alles, selbst das Ungeheuerliche, kommt banal daher. Das unterscheidet Mamlejews Texte von westlichen Horrorgeschichten, die nur auf Spannung aus sind, oder von apokalyptischer Science-Fiction, die bombastische Szenarien des Grauens baut.

Jurij Mamlejew, 1931 als Sohn eines Psychiaters geboren, unterhielt in den sechziger Jahren einen legendären Salon am Moskauer Juschinskij Pereulok, den auch zahlreiche konzeptualistische Künstler frequentierten. Diese Treffen – halb spiritistische Séancen, halb orgiastische Happenings – stellten das Biotop für Mamlejews Kreativität dar. (Im Roman »Moskauer Gambit« ist ausführlich von diesem »Geheimzirkel« und seinen ungewöhnlichen Aktivitäten die Rede.) Indes verabschiedete sich Mamlejew von seiner Untergrundexistenz: 1974 emigrierte er in die USA, später nach Paris, wo er seine Werke, die bislang nur im Samisdat kursierten, endlich veröffentlichen konnte. Zum Durchbruch in Rußland verhalf ihm erst die Perestroika: 1990 erschien der Erzählungsband »Wirf meinen Kopf ins Wasser«, 1991 »Stimme aus dem Nichts«, gefolgt von weiteren Büchern. Ein später Ruhm, doch ein solider. Denn Mamlejews Themen – Tabubruch und Wertezerfall, sexuelle Entfesselung und Verbrechertum, spirituelle Suche und der Taumel der Grenzüberschreitung – sind auf das heutige Rußland wie zugeschnitten, mit anderen Worten hochaktuell.

Mamlejew – ein Kultautor? Für die jüngere Generation der Moskauer Konzeptualisten (etwa Vladimir Sorokin und Pawel Pepperstein) ist der unbeirrte Exzentriker – und nebenberufliche Dozent für indische Philosophie – eine Vaterfigur. Und dies, obwohl – oder gerade weil – das Skandalträchtige bei Mamlejew auf leisen Sohlen daherkommt. Das Böse maskiert sich weder heroisch noch romantisch, weder kalkuliert noch dämonisch: es ist exaltierte Banalität. Auch das wirkt ungemein zeitgemäß. Einer killt aus Langeweile oder aus Neugier, ein anderer »frißt sich selbst auf«. Der »obskure Irrsinn« spielt in einer »stockfinsteren, verschobenen Welt«, die man als Apocalypse-Now-Variante von Gogols »Toten Seelen« bezeichnen könnte, als Trieblandschaft nach dem moralischen Kahlschlag

Und doch fehlt es in dieser Welt weder an metaphysischen Regungen noch an unheimlicher Komik. Selbst der Serienkiller Fjodor Sonnow aus dem Roman »Der Mörder aus dem Nichts« (russisch *Schatuny*) mordet somnambul, um hinter das Rätsel des Todes – der Leere – zu kommen; während die

»metaphysische Untergrundgruppe« der »Spiritokraten« deliriös von einem »authentischen religiösen Kataklysmus« schwärmt. Im selben Roman verwandelt sich der liebesgläubige Andrej Nikititsch in ein Huhn und verspeist Petja – in einer »absolut außermenschlichen, leblosen Freude« – sein eigenes Fleisch. Obwohl Mamlejews Figuren ihre körperlichen Bedürfnisse exzessiv befriedigen und eigentliche »physiologische Monster« (Michail Ryklin) sind, suchen sie hinter ihrer Körperlichkeit ständig nach der unfaßbar-unsterblichen Seele, die sich als skandalöse Leerstelle erweist. Totschlag und Selbstverstümmelung sind dabei die radikalsten Mittel, dieser Leere auf den Leib zu rücken, ihr einen Funken Transzendenz zu entlocken.

Harmloser sind okkultistische Versuche oder spiritistische Séancen. Davon berichtet die Erzählung »Der lebende Tod«, deren Anfang so lautet:

Wir sind zu viert: ich, namens Dorios, Marius, das Geschöpf Nr. 8 und Lada.

Marius: Wie sind wir hergekommen?

Ich: Nur durch uns selbst, nur durch uns selbst. Deswegen wissen wir auch nicht, wie wir hergekommen sind.

Marius: Du spinnst. Mir ist schwindlig, bin ich das auch durch mich selbst? Und meine Gedanken fliegen aus dem Kopf wie Vögel aus dem Mund. Wann hört das auf? Vorläufig kreist das Bewußtsein um das reine Ich, wie die Planeten um die Sonne . . .

Geschöpf Nr. 8: Vorwärts, vorwärts! Wuff . . . wuff!

Lada (nachdenklich): Meine Freunde, schlimm ist nur, daß sich hier alle Gegenstände pausenlos verändern. Seht, das war früher ein Sessel und ist jetzt ein toter Vogel . . . Das Tintenfaß ist bald ein Kugelschreiber, bald ein eingemauertes Herz . . . Wie schnell sich alles verändert und verschwindet. (Sie klatscht in die Hände.)

Ich (auf dem Diwan liegend, der sich mal in ein Tigerfell, mal in ein Leintuch verwandelt): Irgendwann hauen wir von hier ab.

Geschöpf Nr. 8: Vergeßt nicht, daß auch wir irgendwann, vor langer Zeit, Pfannen waren . . .

Aber jetzt möchte ich Ihnen alle genauer vorstellen, wenn Sie erlauben. Ich bin ich, Marius ist meine frühere, mittelalterliche Inkarnation, und das Geschöpf Nr. 8 ist kein Mensch mehr. Vor zehntausend Jahren war es ein Mensch. Lada ist ein junges, blondes, zartes Mädchen, das alles auf der Welt verlassen und sich uns überraschend angeschlossen hat. Wir wissen nicht, aus welcher Zeit sie kommt.

So wandern wir zusammen, wer weiß woher und wohin. Im Moment befinden wir uns hier.

Im Laufe der Erzählung geschehen mit den Figuren verschiedene Metamorphosen. »Äußere Kräfte« überwältigen den Icherzähler, sein »Bewußtsein zappelte hilflos im Unsichtbaren wie eine Maus in Gottes Händen.« Das Geschöpf Nr. 8 aber verschwindet, nach kurzem Bellen, von der Bildfläche. »Statt des Geschöpfs Nr. 8 lag eine verschrumpelte Aktentasche auf dem Sessel. In ihr steckten Papierfetzen. Es waren die Aufzeichnungen eines Wahnsinnigen.« Der Text endet mit einem lakonischen Tribut an Gogol, dem Mamlejew auch stilistisch einiges verdankt. Wobei sein »metaphysischer Realismus« nicht ein Resultat sprachlicher Ornamentik, sondern ironischer Verfremdung ist.

Der »metaphysische Realist«, so charakterisiert Mamlejew sich selbst, »darf vor allem kein Romantiker sein: er muß Hyperrealist sein, was natürlich eine profunde Kenntnis des sichtbaren Lebens voraussetzt – eine viel profundere als die, über welche der Realist des 19. Jahrhunderts verfügen mußte. Doch bedeutet die Kenntnis des sichtbaren Lebens nur den ersten Schritt: danach gilt es, zu einer weit schrecklicheren Realität vorzustoßen.«

Mamlejew verstört/fasziniert gleichermaßen durch seine »Phänomenologie der Sünde« wie durch seine »Penetrationen des Unsichtbaren«, durch diverse Niederungen wie durch jenes Nichts, das sich als Begriff und Thema durch alle seine Bücher zieht. Das Nichts als schiere Negativität (als Loch, Leere, schwarzer Spiegel usw.), das Nichts aber auch als jene infinite Verheißung, von der die östliche Philosophie spricht. Ohne Negativität keine positive Verwandlung.

Oder: Das Nichts rettet die Welt. Bezogen auf Rußland heißt das: Die Hölle disponiert zum Heil, der Verfall birgt metaphysisches Potential. Das klingt, in solcher Verkürzung, ziemlich kühn. Doch entspricht es Mamlejews Überzeugung, wie sie sich explizit in einigen seiner Essays und vor allem in seinem großen philosophischen Opus »Das Schicksal des Seins« (1993) äußert. Denn der literarische »Satanist« Mamlejew ist vom Philosophen nicht zu trennen. Oder anders: Die monströse Welt der Mamlejewschen Prosa hat keinen Selbstzweckcharakter. Ihre konturlos-dumpfen und abstoßend-exaltierten Figuren sind wie ein amorpher kollektiver Körper, welcher der individuellen Bewußtwerdung – und spirituellen Erlösung – harrt. Mamlejews Verdienst liegt darin, diesen Zustand des Amorphen nicht nur in seiner ganzen lähmenden Schwere festzuhalten, sondern psychologisch zu entlarven und künstlerisch zu verfremden. Damit wird auch dem Leser eine Perspektive geboten – ein Horizont der Differenz.

Im übrigen verblüfft, wie zukunftsweisend schon die frühen Erzählungen Mamlejews (aus den sechziger und siebziger Jahren) waren. Das hängt wohl damit zusammen, daß ihre zentralen Fragen – betreffend Gut und Böse, Tod und Jenseits, das Ich und das Absolute – als eigentlich metaphysische Fragen zeitlos sind. Unbeantwortbar auch? Mamlejew operiert mit dem Begriff des Nichts als Ursache und Wirkung, als Negativkraft und positive Leere. In seinen Erzählungen freilich entfaltet er keine philosophische Theorie, sondern zeigt die Fratzen der Negativität: Wahnsinn, Perversion, Banalität. Statt Übersinnlichkeit herrscht hier eine abnorme Sinnlichkeit, statt Transzendenz eine abstruse Pseudo-Spiritualität. Der Mensch als »metaphysisches Tier«, das statt Sprache Gewalt anwendet. Denn nur über körperliche Zerstörung und Verschmelzung glaubt er kommunizieren und sich als seiendes Wesen erfahren zu können.

Immer wieder betont Mamlejew, daß er den »realen Morast«, den »objektiven Irrsinn« darstelle, doch mit einem metaphysisch schielenden Auge. Die von ihm erschaffene Welt ist eine Ausgeburt von Materialismus und Negativität, auch da, wo sie sich dem Furor der Transgression verschreibt. Hier aber liegt das Paradox: Ihre Negativität prädestiniert sie zum Untergang – und birgt zugleich die Chance für eine Wiedergeburt. »Gerade eine Welt des Leidens und der Verneinung ermöglicht den Durchbruch zum Abgründigen.« Man darf zwischen Mamlejews Texten und der komplexen Realität seines Landes durchaus Parallelen ziehen.

# Die Erde ist kalt
## Erzählungen von Anatolij Gawrilow

Anatolij Gawrilow, geboren 1946 in Marinpol, lebt als Schriftsteller in Wladimir und verdient seinen Lebensunterhalt bei der Post; 1990 veröffentlichte er seinen ersten Erzählungsband, »An der Schwelle des neuen Lebens«, 1992 folgte sein zweiter, »Die Alte und der Dummkopf«; weitere kamen hinzu. Nichts Spektakuläres verbindet sich mit seinem Namen, und auch seine Prosastücke gehören zur stillen Sorte. Doch diese Stille trügt. Es ist eine Stille des Endes, der letzten Zuckungen, der begrabenen Hoffnungen, des grotesken Nichts. Eine friedlose Stille, Signum desolater Ausweglosigkeit.

Gerade das Fehlen von Ideologie in Gawrilows Texten widerspiegelt den Geist der Zeit: die Orientierungslosigkeit einer Gesellschaft, die – aus der Diktatur entlassen – im Vakuum zwischen Anomie und Sinnsuche strampelt.

Dem Engagement der sozrealistischen wie der dissidenten Literatur von anno dazumal steht hier schiere Melancholie gegenüber. Melancholie angesichts des grassierenden Bösen in einer aus den Fugen geratenen Welt, Melancholie tout court. Solch eingestandene Trauer ist ein Novum in der russischen Gegenwartsliteratur, dabei aber keineswegs geeignet, einen Ismus zu begründen. Gawrilow ist kein Ankläger der sozialen Misere, kein Polemiker, kein Wahrheitsapostel, kein Besserwisser und auch kein selbstgefälliger Elegiker. Er registriert das Unheil im Kleinen, er hält Mißtöne fest, die ein anderer schlicht überhören würde. Mit der Sensibilität eines Tschechow oder Leonid Dobytschin tippt er an die Dinge und entdeckt – Leere. Eine qualitativ neue Leere, resultierend aus provinzieller Verödung und moralischer Abgewracktheit, aus postsozialistischem Malaise und Beckettscher Seinsindifferenz. Sie wabert in den (beschädigten) Seelen und in den (verschandelten) Landschaften, sie ist das gottlose Nirwana des Fin de siècle.

Die Leere als Botschaft? Das Paradox drängt sich auf, liest man Gawrilows Erzählungsband »Zum Besuch von N.«. Der Band enthält kurze und mittellange Geschichten, Prosaminiaturen und lyrisch rhythmisierte Texte; er ist gattungsmäßig so wenig faßbar wie die Leere, um die er inhaltlich kreist und die er durch Wiederholungen, Leitmotive, musikalische Strukturen zu beschwören versucht. Im Poetischen liegt Gawrilows Suggestionskraft; damit bannt er die Geister des Bösen und des Chaos, die sein wacher Blick gerufen hat; damit rührt er an eine Ordnung, die momentane Epiphanien ermöglicht.

Irgendwohin fliegt ein Flugzeug, irgendwohin gehen Soldaten. Irgendwohin schlendert ein Mensch in schmutzigem Kunstledermantel, sein müdes aufgeschwemmtes Gesicht erinnert an eine Schüssel Heringsalat.

Das schwarze Kreuz auf dem roten Sargdeckel gleicht einer Antenne.

Ein Junge mit einem Stecken jagt eine räudige Katze. Eine Alte in Filzstiefeln beobachtet wachsam ihre erstmals nach dem Winter freigelassenen Hühner, die geschäftig in der Asche am Zaun scharren.

Freigelassen ist auch der ältere Bruder des Klassenkameraden. Er raucht versonnen am Zauntor. Er hatte bei einem Raubüberfall auf die eigene Tante mitgemacht.

In der Stadt sind viele schöne Frauen.

Blumen werden verkauft.

Dieser Passus aus der Prosaskizze »Und die Sonne geht auf« zeigt Gawrilows Verfahren, durch scheinbar simple Reihungen eine poetisch-groteske Realitätsbestandsaufnahme zu machen. Als wäre die Wirklichkeit selber zersplittert und in keine lineare Story zu bannen; als wäre sie ein Sammelsurium von Bruchstücken, von unverbundenen Impressionen. Wie Leonid Dobytschin in seinem Roman »Die Stadt N« setzt Gawrilow auf einen Pointillismus, der das Disparate sachte-komisch zusammenzwingt und den Widerspruch ins Leere laufen läßt.

Manchmal fügen sich die Punkte zu einem Bild, lassen sich die Umrisse einer Story erkennen. Der demobilisierte Schweinehirt Petuchow verbringt seine Tage untätig unter der Fuchtel der Mutter. Er mag weder Koks holen noch das Hausdach reparieren, am Abend stiehlt er sich in die Stadt, um das Riesenrad zu betrachten. Mit dem Rad drehen sich die Blumen, die Bäume, der Mond und die Mädchen, kaum aber fährt er in die Siedlung zurück, lauern ihm die Rowdies auf, fordern ihren Tribut. Geh zur reichen Nachbarstochter Vera, befiehlt die Mutter, lerne, mach dich beliebt. Die Sache nimmt ihren banalen Lauf, schon steht die Hochzeit bevor, da reißt Petuchow aus: zum Riesenrad. Einmal nur will er eine wahre Mädchenblüte pflücken. Nur wie? Halb ohnmächtig rennt er den Rowdies in die Arme, sinkt in die Knie, flüstert: Schlagt mich tot! (»Es wird noch Parks geben und Restaurants«).

Gawrilows Helden sind Träumer auf verlorenem Posten. Zwischen Hühnerstall und Hochofen, zwischen desolaten Verwandten und kriminellen Straßenbanden suchen sie einen Weg ins Freie – und scheitern. Scheitern an den Umständen, an der eigenen Verzagtheit, an der skandalösen Diskrepanz zwischen Vorstellung und Wirklichkeit. Sie leiden an Kopfschmerzen, Schwindel, Ohnmacht, sie rufen »Hilfe!« und »Was tun?«, sie verschwinden in abendlichen Schneewehen und blicken hypnotisiert auf ein totes Huhn. Und die Dingwelt gibt ihnen den Rest: letzte Blumen in einem Mayonnaiseglas, Hitze, Staub, Fliegen, Schlagringe, Fabrikqualm, krankes Weidengestrüpp. »Über den blühenden Flieder habe ich absolut nichts zu sagen.«

In lakonischen, parataktischen Sätzen entwirft Gawrilow gespenstische, zu absurden Parabeln verdichtete Lebensszenarien wie das eines Mannes, dessen Vater im Packeis, dessen Mutter im Eis des Leichenschauhauses umgekommen ist und der sich selber dem »Eisgeschäft« verschrieben hat: der »symphonischen« Zertrümmerung von Eisplacken auf seinem verwilderten Grundstück. – Mag sein, daß Gawrilow in diesen kurzen Skizzen seine Einfälle überstrapaziert, zu grotesker Ornamentalität erstarren läßt. Für Gefühlsregungen bleibt da wenig Platz, während in anderen Geschichten atmosphärische Verdichtung und Emotion Hand in Hand gehen – am überzeugendsten wohl im Schluß- und Schlüsseltext des Bandes, »Die Berliner Flöte«. Der Icherzähler, mit dem Autor in vielem verwandt, weilt vorübergehend in Berlin, döst, sinniert, erinnert sich, phantasiert, raucht, spaziert. Durch den Halbdämmer seines Bewußtseins, durch die Verlorenheit seines Seelenzustands irren Gestalten von früher: der robuste Freund, die Eltern, die ihn unmittelbar nach dem Krieg irgendwo im Osten Deutschlands gezeugt haben; im Koffer klebt der heimatliche Honig, ist das Urosselan ausgelaufen und hat das Sulfadimetoxin naß gemacht. Die Welt ist aus den Fugen, der Alltag ohne Halt, der Kopf verwirrt, der Refrain stereotyp: »Macht nichts. Wird schon werden.«

Gawrilow buchstabiert ein Stenogramm der Entfremdung, das mit seinen leitmotivischen Hilferufen als modernes Pendant zu Gogols »Aufzeichnungen eines Wahnsinnigen« erscheint. Statt Grandiositätswahn herrscht hier freilich die Depression der Orientierungslosigkeit, das Staccato der Inkohärenz: »Wein, Bier, Wodka, trunkene und leere Betriebsamkeit, Geschwätz über das Schaffen – alles leer. Leere und Stumpfheit. Erkältung. Sulfadimetoxin.« Berlin wirkt wie eine ferne Kulisse, der heraufbeschworene russische Provinzalltag abgestanden und fad: »Bei der Post läßt man mich das ehemalige Rote Eck benutzen ... – alles wie früher, nur das Leninbild hat man abgenommen – vielleicht vorübergehend. Stille, Ruhe, Abgeschiedenheit. Meistens schlafe ich dort.« In der mitunter ironisch getönten Grisaille gibt es nur einen Lichtblick und Fixpunkt: die Flöte, das versprochene Geschenk für die musikalische Tochter. Wie eine Verheißung schwebt sie durch den Text, der selber hochmusikalisch ist: ein Prosagedicht, dessen künstlerische Form – und Balance – das inhaltliche Lamento transformiert, um nicht zu sagen transzendiert.

Nichts ist nicht Nichts, Leere ist nicht Leere, wenn sie uns so wie bei Gawrilow begegnen. Die Kunst hat, trotz allem, das letzte Wort.

# Russische Schriftstellerinnen im Aufbruch

Die zeitgenössische russische Literaturszene ist auffallend stark von Frauen dominiert. Seit dem Kollaps der Sowjetunion scheint es ihre Domäne zu sein, die Geschichte zu entmythologisieren, Alltags- und Beziehungsprobleme ins Zentrum zu rücken. Ob ältere Jahrgänge wie Ljudmila Petruschewskaja und Ljudmila Ulitzkaja, ob jüngere wie Olga Slawnikowa, Viktoria Platowa und Maria Rybakowa: die Schriftstellerinnen kennen keine Berührungsängste. Erfolgreich erproben sie neue Genres – Leaderinnen auf dem Sektor Kriminalroman sind Alexandra Marinina und Polina Daschkowa – oder experimentieren eigenwillig mit der Sprache. Noch nie war der Chor der Frauenstimmen so vielfältig und groß; und die Rede ist hier nur von Prosa.

In Sachen Lyrik hatten die Frauen in Rußland schon immer reüssiert: Anna Achmatowa und Marina Zwetajewa schrieben sich in die Weltliteratur ein, aber es gab auch Olga Berggolz und später die Tauwetterpoeten Bella Achmadulina und Novella Matwejewa, die jüngeren Jelena Schwarz, Tatjana Schtscherbina und viele andere, wobei ihr Kammerton mitunter im Getöse des offiziellen Literaturbetriebs unterzugehen drohte. Dennoch: mit der Prosa verhielt es sich noch schwieriger, von Memoirenliteratur ganz zu schweigen. (Die Werke von Nadeschda Mandelstam, Jewgenia Ginsburg und Lidia Tschukowskaja konnten in Rußland erst nach der Perestroika erscheinen.) Bremsten die Umstände das Schaffen?

Als Natalja Baranskaja 1969 ihren nüchternen Prosatext »Woche für Woche« veröffentlichte, war die Sowjetkritik empört über die Offenheit, mit welcher der Alltag einer jungen, zwischen Beruf und Familie aufgeriebenen Wissenschaftlerin verhandelt wurde. Wo blieb der Idealismus, wo die hehre Aufopferungsbereitschaft der Frau im Zeichen der lichten Zukunft? Statt dessen wartete Baranskaja mit nüchternen soziologisch recherchierten Fakten auf, die die Malaise nicht nur ihres Berufsstandes, sondern der ganzen Gesellschaft aufdeckten. Mehr noch: Baranskajas literarisch unprätentiöse Erzählung machte Schule. Sie leitete eine weibliche Literaturproduktion ein, die unter dem Motto »Entheroisierung und Alltagsmalerei« all das zur Sprache brachte, was die Medien möglichst verschwiegen: die chronische Doppelbelastung der Frau, Wohnungsnot, Alkoholismus, Beziehungsprobleme, soziale Demoralisierung. Das Novum dieser Texte war die gnadenlos genaue Durchleuchtung der sowjetischen Gesellschaft, die sich als restlos marode erwies. Kein Wunder, daß solche Einsicht verstörte und als Nestbeschmutzung und Schwarzmalerei diffamiert wurde. Worauf auch die Zensur eingriff und die auf leisen Sohlen agierenden Entlarverinnen tüchtig schnitt.

Symptomatisch ist der Fall der 1938 geborenen Dramatikerin und Prosaistin Ljudmila Petruschewskaja, eines der herausragenden Talente der zeitgenössischen russischen Literatur. Petruschewskajas desillusionierende Theaterstücke waren bis zur Perestroika fast ausschließlich auf Laienbühnen oder in nichtöffentlichen Studio-Aufführungen zu sehen, was nicht verhinderte, daß sie – nach den Worten der Autorin – »wie Küchenschaben in alle Ecken und Winkel krochen«. Als Prosaschriftstellerin wurde Petruschewskaja überhaupt erst seit Gorbatschows Glasnost bekannt. Nacheinander erschienen kürzere und längere Erzählungen, 1990 das Wahnsinnsprotokoll »Meine Zeit ist die Nacht. Aufzeichnungen auf der Tischkante« – ein Text, der an luzidem Furor Dostojewskijs »Aufzeichnungen aus dem Untergrund« kaum nachsteht und in seiner ätzend-zersetzenden Art ein Skandalon darstellt.

Gerade die Einschränkung des Blickfelds macht Petruschewskajas Stärke aus: Sie nimmt eine Moskauer Rumpf-Familie ins Visier, zeigt die verheerende Dynamik in der Beziehung dreier Generationen, die durch Geldmangel, Raumnot, Haßliebe auf Gedeih und Verderb aneinandergekettet sind. Im Fadenkreuz der Geschehnisse steht die vom Leben geschundene »Dichterin« Anna Andrianowna; als Ich-Instanz und Protokollarin des Unglücks schwankt sie zwischen Klage und Anklage, zwischen Hysterie und Erschöpfung. Und wie subjektiv auch immer sie ihren verzweifelten Überlebenskampf schildert, Petruschewskaja macht deutlich, daß dieses Inferno ohne Ausweg ist, Symptom gesellschaftlicher Zerrüttung und familiären Bankrotts.

Hoffnungslos sind fast alle Erzählungen der Petruschewskaja. Das liegt nicht nur an den Stories, in denen die Frauen Opfer *und* Täter sind, das liegt auch an der Art der Darstellung. Was Petruschewskajas Prosa zu einer harten Prosa macht, ist die schockierende Direktheit ihrer Alltagsanatomie, ist ihre Poetik der Grausamkeit, die durch kühne Vermischung von rotzigem Jargon und Märchenton, von kühler Sachlichkeit und Poesie einen Stil von schneidender Lakonik erzeugt. Dieser Stil als Transportmittel eines (gelegentlich zynischen) Katastrophismus macht Petruschewskaja für viele auch heute noch schwer erträglich. Es sei denn, man hält sich an ihre »Märchen für Erwachsene« – über die neue Schöne Helena und Königin Lear, über redende Samoware und singende Kater –, deren in versöhnlichem Ton vorgetragene Botschaft lautet: Die einzige Privatsphäre ist die Phantasie, und diese muß zu ihrem Recht kommen.

Das Gros der russischen Schriftstellerinnen stellt sich dem Dschungel der Realität. Ob Sexualität oder Entbindung, ob Liebe oder Krankheit, ob Sucht oder Wahnsinn, ob Alter oder Tod – es gibt nichts, das nicht ins Buch gehörte. Der Körper, als Objekt der Literatur unter dem Sozrealismus sträflich vernachlässigt, hat das Terrain erobert, und zwar ohne metaphysische Verbrämung, sinnlich und ungeschönt. Dies geschieht in Texten, die sich zwischen krudem Naturalismus und elaborierter psychologischer Phantastik bewegen. Interessant wirkt der Versuch der 1953 geborenen Sibirjakin Larissa Wanejewa, Rauschgiftsucht und Alkoholismus, Wahnsinn und Bewußtseinsauflösung ihrer Outsider-Helden in einer gleichsam halluzinierenden Prosa einzufangen. Psychedelik und New Age sind hier Erfahrungsgrößen, die die Erzählungen nicht nur auf der Inhaltsebene, sondern auch sprachlich in eine neue, suggestive Dimension hineintreiben. Das liest sich dann etwa so:

»Sie trällerte. Die Ärzte hatten der Saweljewa empfohlen, nicht allein in der Wohnung zu bleiben. Besonders in der Dämmerung, bei Morgengrauen, der Stunde zwischen ›Hund und Wolf‹... Durch übermäßigen Alkohol- und Tabakkonsum befinden Sie sich in einer Grenzsituation. Die Saweljewa hatte gesagt, daß sie mit ihrer Tochter zusammenlebe. Nicht hinzugefügt hatte sie, daß die Tochter monatelang verschwand. Früher hatte die Saweljewa einen ständigen Geliebten, aber in der letzten Zeit hatte sie alle dorthin geschickt, wo der Pfeffer... Die Menschen ähneln Schimmelflecken in den Falten des Planeten, dort auf den Ebenen – vom Flugzeug aus wie elektrisch leuchtendes Moos – haben sie sich dichter angesiedelt. Kümmerlicher Schimmel des Lebens. Dünner Schimmel des Lebens. So dünn und angreifbar, im Chaos des Anorganischen. Ultraviolett. Das beschlagene Fenster...« (»Konjunktion der Planeten«).

Daß eine spezifische Wahrnehmung ihre adäquate Sprache findet, gehört ebenfalls zum Befreiungspotential der russischen Schriftstellerinnen seit der Perestroika. Nicht nur thematische, auch sprachliche Tabus wurden eliminiert. Dem Experiment steht keine Zensur im Wege.

Zu den sprachinnovativsten Vertreterinnen der zeitgenössischen russischen Prosa gehört die 1958 geborene Moskauerin Valeria Narbikova, in den achtziger Jahren Schülerin von Andrej Bitow am Gorkij-Literaturinstitut. Mit ihrem fulminanten Debütroman »Das Gleichgewicht des Lichts der Tages- und der Nachtsterne« (1988) holte sie sich einen Preis und zugleich Kritik: Ihr freizügiger Umgang mit erotischem Wortschatz polarisierte die damalige Leserschaft. Narbikova räumte mit jahrzehntelang verordneter Prüderie auf und rüttelte subversiv an den Festen des tradierten Frauenbilds:

»Nur bei den Russen ist die Literatur mit dem Leben zu Passiv und Aktiv vermischt, die Schriftsteller sind immer Aktiv, die Heldinnen immer Passiv, lebendige Frauen gibt es nicht. Alle Männer hätten es am liebsten nur mit Natascha, Sonjetschka und Tanja Larina zu tun, vom Kindergarten an nur mit dem goldenen Fischlein, mit der idealen Frau, alle Frauen dafür nur mit Puschkin, Tolstoj oder Dostojewskij.«

Salopp und ironisch demontiert Narbikova Mythen, Sitten und Attitüden, hinterfragt sie die biblische Schöpfungsgeschichte und den johanneischen Satz »Im Anfang war das Wort«, springt kühn von einem Gegenstand zum andern, von einer Behauptung zu ihrem Gegenteil. Nicht das Eigenleben der Figuren zählt, sondern der gleichsam subjektlose Wortstrom, der – im postmodernen Sinne – alles mitführt.

Bei Narbikova trifft Jakob Böhme auf die sowjetische Großplattenbauweise, die Glossolalie der Liebe auf russische Alltagsmiseren. Mit zitatfreudiger Geste wird in den Fundus der abendländischen Kulturgeschichte gegriffen, mit klugem Witz über die Bedingungen und Grenzen des eigenen Schreibens reflektiert. Narbikova ringt um den Nachweis, daß die Sprache es mit der Liebe aufnehmen kann; sie setzt sie Wechselbädern zwischen obszönem Slang und biblischer Archaik aus, treibt sie in kecke Wortspiele und poetische Paradoxien hinein, entfesselt sie zu einer gleichsam erotischen Suada, deren soghafter Rhythmus an Magie grenzt.

Narbikovas Geschichten lassen sich nicht nacherzählen, ihre Disparatheiten und kuriosen Details nicht auflisten, weil sie erst durch den Sprachfluß konsistent werden. Die Sprache selbst sei der Held, heißt es in Narbikovas Roman »Die Reise« (1996). Mittels dieser Sprache jedenfalls hat die Autorin einen einzigartigen literarischen Kosmos erschaffen, der nicht nur das Genre des Liebesromans, sondern Ost und West, Mann und Frau transzendiert.

Künstlerische Kompromißlosigkeit ist im heutigen Rußland nicht durch die Zensur, sondern durch den Wunsch nach Erfolg und Marktgängigkeit gefährdet. Die Schriftstellerinnen testen ihre Möglichkeiten. Man kann es ihnen nicht vergargen. Bleibt nur zu hoffen, daß Aufbruchselan und Vielfalt unvermindert fortbestehen.

# Liebst du mich?
# Valeria Narbikovas Debütroman »Das Gleichgewicht des Lichts der Tages- und der Nachtsterne«

»Das Gleichgewicht des Lichts der Tages- und der Nachtsterne« ist ein draufgängerisches, freches, poetisches Buch über die Liebe. Hochgemut und salopp jagt es schon auf der ersten Seite vom Räuber Barabba zu Boileau und Aristoteles, um die Dreieinheit von Ort, Zeit und Handlung zu widerlegen beziehungsweise auf die Einheit der Handlung zu reduzieren. Denn die Liebe verfügt weder über Zeit noch Ort, sprich: die verbotene Liebe im wohnungsdefizitären Rußland. So ist Phantasie gefragt und ein kleines Stoßgebet: »Vater unser ... lieber Papa, sei gegrüßt, wie im Himmel, so auf Erden. Gib uns Brot zu essen und verzeih, wenn was nicht stimmt. Versau uns nicht den Trip. Und auch alles andere nicht. Amen.«

Um die Geschichte gleich beim Namen zu nennen: Sana lebt mit Awwakum, liebt aber Otmatthejan. Das Dreieck wird ergänzt nicht etwa durch Otmatthejans Frau (die es indes gibt), sondern durch dessen Freund Tschaschtschjaschyschin (infamer Zungenbrecher ...) und durch die schneewittchenhafte schlafende Schönheit. Das reicht für Dramen aller Art, aber auch für das reale Märchen, für die exzentrischste Poesie.

Als Sana mit ihrem Mann nach Petersburg fährt, um dem Geliebten zu entfliehen, entrinnt sie nicht ihrem Schicksal; dieses steht, in Gestalt Otmatthejans, in der Tür der gemieteten Wohnung. Anziehung ist ein wundersames Wort, macht vor keinen Grenzen halt, Anziehung bewirkt auch, daß im Geiste – per Telefon – Kinder gezeugt, daß Liebeszelte unter den Sternen, in Kulturhäusern, in geliehenen Ateliers aufgeschlagen werden. Wenn sie oft magisch in Haß umschlägt, beweist das nur ihre Macht.

Valeria Narbikova buchstabiert alle Mythen und Liebesgeschichten der Weltliteratur zusammen, um dem Phänomen auf den Leib zu rücken: von Adam und Eva über die unbefleckte Empfängnis bis Romeo und Julia, Tatjana und Onegin. Sie mobilisiert die biblische Schöpfungsgeschichte, Mythologie und Ökologie, sie zerrt an der Sprache der Liebe (Barrieren, Lügen!), um das Unmögliche zu leisten: die uralte, ewigjunge Leidenschaft hic et nunc und total in Worte zu fassen. In furiosem Impetus kopulieren dabei handfeste Liebesszenen mit dem Diskurs über deren romaneske Aufbereitung; der obszöne Drall setzt sich in logischen Pirouetten und poetischen Paradoxa fort.

Eifersucht ist ein Thema, aber auch die sowjetische Bauweise (»Großplattenstil«, o hellhörige Wände!), die Zeit, aber auch der Mensch als »Sackgasse der Schöpfung«. Und Stuhl, Wasserkraftwerk, Gott, Rußland. »Wir leben in einem System, in dem alles gut ist: es fällt radioaktiver Regen, und alles ist gut; die Vögel werden über uns drüberfliegen und über Finnland sterben, und alles ist gut; Tomaten werden geerntet, hertransportiert und weggeworfen, und Brot wird weggeworfen, und Kartoffeln werden weggeworfen, Wurst wird nicht weggeworfen, weil sie gar nicht hertransportiert wird. Alles, was von selbst gut wächst, werfen wir weg, und alles, was wir selbst tun müssen, machen wir schlecht, deshalb ist bei uns alles gut.«

Die Schnoddrigkeit hat bei Narbikova viele Nuancen, als Ton aber geht sie durch, ist sie jener Kitt, der das Disparate zusammenfügt. Ein Personalstil saloppper Lakonie – das kann den westlichen Leser nicht sonderlich schockieren, für den russischen Leser jedoch stellt er – noch immer – ein Skandalon dar: Im Verein mit unverhohlen erotischem, ja, obszönem Vokabular verstößt er gegen die puristisch-prüde Tradition der russischen Literatur, die im Sozialistischen Realismus kulminierte. Kein Wunder, daß Valeria Narbikova, wo sie nach einer ihr gemäßen russischen Genealogie sucht, Puschkin (unzensiert) und den außerkanonischen Barkow nennt. Und daß sie aufräumt mit jenem Topos, wonach die russische Heldin passiv, rein, mithin eine »ideale Frau« zu sein habe.

Narbikova demontiert, aber sie montiert auch. Sätze des Mystikers Jakob Böhme strahlen auf inmitten einer Suada über Übelkeit, Vominarien und Abführtabletten. Eine Grammatiklektion steigt frisch aus den Bettlaken. Was hier – rasant und überzeugend – zusammenkommt, ist noch nie zusammengekommen. Das ist das frappante Fazit der Lektüre von Narbikovas Roman.

Nach Schreibkonzepten zu fragen erscheint fast schon schulmeisterlich. Ist hier nicht eine elementare Begabung am Werk, Literaturinstitut hin oder her? Die urwüchsige Energie von Narbikovas Prosa, dieser suggestive Wortstrom, der sich alles einverleibt, mag über die Feinarbeit hinwegtäuschen. Dynamik aber schließt Feinarbeit nicht aus. Heißt es nicht bezeichnenderweise: »Den Stoff durchgestalten, ohne Banalitäten zu scheuen, nicht die Reinheit des Bildes scheuen, eine kritische Situation schaffen und dabei alle Konsequenzen berücksichtigen, das Bild herabstufen, um sechs Uhr morgens aufstehen, wie das ›der Kalmücke und heute der wilde Tunguse‹ tut, dabei ein Glas Kefir trinken, mit frischer Kraft auf fünf Seiten alles festhalten, wie es ist, große Zwischenräume von einer halben Seite lassen und nicht den Schatten dessen lassen, was man lassen kann, wenn man nicht durchgestaltet, nicht schafft, nicht aufsteht und nicht trinkt, sondern krumm und schief mit Tippfehlern in die Maschine hackt und von Hand hinkritzelt ...«

Feinarbeit liegt in den Sätzen mit ihren Anaphern und Alliterationen, mit ihren Assonanzen und Reimen, mit ihren verfremdeten Redewendungen und halben Zitaten, mit ihren Rhythmen und Klängen. Der Narbikova-Sound ist unüberhörbar, faszinierend und neu.

# Zauberding Rhythmus
## »Flüstergeräusch« von Valeria Narbikova

Ein übers andere Mal bestätigt es sich: Valeria Narbikova besitzt Originalität und eine unverwechselbare Sprache, frechen Charme und natürliche Durchsetzungskraft. Mit ihren paradoxen Formulierungen, die zumeist um das eine Thema – die Liebe – kreisen, mit ihren logischen Rösselsprüngen sorgt sie für emotionale Wechselbäder der erquicklichsten Art.

Ihr Roman »Flüstergeräusch« ist eine Liebesgeschichte – rasant diesseitig und zugleich märchenhaft, realistisch absurd und voll skurriler Details. Die Malerin Vera, verheiratet, ein Töchterchen, weiß nach einer Landung in Moskau nicht, wie ihr geschieht: Vor ihren Augen wird ein Mitpassagier, Vater dreier Kinder, von einem Bus überfahren, und als sie laut aufschreit, liegt ihre Hand in der Hand eines fremden Mannes. Das heißt, da sind gleich zwei Männer: Vater und Sohn, einander zum Verwechseln ähnlich, und schon sitzt sie in deren Auto, schon hört sie sonderbare Namen und Geschichten, und schon geschieht erneut Schreckliches: Sie überfahren einen schwarzen Hund. »Das Leben hängt an einer Faser, aber woraus ist bitte diese Faser gemacht, an der dieses Leben hängt? Ist es eine Naturfaser, an der dieses natürliche Leben hängt?« Die unbeantwortbare Frage hängt im Raum des Buches, denn es wird noch einige befremdliche Tode geben, einen ganzen Totenreigen, und die Toten werden wie im Märchen auferstehen, und die Liebe wird sich immer vor dem Hintergrund des Todes abspielen, weil Tod und Leben nur durch eine Haaresbreite getrennt sind.

Doch zunächst: Der Vater heißt Swja, der Sohn Nischin-Wochow; dieser ist mit der zarten Snandulija verheiratet, hält sich aber eine Geliebte namens Wassilkissa. Für Rivalitäten,

Eifersüchteleien, Komplikationen ist vorgesorgt. Indes, was tun, wenn die Liebe gewaltsam einschlägt? Nischin-Wochow, hauptberuflich Galerist, und Vera, die Malerin, gehen mit schlafwandlerischer Sicherheit aufeinander zu, das Business (das es auch gibt) bildet nur die Kulisse ihrer Leidenschaft.

Leidenschaft. In den Augenblicken, da sie sich auslebt, entfesselt sie alle Sinne, verändert sie Raum und Zeit. Meist aber eckt sie an den Verhältnissen an: an der notorischen Enge sowjetischer Wohnungen, an den vertrackten ehelichen etc. Beziehungen, am Mief sozialer Zwänge und persönlicher Lügen. Dann wird sie zu einer Konfusion unter andern, und Vera trägt nicht nur die Kleider von Nischin-Wochows Geliebter, sondern schläft auch mit dessen Vater. Durchaus ärgerlich sinniert sie über die Frage: »Weshalb kann man im Leben ein Ding nicht ein für allemal tun? ... Weshalb ist es unmöglich, ein für allemal geboren zu werden, sich zu verlieben und zu heiraten, weshalb muß man es jedesmal noch einmal, weshalb geschieht das alles die ganze Zeit?«

Eine Frage an den menschlichen Hormon- und Seelenhaushalt, unbeantwortbar wie fast alle Fragen, mit denen Narbikova ebenso kindlich wie listig ihren Roman möbliert. Es sei denn, sie hält es mit dem Paradox und führt uns selber das Gegenteil vor:

»Aber es gibt sogar unter den lebendigen Menschen Menschen, die nie ein leidenschaftliches Leben und eine leidenschaftliche Liebe und einen leidenschaftlichen Tod hatten, sondern einfach ein normales Leben, das sie durchlebten. Sie tranken, aßen, schliefen, gingen zur Arbeit, saßen da, langweilten sich und schrieben Briefe. Und schliefen. Das Wichtigste ist, rechtzeitig einzuschlafen. Und das Wichtigste ist, nicht rechtzeitig aufzustehen. Und das Wichtigste ist, rechtzeitig zu essen. Und dann rechtzeitig zu sterben, damit man nicht zur Last fällt. Und denken soll man soviel, wie man auch schreibt... Und was man jetzt nicht denkt, muß man das nächste Mal denken und beim nächsten Mal aufschreiben. Daß: die Menschen friedlich leben, aber sich wegen irgendeiner Lappalie für immer verzanken: Jemand hat nicht richtig eine Zigarette angesteckt oder nicht richtig geschrieben, wenn aber beide richtig eine Zigarette angesteckt und geschrieben haben, dann kommt irgendein Dritter und sagt, daß einer von ihnen die Schulden nicht zurückgezahlt hat. Das ist der Streit. Das sind die Kriege, Panzer und Morde.«

So kommt Narbikova vom Hundertsten ins Tausendste, von der Banalität des Lebens zur Poetologie und zum Krieg, und immer wieder zurück zur Liebe, dem Motor ihres Romans. Süffisant registriert sie, in der Literatur seien Ehemänner und Ehefrauen uninteressant, wohlgemerkt: die treuen. Vera, wir wissen es, gehört nicht zu ihnen. Mutig wird sie ihrem Gatten Don Jean gestehen, daß sie ihn verlassen will, während Nischin-Wochow seinen Damen die Wahrheit bis zuletzt verschweigt, ein schwächliches Mannsbild.

Vera verachtet seine Schwäche, kommt von ihm aber nicht los. Zu stark die Anziehung, zu beseligend die Momente des Zusammenseins, dessen Liebesspiele die Autorin etwa so schildert: »... da begannen sie heimlich zu flüstern, damit sie niemand hörte, und sie flüsterten sich aus, und es stellte sich heraus, daß sie Öhrchen hatte, und die schnappten allerhand Wörter auf, und sie, diese Öhrchen, waren fordernd, und forderten immer noch mehr, und es waren zuwenig Wörter, aber zu viele Öhrchen, und dann wurden die Wörter zum Getöse, und die Öhrchen zum Körper, und Schluß.« Das ist fein und neckisch und lakonisch, mit einem märchenhaft-obszönen Touch, auf den sich Narbikova wie keine andere versteht. Realistische Ablichtung ist ihre Sache nicht, sie treibt den Stoff und die Sprache in eine Dimension präziser Phantastik und irrlichternder Paradoxien. No Sex and Crime, keine gewalttätige Geradlinigkeit. Der Text mäandert zwischen Erzählung und Reflexion, führt vielerlei buntes Geröll mit. Wie in ihrem ersten Roman »Das Gleichgewicht des Lichts der

Tages- und der Nachtsterne« greift Narbikova mit einer Tutti-Geste in den Fundus abendländischer (Kultur-)Geschichte, apostrophiert das Christentum (»Bevor Gott Christus opferte, war es davor schlechter als heute?«), die Revolutionen, den Untergang der »Titanic«, Newtons Apfel, zitiert verballhornend die Bibel, Tolstoj und vieles andere mehr, ereifert sich polemisch über den Expansionismus der ehemaligen Sowjetunion.

»Ringsum erstreckte sich dieses ihr Land – mit dieser sinnlosen Ausdehnung über das ganze Land hin, mit Völkerfreundschaft und Kolchosbauern, die vor den Arbeitern herrannten, und die Arbeiter, alle bis zum letzten Mann hungrig und schmutzig, holten die Kolchosbauern ein, die alle bis zum letzten Mann betrunken waren. Aus irgendeinem Grund rannte diese Menge von Westen nach Osten, machte dann scharf kehrt und rannte von Osten nach Westen. Darin waren alle Nationen vertreten, ungewaschen und entkleidet, wild und stumpfsinnig. Wozu rennt man denn so stumpfsinnig hin und her, in wessen Namen? Im Namen der Ausdehnung unseres Landes!«

In Narbikovas paradoxer Logik und pointierter Rhetorik wirkt alles Komplizierte wunderbar einfach. Endlich erfahren wir auch, was es mit der leidigen Politik auf sich hat: »Das Volk ist gemeinhin gut oder schlecht. Und es, dieses Volk, wählt sich die Macht, die es beherrscht. Aber keine einzige Macht ist es wert, daß das Volk ihretwegen zugrunde geht, sie ist es nicht einmal wert, daß man ihretwegen im Regen naß wird. Und nur diejenigen, die für die Macht gerne im Regen naß werden, kommen letzten Endes selbst an die Macht – in einem zukünftigen Regen, im zukünftig-nächsten, im gestrig-vorgestrigen. Das ist Politik – wer wen naß macht und wer trocken aus dem Wasser steigt.« Wenig geistreich? Aber Narbikova hascht nicht blind nach Effekten. Ihr stilistischer Kunstgriff besteht nicht im bewußten Setzen einzelner Pointen, sondern in der sprachlichen Endlosschlaufe: eines geht nahtlos aus dem andern hervor. Für den Leser freilich bedeutet gerade dies das erwähnte Wechselbad, den wohltuenden Schwindel, den beflügelnden Sog. Nie ist bei Narbikova genau auszumachen, wo Traum in Wirklichkeit, wo poetische Reflexion in Polemik, wo Gesellschaftskritik in Vision umschlägt. In Abwandlung des schönen Satzes »Leidenschaft hat nur einen Rhythmus« könnte man sagen, Narbikovas Text habe nur einen Rhythmus, aber dank dieses Rhythmus ist alles mit allem kompatibel, der Tod mit der Liebe, der Bettler mit dem lieben Gott, die Seidenraupe mit der Seele, Kater Semjon mit einer Maus namens Schneeflocke. Mit dem Zauberding Rhythmus schafft es Narbikova, alles in sein Gegenteil zu verwandeln und selbst die schwärzeste Litanei zu verklären:

»Und die tiefschwarze Straße ging ein Mann in tiefschwarzem Mantel entlang. Er ging auf ein tiefschwarzes Haus zu und trat in den tiefschwarzen Hauseingang ein. Er stieg die tiefschwarze Treppe hinauf und klingelte an einer tiefschwarzen Tür. Toten-stille! Und durch den tiefschwarzen Flur rollte ein tiefschwarzer Sarg ins tiefschwarze Zimmer. Dort stand ein tiefschwarzes Bett, bedeckt mit einer tiefschwarzen Decke. To-ten-stille ... Und in diesem tiefschwarzen Sarg lag ein tiefschwarzes Skelett – gib mir dein Herz! Etwas schwarzer Kaviar, ein Tässchen schwarzer Kaffee, die Schönheit des Schwarzen Meeres.«

Verführerisch lockt dieses Schwarz, und die Totenstille ist nichts anderes als die Kehrseite der Flüstergeräusche der Liebe. Denn »in der Perspektive, wo sich zwei parallele Geraden schneiden«, ist alles eins, wenn man der Sprachhexerin Valeria Narbikova glauben darf. Oder: »Nachdem alles zu Ende gegangen ist, beginnt alles andere.«

# Ostweststory
## Alexej Schipenkos Erstlingsroman »Das Leben Arsenijs«

Eine Vielzahl verrückter Episoden, wechselnde Schauplätze, kühne Zeitsprünge, ausgiebige Zitate aus Film, Literatur, Pop- und Rockmusik, fulminante Action und Legendenton, das Spiel mit Trivialmythen und der Rekurs auf einen »russischen Mythos« – das sind die Charakteristika von Alexej Schipenkos Roman »Das Leben Arsenijs«, mit dem der 1961 in Stawropol geborene, seit 1992 in Berlin lebende russische Theaterautor als Romancier debütierte.

Was uns als eklektischer Mix aufgetischt wird, entbehrt weder der Spannung noch der Originalität, weder der Komik noch des (unterhaltsamen) Ernstes. Haben wir es mit einem Spionage- oder einem Entwicklungsroman, mit einer Satire oder einer Heiligenvita zu tun? Wohl mit allem zugleich, denn wir befinden uns – wie der Held Arsenij alias Jack Walden – in einem Movie, das crazy geht. Willens- und identitätslos treibt dieser »Held unserer Zeit« durch das Lebenskino, läßt sich vom Schicksal hierhin und dorthin verschlagen, bis der Autor die Übung abrupt abbricht (»Ich kann nicht ewig in Stuttgart hocken und um die Verlängerung meines bescheidenen Stipendiums from here to eternity bitten...«). Arsenij hat als bettelnder Gottesnarr Senja in seine Heimat zurückgefunden. Wie der Hl. Alexios stirbt er, unerkannt, im eigenen Elternhaus.

Begonnen hat seine Odyssee ebendort, 1966, in Sewastopol. Als Fünfjähriger wird er von seinem Vater auf dem Admiralskoje-Friedhof (zufällig) lebendig begraben; nach seiner (zufälligen) Rettung gerät er in den Laderaum eines sowjetischen Schiffes, überquert den Atlantik und »erwacht«

in Amerika als Findelkind. Ohne Erinnerung an seine Vergangenheit verbringt er unter dem Namen Jack Walden über fünfundzwanzig Jahre in Heimen und im Großstadtdschungel New Yorks – ein Glückssurfer und falscher Prophet, umgeben von zwielichtigen Gestalten. Zu diesen gehören der als Magier getarnte FBI-Agent Tullio und das Aktmodell Marusja, der mafiose Taxidriver Hermes Trismegist und der Rastafari Marvin Parry, der griechische Bronxwirt Kostas und dessen schwarze Gattin Rebecca, die Fernsehproduzentin Miss Kronzucker und der Arzt Yehudi Pillukin, der Maler Kotenko und die greise Träumerin Mrs. Heart. Mysteriöse Perlmuttkugeln und ein Siegelring Haile Selassies geistern durch die Runde, es wird gangstermäßig gesoffen, geraubt, geballert und gestorben. Der allgegenwärtige Tod lauert im Kugelregen und in der Grube, in der Gefängniszelle und in der Badewanne. Nur Mrs. Hearts Isolierwanne setzt sich über ihn hinweg: hier werden die Geister der Lebenden und der Toten beschworen, werden Zeiten und Räume spiritistisch aufgehoben.

Schipenko behagt das rasante Tempo der Träume, die filmische Technik des *cut* und des *flashback.* »Hermes trug den verwitweten Bräutigam [Jack Walden] in den Salon einer ihre Triebwerke wärmenden Boeing, kehrte im Laufschritt zurück, brachte den Rolls zur Autovermietung, zog sich um, ließ sich einen Bart wachsen und siedelte sich in Bolivien an.« Ähnlich unverhofft taucht unser amerikanischer Held in Berlin-Tegel auf, angelt sich einen russischen Taxifahrer (der sich als ehemaliger Maschinist des besagten Schiffes entpuppt), schlittert in die eigene Vergangenheit. »Wer bin ich?«, »Wo ist meine Heimat?«, tönt es aus Jack Walden. Achtzig Seiten später (und nach etlichen Abenteuern) finden wir ihn, blutüberströmt, vor den Toren des Kiewer Höhlenklosters, ein gestrandeter Pilger namens Senja. Wandlung, Fatum? Wer wüßte es zu sagen bei soviel Spuk. Im Klostertor steht schon der alte »Wächter« Wenjamin Dmitrisch, der ständig aus Lermontows Poem »Der Mzyri« zitiert. Die Verse vom heimwehkranken Novizen klingen alt und neu zugleich. Bestimmt nicht Literatur das Leben (statt umgekehrt), ist nicht unser Held gemeint? Und nun das Ende. Als der »Wächter« eines gewaltsamen Todes stirbt, sucht Senja den Weg nach Hause. »Senja hob die Hand hoch, die Richtung weisend. Der Rentner warf den Kopf in den Nacken. Sterne. Es wird Abend. Ein Vogel fliegt. Es riecht nach Mist und Bügelbrett.« Im Elternhaus endet die Mär vom verlorenen Sohn, der als fremder Bettler seine Seele aushaucht. Wir verzeichnen das Jahr 1999.

Kreisrund ist Arsenijs Weg von Grab zu Grab, doch voller Tücken und Hindernisse, voller Metamorphosen, Identitätswechsel, Wiedergeburten aller Art. Alexej Schipenko schildert ihn ohne Psychologie und Ideologie, benutzt jedoch um so gezielter Leitmotive, versteckte Zeichen, die eine Art göttlichen Plan zu suggerieren scheinen. Der Text – in zahllose drehbuchartige Sequenzen aufgeteilt, voller Rück- und Vorausblenden – inszeniert mit phantastischem Drive den Zufall als Nichtzufall. Struktur und Üppigkeit (die manchmal an Beliebigkeit grenzt) gehen dabei eine kühne Synthese ein, zugunsten der letzteren: Rasend sind nicht nur die Eskapaden des Romanpersonals, sondern auch Schipenkos Slalomfahrten durch die Film- und Literaturgeschichte. Die Liste der zitierten Movies, Soundtracks und Fiction-Werke am Schluß des Romans ist (obschon unvollständig) beeindrukkend lang. Wichtiger freilich erscheint, daß wir uns beim Lesen oft in einem Film von Tarantino, Scorsese oder Kaurismäki wähnen, um dann jäh in ein legendäres russisches Szenario versetzt zu werden. Schipenko beherrscht die Technik der Montage, des literarischen Wechselbads. In kontrastreichen Vergleichen, in einer vielsprachig oszillierenden Diktion läßt er Ost auf West, östliche Mythen auf westliche prallen. Dies geschieht ungemein spielerisch, ja, humorvoll, ohne daß Klischees breitgewalzt werden, ohne daß in seichten Tiefen gegründelt wird. Dostojewskij stößt auf John Lennon, Puschkin auf Jack Kerouac, das Kiewer Paterikon auf Bob Marleys »Jah love«.

Schipenkos Roman einer Identitätssuche liefert ein interessantes Beispiel dafür, wie die zeitgenössische russische Literatur ihre Horizonte erweitert, wie sie westliche (amerikanische) Einflüsse verarbeitet. In solchem Synkretismus liegt neues, vielversprechendes Entwicklungspotential.

# Geklonte Schriftsteller
# Vladimir Sorokins Roman »Der himmelblaue Speck«

Längst gilt er als der gehätschelte *bad boy* der zeitgenössischen russischen Literatur: Vladimir Sorokin, Jahrgang 1955, Verfasser von Romanen (»Die Schlange«, »Marinas dreißigste Liebe«, »Herzen der Vier«, »Roman«, »Norma«), Erzählbänden (»Der Obelisk«), Theaterstücken und gattungslosen Hirnrissigkeiten (»Ein Monat in Dachau«), die unter dem Label eines sogenannten Konzeptualismus private und gesellschaftliche Mythologeme spielerisch-monströs miteinander verzahnen.

In seinem Prosawerk »Der himmelblaue Speck« frönt Sorokin wieder seinen alten Obsessionen: den Themen von Macht und Sex, von Maske und Entlarvung, von Völlerei und Fäkalkult, von Perversion und Geheimnis. Gleichzeitig schwärmt seine Phantasie in neue Richtungen aus: Der Roman spielt 2068 im chinesisch besetzten Sibirien, wo russische Wissenschaftler in einem Genlabor mit dem Klonen von Schriftstellergrößen beschäftigt sind. Dostojewskij und Tschechow, Achmatowa und Nabokov, Pasternak, Platonow und Tolstoj sind die Auserwählten. Das Experiment schafft eine maximale »Übereinstimmung« von 89 Prozent, was sich entsprechend auf die Schreibweise der Geklonten auswirkt – für den Autor ein Fest parodistischer Kunststückchen. Doch damit nicht genug. Zweck der gentechnischen Bemühungen ist der himmelblaue Speck, den die Autoren beim Schreiben absondern: eine rätselhafte Substanz, die zur Energiegewinnung und als Droge dienen soll. Und auch damit nicht genug. Dieser himmelblaue Speck wird per Zeitmaschine zurück ins Jahr 1954 befördert, wo sich –

reichlich fiktiv und surreal – Stalin und Hitler das Wunderding teilen wollen.

Die Story ist ebenso aufgebauscht wie absurd, voll erzählerischer Falltüren, die einen ins Nichts entlassen, voll orgiastischer Abschweifungen, die weniger dem Zeitgeist als Sorokins (pathologisch) wuchender Phantasie verpflichtet sind. Wer einem lüsternen homosexuellen Akt zwischen Dandy Stalin und »Graf« Chruschtschow beiwohnen, wer den »Orden der russischen Erdrammler«, die »Verfaulte Dreieinigkeit« und den sowjetischen LOVElag kennenlernen will, ist hier bestens bedient. Skandalös provokant vergreift sich Sorokin noch an den Resttabus russischer Kultur und Geschichte: Ob Kirche, Gulag oder Literatur, es wird alles hemmungslos demontiert.

Nicht zuletzt die Sprache selbst. Mit ihr treibt Sorokin seine zugleich lustvollsten und respektlosesten Spiele. Das betrifft vor allem das formelgespickte Chineso-Anglo-Russisch des Gentechnologen Boris, der als briefeschreibender Erzähler fungiert.

Grüß dich, mon petit.

Mein schwerer Junge, mein zärtlicher Schuft, mein göttlicher, gräßlicher Top-Direkt. Mich an Dich zu erinnern, ist eine höllische Sache, rips lao wai, das ist *schwer* in der konkreten Bedeutung dieses Wortes. Und es ist gefährlich: für die Träume, für die L-Harmonie, für das Protoplasma, für das skand chi, für meinen W-2.

Bereits als ich in Sydney in den traffic stieg, begann ich *mich zu erinnern*. Deine Rippen, die durch die Haut leuchten, Dein »Mönch«-Muttermal, Dein geschmackloses tattoo-pro, Deine grauen Haare, Deine *geheimen* jing ji, Dein dreckiges Flüstern: küß mich auf die STERNE …

Glücklicherweise findet sich am Ende des Buches ein mehrseitiges Glossar, das Lesehilfe bietet; ihm entnimmt man, daß »rips« ein internationales Schimpfwort ist und W-2 der »Weide-Indikator für Weiblichkeit«, daß Aerosex, Starosex,

Essensex und »3 plus Karolina« Spielarten des Multisex sind. Indes suhlt sich Sorokin nicht nur im futuristischen Sprachenmix. Besonderes Vergnügen bereitet dem notorischen Stimmenimitator der vampirische Zugriff auf die Sprache der russischen Klassiker, in jenem skurrilen »A-peu-près«-Maß, das die Klone erreichen. Nabokov-7 liest sich dann so:

»Die Ehegatten hielten an ihren gastronomischen Vorlieben fest und bestellten unweigerlich einen 1889 Tokioter, Salat aus Sumpfgräsern, Weisheitszahnwurzel von hochbetagten Proletariern, Marengo aus Bologneser Hündchen, Parchat mit Krötenkaviar und Menisken von Fußballern der dritten weißrussischen Liga mit Brechwurzbrei. Zum Dessert nahm Svetlana Bergkristall mit geschlagenem Bullenspeichel oder ›Surprise‹. Als sie gesättigt waren, begaben sie sich in das mit Handhobeln inkrustierte Sakramentshäuschen, rieben ungefähr vierzig Minuten lang Prismen und zerstampften Hamster und rutschten dann durch eine speckige Rinne in die Garderobe.«

Während sich Anspielungen, abgewandelte Zitate usw. nur dem geübten Leser erschließen, werden Sorokins eigene imaginative bzw. wortbildnerische Vorlieben rasch erkennbar: Sie gelten der obszönen Liaison von Fressen, Ficken und Fäkalphantasie. An Speisen merke man sich: Iltispastete, Aalquappenmilch, Hyper-Austern, Reiher mit Rheinwein, siamesische Kälber mit Trüffeln, Spitzmäuse mit Mohn, Büffelnieren in kondensiertem Madeira, Nashornsattel mit blauem Laser, Klon-Pute mit roten Ameisen. Zu den Werkzeugen sadomasochistischer Praktiken gehören Korkenzieher, Gummischläuche, Nußkleber, Hockeyschläger, Spritzen. »Die Spritze war, ist und bleibt das Hauptsujet der sowjetischen Literatur.«

Höhnisch fährt Sorokin der Sowjetliteratur übers Maul, indem er ihre Prüderie denunziert und selber jedes Tabu bricht. Seine Figuren sind pervers bis zum Exzeß, Wüstlinge und Killer, Kinderschänder und Ninjas, Kreml-Junkies und

Folterknechte. Und selbst die Gegenstände, die das allgemeine Horrorkabinett möblieren, wirken furchterregend: die »lebendgebärenden Tapeten« ebenso wie die weißen Colliers aus Supraleitern.

Der Roman, der sich schwelgerisch-maßlos durch verschiedenste Szenerien und Stile, Genres und Einfälle hindurcharbeitet, kulminiert in der Vision von Stalins mit himmelblauem Speck gefüttertem, rasant expandierendem Gehirn:

»Das Gehirn wuchs. Seine Windungen vibrierten, sie erhoben sich zum lapislazulifarbenen Berghimmel, sein kompakter Schatten glitt über die Erde und bedeckte Dörfer und Städte. Bald erreichte es München, und eine halbe Stunde später zermalmte Stalins Kleinhirn die verschlafene Stadt. Die Stirntäler fuhren gen Süden, schoben die Alpen von ihrem Platz und warfen sie in die Adria. Das graue Kleinhirn kroch beharrlich gen Norden und bedeckte das träumende Deutschland unter sich ... Am Abend des letzten Tages der Erde bedeckte Stalins Gehirn die Hälfte der Welt.«

Irgendwann schlägt die Progression der geistlosen Biomasse um, »verwandelte sich das Gehirn in ein schwarzes Loch und begann zu schrumpfen«. Nach weiteren 34 564 007 330 Jahren »war es auf das tatsächliche Maß des Gehirns von Iosif Stalin geschrumpft«. Auch das Buch kommt hier rasch an sein Ende. Der erste Brief hat – im Bauch einer Klon-Taube – seinen Adressaten gefunden, einen gähnenden Jüngling mit einem »blauschillernden Umhang aus vierhundertsechzehn Speckstücken«.

So what. Wir sind nicht klüger als zuvor und haben eine anstrengende Lektüre hinter uns. Daß Sorokin diverse Sprachregister à perfection beherrscht, macht den Speck-Spuk nicht unbedingt bekömmlich. Schwer liegen einem die Schwarten von Fantasy, Polit-Farce, Sex and Crime und Literaturpersiflage im Magen, das Sorokinsche Gemenge aus Obszönität, Negativismus und Games. Die Idee vom himmelblauen

Speck macht noch kein Gedankengerüst, das über 440 Seiten trägt. Und schon gar nicht weiß dieser Roman zu nähren: Er ist auf wortreiche Weise leer. Da helfen weder Referenzen, Zitate noch kluge Mottos (von Rabelais und Nietzsche), gegen die galoppierende Beliebigkeit hilft gar nichts. Konzeptualismus? Von der schönen Stringenz seines Erstlings »Die Schlange« hat sich Sorokin in diesem Phantasietrip meilenweit entfernt. Und auf das Problem der Moral kommt man besser nicht zu sprechen. Immerhin soviel: Auch provokante Spielereien verlangen »ethische Zurechnungsfähigkeit« (um einen Romansatz zu variieren). Sorokin macht es sich leicht, zu leicht. Darunter leidet nicht zuletzt seine Kunst.

# Schöne marode Welt
## Oleg Jurjews bezaubernde »Spaziergänge unter dem Hohlmond«

Und ob er seinen Ton gefunden hat: Oleg Jurjew, bekannt geworden durch seinen »sechseckigen« Roman »Der Frankfurter Stier« (deutsch 1996) und den Palindrom-Roman »Halbinsel Judatin« (deutsch 1999), beweist mit seinem Geschichtenband »Spaziergänge unter dem Hohlmond« einmal mehr, daß er zu den originellsten und sprachschöpferischsten russischen Autoren der Gegenwart gehört. Jurjew wurde 1959 in Leningrad geboren, lebt aber seit 1991 in Frankfurt, wo er – zusammen mit der Lyrikerin Olga Martynova – für die Herausgabe des Almanachs »Kamera chranenija« (Gepäckaufbewahrung) verantwortlich zeichnet. Die Zeiten, da er Gedichte und Theaterstücke schrieb, sind vorbei. Seit Jahren schon konzentriert er sich auf das Genre Prosa, nicht zuletzt als pointierter Essayist.

Der »kleine kaleidoskopische Roman« »Spaziergänge unter dem Hohlmond«, russisch bereits 1993 erschienen, zeigt Jurjew at his best, nämlich als Meister einer »ornamentalen Prosa«, deren Traditionen über Belyj und Remisow bis zu Lesskow und Gogol zurückreichen. Ornamental meint: vielstimmig, metaphernreich, mit einem spürbaren Hang zu Groteske und Satire, zu Sprachspiel und (romantischer) Leitmotivik. Daß solchermaßen Intensität entsteht, ja, eine poetisch-überhitzte Atmosphäre, ist dem Autor nur recht, zumal seine vierundzwanzig Geschichten recht eigentlich Prosaminiaturen sind, die sich zu einem kaleidoskopischen Ganzen fügen.

Vierundzwanzig Geschichten also: mehrere (rätselhaft numerierte) Leningrader und Moskauer Geschichten, eine

Odessaer und eine New Yorker Geschichte, aber auch eine Dampfer-, eine Stadtauswärts- und eine Eisenbahngeschichte. Zusammengehalten werden sie durch den jugendlichen (jüdischen) Icherzähler, durch einige weitere, regelmäßig wiederkehrende Figuren sowie durch den Mond, der weiß und kurios über allen Fährnissen leuchtet.

Es ist die Zeit der achtziger Jahre, des zerfallenden sowjetischen Imperiums. Stromlose Gemeinschaftswohnungen, Klos voller Kakerlaken, antisemitische Intrigen stehen für die knallharte Realität, mit der Kunst und Liebelei qualvoll kollidieren. Dennoch hofft und schuftet jeder: der Regisseur Tschitschukowitsch und die Dichterin Burattynskaja, der Folklorekomponist Ferdjurin und der Schattentheaterkünstler Schwawy, der Schriftsteller Zizja und die melancholische Keksbildhauerin, diverse Schauspielerinnen und Literaturstudentinnen sowie der flinke Icherzähler, der sich mal als Stückeschreiber, mal als Frauenliebhaber abrackert. Von Freundschaften und Reisen ist die Rede, von subtilem Inzest und kleinem Ganoventum, von Alltagsaventüren und »Schiffspraktiken«, von Theater und Tod. Und immer und überall: von der Landschaft, vom städtischen Dekor, die – wie lebendig – in vielen Facetten schillern.

»Fröstelnd standen wir dicht am unsichtbaren Meer. Nur die weiße Mondleiter reichte fast an unsere Füße. Nur die schwarze Kugel von Liljas Kopf und die rote Schleife auf ihrem Scheitel waren schwärzer als die Dschingis-Khan-Pupillen und die Düsternis der Nacht. Ich streichelte ihre glatten, feuchten Zähne, ihre Gardisten-Schultern, die kleine heruntergerutschte Brust, den von Geburten gerupften Bauch... ›Gib dir lieber nicht zu große Mühe. Das klappt sowieso nicht. Seit zwei Jahren liebe ich nur Allen Ginsberg.‹ Und wirklich – es klappte mäßig.«

Auffallend, wie kunstvoll der Autor kleinste Einzelheiten sinnlich auflädt, grotesk verfremdet, magisch emblematisiert. Das beginnt mit den sprechenden Familiennamen und den klingenden Produktenamen (»Tallin-Zigarette«, »Spidola«-Radio«, »Munterkeits«-Tee, »Jubiläums«-Keks, »Admiralitäts«-Kuchen), das setzt sich fort mit Jargonismen und Jugendslang, mit Anekdoten und Liedertexten, die einen spezifischen Assoziationsraum schaffen. Hinzu kommen Adjektivkaskaden, wundersame Vergleiche (»Die geduckte Sina weinte hinter mir wie ein Elch«) und dicht gesäte Metaphern. Sie verwandeln Figurenporträts und Landschaftsschilderungen in poetische Abbreviaturen.

Jurjews Sprachphantasie ist schier unübertrefflich. Einer reibt sich »mit seinen Karottenhänden die Möhrenohren«, »fünfeckige Insekten« kriechen »über die erhabene Tapetenbotanik zur Wandlampe«, eine Hand gleitet »die gelbe Seidenstraße des finnischen Pullis entlang«, und im »schwarzen muskulösen Himmel« fliegt »das Gas-Euter des Mondes«. Überhaupt der Mond, er hat tausendundein Gesicht. Als Hohlmond (nicht Vollmond) prangt er schon im Buchtitel. Seine »Phosphorsamen« sammeln sich in Brillengläsern, sein »Lichtschaum« gleicht einer »weißen Explosion«, er »geht auf Zehenspitzen« und »versteckt seine verwundbaren Gelenke unter einem irisierenden Schatten«. Allgegenwärtig, wird er zum Zeugen von Freud und Leid, von Schimpf und jugendlichen Obszönitäten – ein skurriler Beobachter skurriler Szenerien.

Denn so und nicht anders zeigt Jurjew die Welt. Als eine übergenau wahrgenommene und zugleich lustvoll verfremdete, als eine traurig-komische zwischen Ruin und Rebellion. Sprachgewaltig beschwört er – in der einzigen transatlantischen Story – die einschüchternden »Niagarafälle amerikanischer WCs«, suggestiv die maroden Verhältnisse russischer Städte, denen er gleichwohl einen seltsamen Zauber entlockt.

Zu berichten wäre auch von »ovalen Zigaretten«, »Gabelmädchen« und »zylindrischen kurzen Brustwarzen«, Jurjews sprachliches Raritätenkabinett ist für manche Überraschung gut. Man lese und staune.

## *Nachweise und Anmerkungen*

### *I*

Ein russischer Hamlet. Der Dichter Jewgenij Baratynskij, in: Neue Zürcher Zeitung, 2. 3. 2000, Nr. 52, S. 68.
Die Gedichtzitate stammen aus: Baratynskij, Jewgenij, *Abenddämmerung.* Ausgewählte Gedichte. Russisch und deutsch. Übersetzt und mit einem Nachwort versehen von Heinrich Stammler. Herausgegeben von Ludger Udolph, Verlag Thelem bei w. e. b., Dresden 2000.

Sanfte, Stolze, Verstörte. Dostojewskijs Frauengestalten, in: Neue Zürcher Zeitung, 3./4. 9. 1983, Nr. 205, S. 66.

Widerspruch als Prinzip. Das Phänomen Tolstoj, in: Neue Zürcher Zeitung, 9./10. 9. 1978, Nr. 209, S. 67-68.

Keine heile Welt. Kinder in der russischen Literatur, in: Neue Zürcher Zeitung, 23./24. 6. 1979, Nr. 143, S. 69-70.

Zwischen Melancholie und Ironie. Tschechows weiser Charme, in: Tschechow, Anton, *Die Möwe.* Deutsch von Ilma Rakusa, Burgtheater im Akademietheater, 1999/2000, S. 6-9.

### *II*

Alexej Remisow – Begründer des Affenordens. Gekürzte Fassung des Nachworts in: Remisow, Alexej, *Die Geräusche der Stadt.* Aus dem Russischen von Ilma Rakusa, Frankfurt am Main: Suhrkamp Verlag 1996.

Wer war Michail Prischwin? Gekürzte Fassung des Nachworts in: Prischwin, Michail, *Meistererzählungen.* Aus dem Russischen von Ilma Rakusa, Zürich: Manesse Verlag 1988.

Nordrussische Orphik. Hinweis auf den Bauerndichter Nikolaj Kljujew, in: Neue Zürcher Zeitung, 30. 10. 1987, S. 39-40.

Die Tage der Glückseligkeit. Andrej Platonow und das Leiden am Sozialismus, in: Die Zeit, 3. 10. 1990, Nr. 32, S. 41.
Die Zitate entstammen Platonows *Gesammelten Werken*, erschienen bei Volk und Welt, 1986-1989, und in Lizenz beim Carl Hanser Verlag, 1987-1990.

Wenn die Welt zerfällt. Leonid Dobytschins Roman »Im Gouvernement S.«, in: Neue Zürcher Zeitung, 30. 1. 1997, Nr. 24, S. 41.
Dobytschin, Leonid [Leonid Dobyčin], *Im Gouvernement S. Schurkas Verwandtschaft*. Aus dem Russischen übersetzt, herausgegeben und mit einem Nachwort von Peter Urban, Berlin: Friedenauer Presse 1996.

Teetrinken oder Leonid Dobytschins abgründiges Rußland, in: manuskripte, 118, 1992, S. 103-105.
Der Essay nimmt Bezug auf: Dobytschin, Leonid, *Teetrinken*. Erzählungen. Aus dem Russischen von Alfred Frank, Leipzig: Reclam Verlag 1992.

Jewgenij Samjatins Ketzertum. Revidierte Fassung des Nachworts in: Samjatin, Jewgenij, *Wir*. Roman. Aus dem Russischen von Gisela Drohla, Zürich: Manesse Verlag 1977.

Ich bin einer wie alle, nur besser. Der Fall Daniil Charms. Revidierte Fassung des Artikels in: Neue Zürcher Zeitung, 19. 10. 1984, Nr. 43, S. 74-75.
Das Charmssche Werk, 1984 (»Fälle«) und 1985 (»Fallen«) in der Übersetzung von Peter Urban bei Haffmans erschienen, ist neuerdings in folgender Ausgabe greifbar: *Fälle*. Prosa, Szenen, Dialoge. Ausgewählt und aus dem Russischen übersetzt von Peter Urban, Berlin: Friedenauer Presse 2002.

## *III*

»Himmlische Kamelfohlen«. Die Dichterin und Malerin Jelena Guro, in: Neue Zürcher Zeitung, 6./7. 4. 1991, Nr. 79, S. 69-70.
Zur weiterführenden Lektüre empfiehlt sich der Band: *Apropos Jelena Guro*. Mit einem Essay von Eva Hausbacher, Frankfurt am Main: Verlag Neue Kritik 1997.

Andrej Belyj und sein Roman »Kotik Letajew«. Leicht revidierte Fassung des Nachworts in: Belyj, Andrej, *Kotik Letajew*. Roman. Aus dem Russischen von Gabriele Leupold, mit einem Nachwort von Ilma Rakusa, Frankfurt am Main: S. Fischer Verlag 1993.

Marina Zwetajewa – Versuch eines Porträts, in: Neue Zürcher Zeitung, 3./4. 10. 1992, Nr. 230, S. 65.
Im Suhrkamp Verlag erschienen folgende Werke Marina Zwetajewas: *Mutter und die Musik*. Prosa. Aus dem Russischen und mit einem Nachwort von Ilma Rakusa (1987); *Auf eigenen Wegen*. Tagebuchprosa. Übersetzung und Nachwort von Marie-Luise Bott (1987); *Ein gefangener Geist*. Essays. Aus dem Russischen übertragen und mit einem Nachwort versehen von Rolf-Dietrich Keil (1989); *Phoenix*. Versdrama in drei Bildern. Russisch und deutsch. Nachdichtung von Ilma Rakusa (1990); *Im Feuer geschrieben*. Ein Leben in Briefen. Herausgegeben und aus dem Russischen übersetzt von Ilma Rakusa (1992; Suhrkamp Taschenbuch Verlag 1996); *Ein Abend nicht von dieser Welt*. Prosa. Aus dem Russischen übersetzt und mit einem Nachwort versehen von Ilma Rakusa (1999); *Versuch, eifersüchtig zu sein*. Gedichte russisch und deutsch. Herausgegeben von Ilma Rakusa (2002).

So verfehlten wir – uns. Zwetajewas eigenwillige Interpunktion. Leicht gekürzte Fassung des Aufsatzes in: Gazzetta Pro Litteris, 2, 2000, S. 20-24.
»Es überlebt das königliche Wort«. Anna Achmatowa zu Ehren, in: Neue Zürcher Zeitung, 22. 6. 1989, Nr. 142, S. 27.
Die Zitate entstammen der Ausgabe: Achmatowa, Anna, *Gedichte*. Russisch und deutsch. Herausgegeben und mit einem Nachwort versehen von Ilma Rakusa, Frankfurt am Main: Suhrkamp Verlag 1988.

Historie in Vorhangfalten. Erinnerungen an Joseph Brodsky. Revidierte Fassung des Aufsatzes in: Weltwoche, 29. 10. 1987, Nr. 44, S. 67.
Die Zitate entstammen den Bänden: *Römische Elegien und andere Gedichte*. Aus dem Russischen von Felix Philipp Ingold, München: Carl Hanser Verlag 1985; *Einem alten Architekten in Rom*. Aus dem Russischen von Karl Dedecius, Rolf Fieguth und Sylvia List. Mün-

chen: Piper Verlag 1986; *Erinnerungen an Leningrad*. Aus dem Amerikanischen von Sylvia List und Marianne Frisch, München: Carl Hanser Verlag 1987.

Zeichenhaftes Sprechen. Zu Gennadij Ajgis lyrischem Suprematismus. Revidierte Fassung des Aufsatzes in: Neue Zürcher Zeitung, 8./9. 12. 1979, Nr. 286, S. 65-66.
Die Gedichtübersetzungen stammen von Felix Philipp Ingold, dem Herausgeber einer zweibändigen deutschen Werkausgabe Ajgis (Wien-Lana: edition per procura 1995-1998).

## *IV*

Der Wahnsinn des Lebens. Andrej Sinjawskijs Bücher »Gute Nacht« und »Im Schatten Gogols«, in: Die Zeit, 21. 3. 1986, Nr. 13, S. 13.
Sinjawskij, Andrej, *Gute Nacht*. Aus dem Russischen von Swetlana Geier, Frankfurt am Main: S. Fischer Verlag 1985; *Im Schatten Gogols*. Aus dem Russischen von Swetlana Geier, Berlin: Ullstein Propyläen Verlag 1979.

»Dieselben Fragezeichen, im Wechsel mit Schweigen«. Absurde Stücke von Wladimir Kasakow, in: Neue Zürcher Zeitung, 22. 5. 1991, Nr. 115, S. 81.
Der Text bezieht sich auf die Ausgabe: Kasakow, Wladimir [Vladimir Kazakov], *Unterbrechen Sie mich nicht, ich schweige!* Sämtliche Dramen. Aus dem Russischen und mit einem Nachwort von Peter Urban, München: Carl Hanser Verlag 1990.

Unterwegs zwischen Natur und Geschichte. Andrej Bitows Erkundung »Mensch in Landschaft«, in: Neue Zürcher Zeitung, 2. 6. 1994, Nr. 126, S. 45.
Bitow, Andrej, *Mensch in Landschaft. Eine Pilgerfahrt*. Roman. Deutsch von Rosemarie Tietze, Berlin: Rowohlt Berlin Verlag 1994.

Jurij Mamlejews monströse Welten. Erstveröffentlichung.
Das Zitat aus der Erzählung »Der lebende Tod« stammt aus dem Band: Mamlejew, Jurij, *Der Tod des Erotomanen*. Aus dem Russischen von Ulrike Zemme, Salzburg: Residenz Verlag 1998.

Die Erde ist kalt. Erzählungen von Anatolij Gawrilow, in: Neue Zürcher Zeitung, 14. 10. 1997, Nr. 238, S. B6.
Gawrilow, Anatolij, *Zum Besuch von N. Geschichten aus der russischen Provinz*. Übersetzt von Barbara Conrad, Berlin: Berlin Verlag 1997.

Russische Schriftstellerinnen im Aufbruch. Erstveröffentlichung.
Einige der hervorgehobenen Werke sind in folgenden Ausgaben erschienen: Petruschewskaja, Ljudmila, *Meine Zeit ist die Nacht. Aufzeichnungen auf der Tischkante*. Aus dem Russischen von Antje Leetz, Berlin: Rowohlt Berlin Verlag 1991; *Der Mann, der wie eine Rose roch*. Märchen. Aus dem Russischen von Antje Leetz, Frankfurt am Main: S. Fischer Verlag 1993; Wanejewa, Larissa, *Das Gespenst eines Tallinners oder Der Untergang von Odessa*. Erzählungen und eine Novelle. Aus dem Russischen von Andrea Wöhr, Frankfurt am Main: S. Fischer Verlag 1990; Narbikova, Valeria, *Das Gleichgewicht des Lichts der Tages- und der Nachtsterne*. Aus dem Russischen von Annelore Nitschke, Frankfurt am Main: Suhrkamp Verlag 1997.

Liebst du mich? Valeria Narbikovas Debütroman »Das Gleichgewicht des Lichts der Tages- und der Nachtsterne«, in: Die Zeit, 20. 8. 1993, Nr. 34, S. 44.

Zauberding Rhythmus. »Flüstergeräusch von Valeria Narbikova«, in: Weltwoche, 13. 7. 1995, Nr. 28, S. 42.
Narbikova, Valeria, *Flüstergeräusch*. Aus dem Russischen von Annelore Nitschke, Frankfurt am Main: Suhrkamp Verlag 1995.

Ostweststory. Alexej Schipenkos Erstlingsroman »Das Leben Arsenijs«, in: Neue Zürcher Zeitung, 26. 3. 1998, Nr. 71, S. 47.
Schipenko, Alexej, *Das Leben Arsenijs*. Roman. Aus dem Russischen von Sergej Gladkich und Franziska Seppeler, Frankfurt am Main: Suhrkamp Verlag 1998.

Geklonte Schriftsteller. Vladimir Sorokins Roman »Der himmelblaue Speck«, in: Neue Zürcher Zeitung, 17. 10. 2000, Nr. 242, S. B8. Sorokin, Vladimir, *Der himmelblaue Speck*. Roman. Aus dem Russischen von Dorothea Trottenberg, Köln: Dumont Buchverlag 2000.

Schöne marode Welt. Oleg Jurjews bezaubernde »Spaziergänge unter dem Hohlmond«, in: Neue Zürcher Zeitung, 1./2. 6. 2002, Nr. 124, S. 77.
Jurjew, Oleg, *Spaziergänge unter dem Hohlmond*. Kleiner kaleidoskopischer Roman. Aus dem Russischen von Birgit Veit, Frankfurt am Main: Suhrkamp Verlag 2002.